Être et devenir
Clara BELLAR

ISBN 978-2-916032-64-1

Responsable éditoriale Claudia Renau

Conception & réalisation Victorine Meyers

Relecture Devayani Delfendahl

Clara Bellar

Être et devenir

Faire confiance à l'apprentissage naturel des enfants

Éditions
l'Instant Présent

Sommaire

LE SCÉNARIO DU FILM

Le documentaire *Être et devenir* aborde le thème de la confiance en l'enfant et son développement, et propose de questionner les apprentissages et les choix possibles.

La réalisatrice nous emporte dans un voyage en France, au Royaume-Uni, aux États-Unis et en Allemagne (où il est illégal de ne pas aller à l'école), à la rencontre de parents qui ont choisi de ne pas scolariser leurs enfants, ni à l'école ni à la maison, et de les laisser apprendre librement ce qui les passionne.

C'est une quête de vérité sur le désir inné d'apprendre, qui s'inscrit dans un thème plus large que celui de l'éducation, lié au changement de nos croyances et à l'évolution de notre société, et à l'importance de se réapproprier sa vie et sa confiance en soi.

LE FILM[1]

PROLOGUE

Clara Bellar, très enceinte, est en train d'être photographiée (tous les moments de grossesse filmés proviennent d'images d'archives familiales).

Le photographe : Non, ce n'est pas un câble. C'est bon. Ramène tes jambes un peu vers moi. C'est ça. C'est bien. Déplace-toi un peu par là.

4 juillet 2008, maison d'Irvin Kershner, cinéaste et photographe

Clara est assise derrière une table, devant un mur de photos d'instruments. On entend la voix d'Irvin Kershner :

– Clara. Qu'est-ce que tu sens de différent, entre maintenant, avec le bébé dans ton ventre, et quand tu pensais à avoir un bébé ?

– C'est difficile... C'est vraiment une personne, maintenant. Avant c'était une idée, c'était un rêve, un concept, et maintenant, c'est une personne ! Une personne complètement formée qui est prête à sortir à tout moment. Et cela m'a donné plus de respect pour ce par quoi passent les femmes. Je n'en avais aucune idée. Je ne pense pas qu'on nous prépare assez à combien c'est dur. C'est merveilleux, je ne pourrais pas être plus reconnaissante, et c'est ce que je voulais le plus maintenant, mais c'est très dur, physiquement, émotionnellement... La mère de mon mari, qui a eu cinq fils... J'ai un nouveau regard sur ces femmes ! C'est pas du gâteau !

– Es-tu heureuse ?

---

1. Voici le texte du film, avec une traduction parfois un peu plus longue que ce que permettait le sous-titrage. Nous avons ajouté aussi quelques phrases que nous avions coupées au montage et qui n'avaient pas trouvé leur place dans le DVD : ce sont les « bonus du livre ».

Les interviews ont presque toutes eu lieu dans des parcs, jardins publics et forêts – dans la langue du pays.

Nous avons fait le choix de transcrire avec fidélité le langage parlé des intervenants tout au long du livre.

Elle acquiesce avec un grand sourire. On la retrouve sur le sable, sur une grande plage déserte. Elle enlève ses espadrilles. Une voix d'homme dit :

– Action.

– Action ! *répond-elle en riant.*

Puis on la retrouve en maillot dans l'eau. Le ventre gros comme une baleine, elle plonge dans les grandes vagues du Pacifique et on la perd de vue dans l'eau au loin. Derrière elle, les surfeurs guettent les vagues et le soleil se couche.

Après un moment de silence et de noir... on découvre un nouveau-né dans les bras de Clara. Tous deux dorment leur première nuit dans les bras l'un de l'autre. Les images de ces premières 48h se succèdent. On le voit dormir sa seconde nuit avec son papa, Gulu ; prendre le soleil pendant que ses parents lui chantent une chanson de Bossa nova et l'embrassent :

♪ *Mais si elle revenait, si elle revenait, quelle chose belle, quelle chose folle. Car il y a moins de petits poissons qui nagent dans la mer que de bisous que je lui donnerais...*[2] ♪

Premiers mois de vie de  *: sur un vélo, courant dans une ferme, jouant avec un bâton dans un étang, arrosant un potager avec un tuyau plus grand que lui...*

NARRATION DE CLARA

Quand notre fils est né, nous vivions entre Rio, Paris et Los Angeles. Quand il aurait l'âge d'aller à l'école, il nous faudrait choisir un pays. On ne pourrait plus lui offrir la richesse de vivre au quotidien ces trois cultures si différentes.

Très vite, je me suis intéressée aux diverses méthodes d'apprentissage : Reggio, Steiner, Montessori. Je cherchais un lieu qui permettrait à mon enfant de conserver sa créativité, son authenticité, sa confiance en lui, d'être un libre penseur. C'est alors qu'au fil de mes lectures et de mes rencontres, une autre possibilité

2. « Chega de Saudade » d'Antonio Carlos Jobim et Vinícius de Moraes.

s'est présentée à moi, et de nouvelles questions se sont posées. Fallait-il vraiment un lieu et un temps pour apprendre ? La première à planter la graine fut mon amie Rana.

RANA HAUGEN CORE

Rana : En fait, c'est venu d'Arden, de mon fils… On visitait des maternelles, on allait dans cette direction, et il a dit : « Je pense que la maternelle, ça devrait être aller dans les lieux... et apprendre des gens et des animaux, dans ces environnements. » On voyageait en Espagne, et je me suis dit : « C'est une idée formidable, tu as raison. » Car je remarquais qu'il apprenait tout le temps, il apprenait constamment. Je n'essayais pas de lui enseigner les choses. Et parfois, c'est… Il faut que je me détende beaucoup. Les gens lui disent : « Tu es instruit en famille, ta mère te donne des cours ? » Et il répond : « Non, pas vraiment… On apprend l'un de l'autre, on apprend tout le temps. J'apprends de tout, je suis en train d'apprendre en ce moment ! »

C'est un paradigme très différent, une autre manière de penser et d'observer… ce qui est possible, comme c'est possible d'apprendre et de grandir, à la maison, dans le monde, dans la vie, partout.

Berceuse brésilienne chantée par *. De nouvelles images : le bébé allongé sur un drap dans un potager, à côté d'une botte de carottes fraichement cueillie ; le bambin courant tout nu sur l'herbe, entouré de poules ; battant le rythme avec ses mains sur les épaules de son papa, dans les rues animées du Carnaval de Rio ; sous la neige ; peignant ; cueillant des bananes...*

Rana venait d'évoquer un autre monde, très nouveau et très étrange pour nous, celui de l'apprentissage autonome, sans programme, avec un contenu et des horaires libres.

J'avais lu le livre de Naomi Aldort, qui avait été une inspiration dans mon cheminement de parent. Elle n'y évoquait pas la question de l'instruction des enfants. Je découvris pourtant qu'elle avait elle-même choisi l'apprentissage autonome pour ses trois fils.

NAOMI ALDORT - AUTEURE

Naomi : Quand les gens pensent que l'apprentissage autonome est révolutionnaire et terrifiant, ils oublient que c'est la majeure partie de l'histoire de l'homme. C'est la notion d'école qui est récente dans l'histoire, radicale et révolutionnaire, par rapport au fait de grandir... avec des parents, avec des échanges en tête à tête. Mozart n'est pas allé à l'école !

On veut que nos enfants soient heureux, qu'ils soient eux-mêmes, qu'ils soient forts, qu'ils sachent parfaitement ce dont ils sont capables. Si l'on veut savoir plein de choses, on s'en donne les moyens. On peut aussi se consacrer à un sujet toute une vie.

C'est exactement ce qu'ont fait certains des plus grands innovateurs, et nous en bénéficions tous. Ils ont dévoué leur vie, ils étaient si concentrés sur ce qui les intéressait qu'ils n'avaient pas vraiment de temps pour autre chose, et c'est le cadeau qu'ils nous ont fait.

Un ferry passe au milieu des îles de San Juan, dans l'État de Washington aux États-Unis.

Clara et son fils sont dans le ferry. Ils observent ensemble une pancarte sur une île qu'ils approchent, et elle lit : « Orcas Island ».

Apprentissage en autodidacte, autonome, auto-géré, informel, naturel… Apprendre en choisissant ses centres d'intérêt. Je m'apercevais assez vite qu'il y avait autant de termes que de familles pour désigner cette approche.

ÉTAT DE WASHINGTON

Lied de Mozart au piano et voix[3], sur des images de forêt. On pénètre dans la petite maison ensoleillée de Naomi Aldort, et l'on découvre que c'est elle qui chante, accompagnée au piano par son fils.

Des petites notes aigues viennent interrompre le Lied, et font sourire Naomi et Oliver. C'est  qui joue avec eux. Ils l'installent au milieu du banc avec Clara et commencent une improvisation à huit mains.

Oliver est assis sur un hamac, puis à une terrasse qui surplombe l'océan.

Oliver Aldort : Je m'appelle Oliver Aldort, j'ai 16 ans. Je joue du piano, du violoncelle, et je dirige aussi. La musique, c'est ce que je veux faire dans ma vie.

Improvisation d'Oliver et Lennon - Piano et violoncelle - 16 mai 2010.

Lennon Aldort : Je m'appelle Lennon Aldort. J'ai l'intention d'être musicien : soit de composer des musiques de films, soit de composer de la musique classique pour les salles de concert, soit de jouer du piano solo.

Les deux frères sont au piano et étudient une partition.

Oliver : On a : les deux flûtes, ensuite…

Lennon : Le hautbois.

- Hautbois et clarinette.

- Ils sont juste à côté l'un de l'autre, c'est 2/2, puis… une seconde clarinette.

Oliver et Lennon, 4 et 7 ans, improvisent au piano à quatre mains en chantant. Tout en continuant de jouer, Oliver passe le bras autour du cou de son frère.

---

3. « *Als Luise die Briefe ihres ungetreuen Liebhabers verbrannte* » de Wolfgang Amadeus Mozart, paroles de Gabriele von Baumberg.

HARVEY ALDORT, ÉLECTRICIEN : Nous ne croyons pas qu'il faille enseigner à un enfant qui ne le demande pas. On ne l'oblige pas. On ne lui suggère pas hyprocritement : « Nous pensons que tu vas aimer ce livre ! » Ou : « As-tu jamais pensé à jouer du piano ? » Rien ne se passait comme ça chez nous.

Nous avons instruit nos enfants en famille, en pratiquant ce que l'on appelle l'instruction autonome. On fait confiance aux enfants pour trouver leur chemin.

Naomi a une expression : « Fais confiance et attends. » Si l'on est un libre-penseur et un visionnaire comme Naomi, on fait confiance et on attend. Si par nature, on est plus conventionnel comme moi, on fait confiance et on attend, et pendant ce temps, on a des nœuds à l'estomac !

OLIVER : J'ai dû demander une fois à ma mère comment était l'école, quoique je ne me souvienne pas d'avoir vraiment eu envie d'aller à l'école, car ma vie était vraiment fantastique à la maison.

Des photos de l'enfance joyeuse et créative des trois fils Aldort défilent.

Je me levais le matin, j'étais tout excité chaque jour. Je bondissais du lit, impatient d'aller jouer, et créer des choses avec mes frères.

LENNON : Les personnes ayant appris de façon autonome commencent souvent inconsciemment à travailler sur leur matière principale dès l'âge de 10 ans, car c'est ce qu'ils aiment faire. Je me suis intéressé très jeune à la musique, et je pouvais y consacrer autant de temps que je le voulais.

Lennon, 3 ans, joue une sonate de Bach.

À 18 ans j'avais déjà composé deux symphonies, et d'autres œuvres, et j'étais très en avance par rapport à quelqu'un qui serait allé à l'école, et à 18 ans commencerait seulement à réfléchir à ses choix.

NAOMI : Instruit en famille et auto-géré ne signifient pas que l'on ne va pas désirer avoir de professeur. Il a demandé des professeurs. Il a demandé à être dans un orchestre, il y a rencontré d'autres musiciens et des professeurs, et il a voulu apprendre la théorie. Le professeur de théorie donnait aussi des cours de composition, et à ce moment il s'est rendu compte : « Oh, il y a beaucoup à apprendre pour composer. »

Lennon : J'ai entendu des conversations sur la politique ou l'histoire entre des personnes scolarisées et non scolarisées et les principaux faits, ceux dont se souvenaient les personnes scolarisées, sont les gros points qui reviennent régulièrement dans les conversations quotidiennes, donc les enfants auto-gérés les apprennent de toute façon en étant là et simplement en communiquant avec les gens. Ils n'ont pas besoin de passer tout leur temps à étudier et à bachoter sur un tas d'informations insignifiantes dont les enfants scolarisés n'ont de toute façon aucun souvenir[4].

Naomi et Clara marchent sur une plage de cailloux sur une péninsule. Un oiseau s'envole.

Naomi : Mon fils aîné est très cérébral. Un jour, on est allés à une brocante, il s'est trouvé un livre sur les oiseaux tropicaux, avec le nom sous chaque oiseau. Il n'a pas voulu dormir. Quand la passion se déclenche en eux… Il n'a pas voulu dormir, avant de comprendre comment lire le nom de chaque oiseau. Le lendemain matin, il a lu un livre à son petit frère. Ça a été le déclic.

Photos de Yonathan Aldort enfant lisant à Lennon, puis de lui adulte.

Il a passé son bac quand il a voulu aller à l'université, et pas avant. Il s'y est préparé en très peu de temps. Je me souviens de lui avoir dit : « Tu n'as jamais fait beaucoup de maths, je peux te trouver un tuteur pour les maths. » Il a apporté le livre qu'il devait étudier pour le bac, et il m'a dit : « Maman, j'ai regardé des problèmes au milieu du livre, j'ai lu les instructions, j'ai résolu les problèmes, c'est facile. » J'ai demandé : « As-tu essayé la fin du livre ? » « Oui, j'ai essayé la fin, pas de problème. Si je suis les instructions, j'y arrive, j'apprends. Je n'ai pas besoin d'un professeur. » Il a appris – il a réussi l'examen. Donc, même les maths, qui semblent demander des années de martelage – non. C'est une question de développement du cerveau. Quand le cerveau est prêt, c'est appris très, très vite.

4. Passage bonus du livre.

Photos de fin d'études de Yonathan.

Il termine ses études le 11 juin, et il va travailler chez Americorps. Son désir le plus profond, c'est d'aider les autres, et s'occuper de la société, la justice et l'équité.

Naomi, Oliver, Clara et Gulu sont dans la cuisine des Aldort.  *est au milieu, il joue sur le comptoir.*

Naomi : Un enfant qui en a pour son compte est serein.

Clara : Oui, mais c'est notre responsabilité de leur donner un bagage pour la vie pour qu'ils soient préparés...

Naomi : Non. Notre devoir, c'est de les aider à avoir confiance en eux au point de pouvoir apprendre tout ce qu'ils désirent apprendre. C'est ça, notre devoir.

Pour ce qui est de notre inquiétude de ne pas les exposer à assez de domaines, je ne pense pas que ce soit un souci réel. Mais il est utile d'en être conscient, et d'être présent. On en revient à ce que disait Gulu sur la carrière. Même si tu as recours à la communauté, tu dois quand même passer du temps avec tes enfants. Il n'est pas possible de dire : « Voilà ma carrière, et voilà mon métier de parent, mais je vais le confier à quelqu'un d'autre. » C'est ton travail, puisque c'est ton enfant.

Il faut leur consacrer du temps. Si tu ne passes pas assez de temps avec eux, tu ne vas pas prendre conscience de qui ils sont et quel chemin ils choisissent de prendre.

Gulu : Et de ce qui les intéresse.

Naomi : Exactement. Si tu es conscient et présent, ils font certaines choses, tu les observes et tu te dis : « Mon Dieu, il a vraiment envie de faire ça et il est restreint ! »

Vidéo d'archive de Lennon Aldort enfant, en train d'improviser un ballet en culotte dans son salon.

> Ces images d'archives de la famille me captivaient. Des images d'enfants libres, joyeux et créatifs, qui me renvoyaient à ces jeunes adultes.

Naomi : Ça se résume à : vis ta vie, et partage ce que tu es avec ton enfant. C'est ce que tu aimes faire de toute façon. C'est comme avoir un invité. Un invité vient me rendre visite, ici sur la belle île d'Orcas. Je veux partager avec lui ma maison, les nourritures naturelles que nous avons ici, je l'emmène en haut de la montagne voir la vue, je lui montre les cascades…

Naomi, Clara et  *sont en haut de Mount Constitution, qui surplombe l'océan avec une vue sur les autres montagnes et les îles San Juan.*

Tu as un enfant, c'est la même chose. Ils entrent dans ta vie : montre leur ta vie ! Tu joues du piano, montre-leur. Tu chantes, montre-leur. Tu dessines, ils le voient. Tu as une passion pour la couture, ou le jardinage ou le foot ou quoi que ce soit, tu le partages avec eux, tu ne le leur imposes pas.

Naomi et  *sont sur le perron de la petite maison dans la forêt des Aldort. Le chat s'étire ; une biche passe par là. L'enfant s'en approche.*

Si l'on n'a pas d'attente sur ce qu'un enfant devrait faire et que pendant un an, il rêvasse, et s'ennuie, c'est une étape de croissance importante. La procrastination, cela n'existe pas. C'est un concept qui s'oppose à une idée de réussite. Les enfants ne procrastinent jamais. Ils font ce qu'ils ont besoin de faire. Quand ils rêvassent, ils apprennent.

Oliver Aldort au violoncelle, en concert avec Seattle Young Artists Music Festival Association[5], joue le Concerto pour violoncelle en mi mineur, Op. 85, IV. d'Edward Elgar.

Quand on voit des jeunes enfants avant qu'ils aillent à l'école, que font-ils ? Ils sont dans leur imagination, la créativité, tout ce qui est artistique. Ils aiment peindre, danser, chanter, inventer des jeux... Ils sont créatifs dans leurs jeux, on leur lit un livre, ils ajoutent une autre possibilité à l'histoire. Et quand ils vont à l'école, en quelques années, tout cela s'éteint. Alors, posons-nous la question : que fait-on à nos enfants, de quoi avons-nous vraiment besoin et comment serait notre société si nous mettions plus de créativité dans ce que nous faisons ?

est au milieu d'un orchestre. On découvre son regard curieux et intéressé, puis Lennon et Oliver au milieu d'autres jeunes musiciens qui accordent leurs instruments.

La répétition d'une symphonie composée par Lennon Aldort commence ; Oliver la conduit, Lennon est au violon.

Naomi : Beaucoup de gens « m'accusent » d'avoir des enfants qui ne sont pas des exemples pour les autres, parce qu'ils sont « doués ». Je réponds toujours : « Leur seul don, c'est la liberté ». C'est la clé, quand

5. L'association du festival de musique des jeunes artistes de Seattle.

l'enfant est libre d'être lui-même, il y a une force intérieure qui pousse, comme une cascade, rien ne peut l'arrêter.

se fraye un passage dans des racines. Il alterne entre les modes debout et quatre pattes. Naomi et Clara marchent dans cette même forêt.

J'ai vu des parents... Lorsque l'enfant a commencé l'école, ils se rendent compte que son ardeur est en train de s'éteindre. Alors, ils le retirent de l'école. Tu sais quoi ? C'est l'enfant qui leur apprend. Les parents sont capables d'apprendre ! Mais il faut qu'ils écoutent, qu'ils coopèrent avec la nature. Les enfants sont d'étonnants professeurs, car ils n'ont pas peur d'accepter cette confiance et d'aller de l'avant.

Le bambin se relève allègrement et marche d'un pas décidé dans les grosses racines.

Couverture du livre : Libres enfants de Summerhill[6].

6. A.S. Neill, *Libres enfants de Summerhill*, La Découverte.

Naomi : Quand A.S. Neill a créé Summerhill, la première école démocratique, en Angleterre, dans les années 1940, et a écrit son livre *Summerhill*, il a reçu des centaines de lettres de parents américains lui demandant : « Que dois-je faire ? Mon enfant court dans tous les sens, ne fait que ce qu'il veut, et je ne peux pas l'arrêter, et il casse ceci ou mange cela, ou se fait du mal à lui-même ou aux autres. »

Couverture du livre : Freedom, Not license![7]

Et j'adore le titre du livre parce qu'il dit, essentiellement : « J'ai parlé de liberté, pas d'avoir pleine licence. »

La liberté, c'est l'authenticité. C'est la possibilité d'être soi-même, à la poursuite de ses propres intérêts, de son chemin et autoréalisation. Avoir pleine licence, c'est la permission de faire ce que l'on veut. Elle n'est pas nécessaire et personne ne l'a. On ne traverse pas la rue quand le feu est rouge. On ne peut pas aller dans un magasin, prendre de la nourriture et partir sans payer. On ne peut pas se permettre de faire des choses qui blessent les autres, qui sont injustes envers les autres ou à leurs dépens.

Images d'archive de Naomi câlinant Oliver bébé.

On préserve le pouvoir inné de l'enfant sur sa propre vie, son autonomie. Pas son pouvoir sur les autres. Pas le fait de pouvoir faire tout ce qu'il veut. Cela n'existe pas, faire tout ce qu'on veut. Se donner tous les droits n'existe pas !

Naomi et Clara, son fils sur son dos, s'engagent sur un débarcadère d'hydravion.

Vues depuis l'hydravion en mouvement des îles de San Juan. Le soleil couchant brille sur l'océan.

---

7. A.S. Neill, *La liberté - pas l'anarchie*, Payot. « Hélas le titre français donne l'idée que l'anarchie équivaut au désordre alors que c'est au contraire de savoir se réguler soi-même sans pouvoir supérieur désigné », Bernadette Nozarian lors d'un ciné-rencontre.

MANHATTAN, NEW YORK

Brouhaha et allers-venues de Grand Central Station.

Une rue du Upper West Side à la tombée du jour.

C'est suite à la lecture de l'œuvre de John Gatto que je découvrais l'origine de l'école pour tous : la nécessité du nouveau monde industriel de former des citoyens dociles et obéissants.

JOHN TAYLOR GATTO, AUTEUR

John Gatto ouvre la porte de son bureau. Les murs sont couverts de livres.

- Bonjour Clara !

- Bonjour ! *(à son fils, dans ses bras)* Voici John… Alors, c'est votre bureau ?

- Mon bureau.

Alors qu'il venait d'être élu professeur de l'année de l'État de New York, il écrivit dans le Wall Street Journal : « Je démissionne. (…) Je ne veux plus gagner ma vie en faisant du mal aux enfants. »

Couvertures de ses livres : Dumming us Down *;* The Exhausted School *;* A Different Kind of Teacher *;* Underground History of American Education *;* Weapons of Mass Instruction.

JOHN TAYLOR GATTO : Aucune école au monde n'encouragerait ton enfant à apprendre la pensée dialectique, pourtant Aristote, il y a des milliers d'années, disait : « Si tu ne peux pas penser dialectiquement, tu n'es pas vraiment un être humain ! » Il me semble que ce seul indice devrait rendre quiconque curieux de deux choses : un, pourquoi la dialectique est-elle si importante ? De deux, pourquoi les écoles ne l'enseignent-elles pas, si elle est si importante ?

Prenons d'abord la plus facile des deux. Les écoles ne l'enseignent pas car ceux qui apprennent à penser dialectiquement sont absolument ingérables. Ils savent ce qu'ils veulent, ils examinent les preuves de près, et on ne peut pas les regrouper collectivement par classes. Ce sont des emmerdeurs ! Je sais que tu devras couper ça pour le public américain, mais laisse-le pour les Anglais et les Français, ils sont capables de le supporter ! Et les Allemands aussi… *(Il rit.)*

Pourquoi la dialectique est-elle si importante ? Simplement pour ceci : il n'y a rien, rien qui vienne des « autorités », par écrit, dans un discours ou dans des lois à respecter, qui ne soit pas détourné, qui ne soit pas influencé fortement par ce que l'expert veut que l'on pense. Et l'on n'a aucun moyen de savoir si cette personne qui édicte ce qui semble être une vérité dit vraiment la vérité ou pas, ou toute la vérité ou pas. En fait, si tu lis Platon, ou Spinoza ou Fichte, ils conseillent : « Ne dites jamais la vérité à votre public – jamais ! »

Train Amtrak New-York-Boston qui roule vite, campagne enneigée, océan ; annonce du conducteur en fond sonore.

> Nous nous demandions si ce choix n'était pas irresponsable. Et si notre enfant voulait être avocat, ingénieur ou alors chirurgien, comme mon père ? Si nous laissions notre fils apprendre librement, le priverions-nous de la possibilité de faire de hautes études ? Cette question nous poursuivait. Je décidai d'aller dans une grande université, pour en avoir le cœur net.

BOSTON

Un wagon de métro arrive à une station, la porte s'ouvre et l'on découvre le nom de la station : HARVARD.

Le grand portail de l'université d'Harvard. Un étudiant en sort.

NATHALIE GALINDO - Responsable des admissions d'Harvard

Nathalie Galindo : C'est vraiment intéressant que nous ayons cette conversation car quand des familles envisagent d'instruire leurs enfants en famille, il est important de savoir qu'à Harvard, nous avons des étudiants très brillants qui ont été instruits en famille. Vous remarquerez que les titulaires de nos bourses les plus prestigieuses, comme celle permettant d'aller à Oxford en fin d'études, viennent souvent de l'instruction en famille.

Différents bâtiments du campus d'Harvard.

Certaines familles utilisent des cursus sur internet afin de suivre le système d'apprentissage traditionnel. D'autres veulent vraiment que leurs enfants aillent à leur propre rythme et se consacrent aux domaines qui les intéressent quand ils élèvent leurs enfants. Il y a une grande variété de candidats instruits en famille.

ORANGE COUNTY, CALIFORNIE

Joyce Reed et Clara se promènent dans un jardin public, dans les plantes tropicales et les bambous.

> J'avais beaucoup apprendre de Joyce Reed. Pourquoi, ancienne co-rectrice d'université, avait-elle laissé ses enfants apprendre dans la liberté ce qui les intéressait ? Et pourquoi cela ne les avait-il pas empêchés de faire les études qu'ils souhaitaient faire, tous les cinq ?

JOYCE REED - Co-rectrice de Brown University de 1990 à 2003

Joyce Reed : Si une famille a donné à ses enfants la possibilité d'apprendre de façon autonome, les universités vont s'intéresser à ces jeunes gens, car ils viennent avec une motivation, une fraicheur, une originalité. Ils viennent avec des questions. Chaque année, une partie des étudiants admis venait de l'instruction en famille, et bien sûr, cela me fascinait, car j'étais aussi mère d'enfants instruits en famille ! Cela me passionnait d'aller vers eux, de suivre leur progression et de les aider comme je le pouvais à s'adapter à l'université – car c'était la première fois qu'ils étaient à l'école !

Photos de Joyce Reed avec ses cinq enfants à différents âges, enfants, puis adultes avec leurs propres enfants sur une photo de famille.

Quiconque venant d'un cursus formaté suppose qu'il y a des bonnes et des mauvaises réponses, contrairement à quelqu'un qui a eu l'occasion de créer son propre cursus en fonction de ses intérêts personnels. Une fois que l'on a créé cette idée de niveau requis, de direction correcte ou erronée, on a créé l'idée qu'il y a un chemin préférentiel, qu'*il y a* un chemin, que les choses sont censées aller dans une certaine direction. Je pense que l'on est passé à côté de l'essentiel !

Si l'on se concentre sur les réponses, trouver les bonnes réponses, on est en quête de perfection et cela ne peut aboutir qu'à quelque chose qui existe déjà. Alors que si nous cherchons au plus profond de nous-même pour découvrir ce qu'est notre raison d'être, quels sont nos dons et forces uniques, que sommes-nous venus faire sur la terre, qu'avons-nous besoin d'apprendre afin d'accomplir notre mission, la tâche que nous nous sommes assignée... Cela donne des directions totalement différentes.

LOS ANGELES

Cours de capoeira : percussion, chant brésilien rythmé et danse. Un petit garçon de 7 ans, Singa, pratique avec des adultes. Il est au milieu du cercle et danse avec un jeune homme.

Singa est dans une cour, en tablier. Il travaille sur un tableau. Un vieil homme, Séméré, est à ses côtés.

Singa : Où as-tu trouvé cette couleur ? J'en ai besoin pour…

Séméré : Tu peux mélanger le rouge et le blanc. Tu as du rouge ici, et tu as une base blanche, et une noire. Tu peux mélanger le blanc… Essaie de peindre de ce côté. Essaie d'être en face du tableau pour ne pas perdre la perspective. Tu tiens le pinceau comme ça et... Attaque !

- Attaque !

FAMILLE DIESNER-KOHNLEIN

Singa est entouré de ses parents, Sanni et Manni, et de son frère Lumas, 3 ans.

Sanni : Ce que j'adore dans l'instruction en famille, c'est qu'on peut se concentrer sur une chose le temps qu'on veut. Quand Séméré est venu pour la première fois peindre avec Singa, il s'attendait à peindre une heure. Cinq ou six heures plus tard, il a commencé à faire nuit et il lui a dit : « Il faut t'arrêter, maintenant ! » Il était vraiment étonné par la qualité d'attention qu'il a eu pendant si longtemps. Ici à L.A., nous avons tant d'artistes remarquables...

Singa : Séméré !

- Oui, et nos amis qui apprécient Singa peuvent lui donner le meilleur d'eux-mêmes. Il a ainsi une leçon particulière. Nous n'avons pas besoin d'argent pour donner une éducation de haute qualité à Singa.

Cours particulier de batterie. Le professeur donne une consigne :

- Mets toujours cette basse sur la cymbale.

Singa s'exécute comme un pro.

Sanni : La moitié de l'année, nous vivons à L.A., l'autre moitié en Allemagne, dans une maison en haut d'un arbre, en pleine nature.

« Tout le monde est un génie.
Mais, si vous jugez un poisson
par sa capacité à grimper à un arbre,
il va passer sa vie entière à croire
qu'il est stupide.[8] »

ALBERT EINSTEIN

8. Les citations du film apparaissent à l'écran et sont lues par Gulu.

HESSEN

Clara, Gulu et  *découvrent cette vie en pleine forêt, accueillis par Sanni et Manni.*

Sanni et Singa nettoient la bergerie, prennent des poignées de feuilles et nourrissent les chèvres. Elles viennent manger dans leurs mains.

Au petit visiteur qui observe :

SANNI : Tu prends une poignée et après tu peux le nourrir. Tu en veux aussi ?

Manni apporte un panier rempli d'œufs fraichement pondus.

> Contrairement aux apparences, ce n'était pas une vie de Robinsons que cette famille s'était inventée, à seulement quelques kilomètres de Francfort. Ils recevaient dans leur brasserie des dizaines de visiteurs chaque semaine.

Manni fait la plonge dans la cuisine de la brasserie.

Terrasse remplie de clients de tous âges. À quelques mètres, Singa joue au foot avec quelques enfants.

Manni et ses deux garçons tirent à l'arc en pleine forêt.

Ils sont au bord d'une rivière et observent l'eau. Ils cherchent des tritons.

MANNI : Ici tout au bord, quelque chose a grimpé. Si on le sort de l'eau, c'est sûr qu'il va mourir. Ici dans l'eau, il peut avoir ses propres bébés et on aura plein de jolis tritons. C'est beau, regarde comme l'eau est propre et claire. Il y a plein de petits crabes de rivière.

Balade dans les bois : Sanni, Singa et Clara.

SANNI : Singa a déjà appris l'alphabet quand il était tout petit. Ensuite, il est aussi allé quelque temps à l'école, mais il était tellement nerveux, qu'au bout de seulement trois mois, il n'était plus du tout le même.

Alors on s'est dit qu'il n'était pas obligé d'y retourner. Finalement, on a décidé qu'on ne voulait vraiment pas de l'école.

Assis sur la mousse, Singa porte un masque 3D illustré avec un crâne de squelette. Il feuillette une revue avec sa mère.

Singa : Et c'est quoi, là ?

Sanni : Tu vois que le bébé vient vers toi ?

- Oui.

- C'est de la 3D.

- Je vois la main en avant.

 *joue sur un tam tam. Singa le rejoint avec une guitare et l'accompagne. Ils se répondent rythmiquement.*

Singa est assis sur une pierre avec la petite guitare.

Il montre à  *comment on joue.*

singa : Appuie ici.

- O.K.

- Et puis tu peux mélanger.

- O.K.

- Tu peux le faire ?

- Oui.

Ils changent de place et Singa lui passe la guitare.

Singa : Maintenant tiens-la. Oui, comme ça. Ensuite… Non. Appuie ici, avec ce doigt.

Gulu joue à la guitare et chante une chanson brésilienne, « Wave » de Tom Jobim. *l'« accompagne » avec la petite guitare.*

Il pleut sur la rivière. Sanni est dans sa boutique-atelier avec ses fils. Elle aide Singa dans un projet de couture.

SANNI : Coupe déjà, bien droit.

Ils fouillent dans un sac de chutes de tissus. Singa déchire en deux un morceau de tissu et obtient une bande fine, qu'il remet à sa mère.

SANNI : C'est bien.

Singa coupe sa bande de tissu avec de grands ciseaux. Sanni coud à la machine.

C'est plus solide, et ainsi, en passant par-dessus, ça ne peut plus s'effilocher.

Singa observe son geste et rit de joie.

Manni et Lumas comptent ensemble à un grand boulier à l'extérieur de l'atelier :

- 2, 3, 4, 5, 6, 7, 8, 9, et...

LUMAS : 2 !

MANNI : 10 ! Et encore une fois !

Un petit théâtre de marionnettes est posé sur une table - un simple carton découpé, un tissu rouge accroché avec des ficelles en guise de rideau, et le titre écrit avec une écriture d'enfant. Les marionnettes sont dessinées sur du papier collé sur des tiges en bois.

VOIX DE SINGA : L'histoire du chevalier audacieux. Hé ! J'ai entendu dire qu'il allait y avoir une bataille, aujourd'hui à 2 h. Alors, allons-y…

Singa, que l'on voit manipulant les marionnettes, imite le bruit de chevaux galopant puis hénissant.

« Dans chaque enfant il y a un artiste. Le problème est de savoir comment rester un artiste en grandissant. »

PABLO PICASSO

PARIS

Voix de qui chante « ♪ Dodo l'enfant do, l'enfant dormira bien vite ♪ », sur des photos de la famille dans les rues de Paris et au Jardin du Luxembourg, aux voiliers.

De retour en France, où je croyais que la scolarisation était obligatoire, je découvris avec surprise que je me trompais, et que j'étais loin d'être la seule à ne pas être informée.

Claudia Renau, ses filles et Clara se baladent dans la serre de la Cité des Sciences.

Je rencontrais des familles très différentes les unes des autres, toutes désireuses de témoigner de leur histoire et de faire savoir.

FAMILLE FADEL-RENAU

Fredy et Claudia sont assis dans un jardin.

Fredy : Je suis informaticien.

Claudia : Et moi, j'ai été quinze ans enseignante en histoire-géographie, à différents niveaux et à l'IUFM, et maintenant je suis éditrice de livres autour de la parentalité et l'apprentissage en famille.

Leurs filles Loline, 7 ans et Lila, 4 ans, dans une serre, devant des plantes inconnues.

Lila : Et ça, tu sais ce que c'est ?

Loline : Ça ? Non.

Fredy : Cette idée m'est venue le jour de la naissance d'Auriane à l'hôpital.

Photos d'Auriane nouveau-né dans la grande main de son papa ; puis dormant contre sa poitrine.

- J'ai pris conscience que ça serait la première fois dans ma vie où je devrais décider pour quelqu'un d'autre. Et déjà, décider pour moi, c'était difficile, mais pour quelqu'un d'autre... Et j'ai commencé à imaginer quelles décisions j'allais prendre pour elle, et pourquoi.

Fredy et Claudia sont entourés de leurs trois filles, qu'ils câlinent.

On est plutôt des... non-sco, on ne scolarise pas nos enfants. Il n'y a pas de mot pour une absence d'acte. Si on est cycliste, on dit qu'on est cycliste. Mais si on n'est pas cycliste, on ne dit pas qu'on est « pas cycliste ». Voilà.

Atelier de bricolage. Des enfants et des parents, dont Clara et son fils ainsi qu'Auriane, 10 ans, et Loline, cousent des feuilles de laurier en forme d'étoile.

Nous, on vit, on fait tout un tas de choses dans notre vie, moi je vais travailler tous les jours, Claudia travaille tous les soirs, les enfants vont à la chorale, elles chantent, elles jouent, on va à la piscine, on part en vacances, donc on a tout un tas d'activités que tout un chacun a dans sa vie ; on ne joue pas au golf, on ne fait pas de l'alpinisme, et on ne va pas à l'école non plus.

Photos de patinage et d'accrobranches.

On apprend, on voit, on entend, on s'intéresse ou on ne s'intéresse pas à quelque chose, mais l'apprentissage est un phénomène intrinsèque de la vie. Si on le sépare, on devient école. Nous, on ne le sépare pas. L'école, c'est une activité sociale qu'on ne pratique pas. Il y a des regards négatifs, il y a une pression...

Claudia : ... Parfois.

Fredy : Parfois. Parce que certains pensent que c'est obligatoire, certains pensent que c'est criminel de ne pas le faire, mais c'est juste une activité qu'on ne fait pas.

Claudia : Moi, ma principale réserve, c'était le fait que les enfants n'aient pas suffisamment de copains et de camarades et du coup, je m'étais rendu compte qu'il pourrait y avoir ces camarades-là avec assez peu de difficulté.

Chorale joyeuse, avec Claudia et ses filles entourées d'amis.

Fredy : Apprendre, ça n'a rien à voir avec enseigner. Enseigner est un travail d'adulte, apprendre, c'est un travail de tout le monde. Et on n'est pas la seule espèce sur la planète ! Il y a des vers de terre, il y a des fourmis, il y a des zèbres, et il y a des parents, il y a des enfants, et tous vivent leur vie en harmonie avec leur environnement. Il y en a qui apprennent à nager, d'autres apprennent à grimper aux arbres, mais sans aller à l'école, juste en vivant dans leur environnement.

Photos : Auriane au cours de cirque, enveloppée dans un tissu ; enfants réunis autour d'un projet sur l'herbe.

Les enfants apprennent à parler, il y a des milliers de langues sur la planète, et tous les enfants apprennent à parler les langues de leurs parents. Alors que les mêmes, quinze ans après, quand ils vont à l'école et veulent apprendre une deuxième langue, ils n'y arrivent pas. Donc l'apprentissage se fait de façon tout à fait spontanée, comme respirer, comme marcher, on apprend en imitant et du coup, pour apprendre, il faut juste vivre.

Puisque dans notre société, la lecture, les lettres, les mots, les slogans sont écrits sur tous les murs, un enfant qui nait dans cet environnement-là va apprendre à lire au même titre qu'un enfant qui nait dans un environnement où on voit des fraises et des oranges apprendra à reconnaître les fruits ; un enfant qui nait dans le métro et qui voit des affiches publicitaires apprend à lire. Donc il ne sera pas analphabète.

Photo des filles assises sur un fauteuil sur lequel est écrit « Fauteuil de massage - 2 euros ».

Claudia : La question fondamentale, ce sera : est-ce que ce parent, ces parents auront envie d'accompagner leur enfant dans l'apprentissage, y compris dans un apprentissage qu'eux-mêmes ne maîtrisent pas ? Je suis persuadée qu'un parent qui a envie d'accompagner son enfant, même si lui-même ne sait pas lire, en gros, il va apprendre à lire en même temps.

Des familles au bois de Vincennes avec un entomologiste.

Entomologiste : Pas du tout. À l'intérieur, il y a un insecte, qui est de la famille des punaises, qui pique la plante avec sa bouche, qui boit la sève de la plante, qui fait caca liquide, et puis après qui souffle dans son caca, ça fait de la mousse, et comme ça il est protégé par son caca. Et personne ne peut le manger. Et si vous le prenez là, théoriquement, on le voit…

Une maman : On le voit ?

Sa fille : On la voit mieux comme ça, maman.

Entomologiste : Tiens, je te remets le couvercle.

Fredy : L'école est une école, au sens « école de pensée », et elle n'est pas moins fanatique que d'autres écoles de pensée, qui seraient religieuses ou économiques ou scientifiques, qui ont toutes leurs dogmes et leur vision restreinte du monde.

Des enfants, dont ceux de Fredy, au milieu d'expériences de chimie au Palais de la découverte.

Je ne suis pas en train de prêcher que les gens doivent ne pas aller à l'école, chacun fait ce qu'il trouve adapté à ses besoins, mais moi, j'estime que suivre la voie de tout le monde est risqué et nécessite un certain degré de courage aussi. Courage de se donner aveuglément à un système qui n'a pas fait ses preuves, voire a fait la preuve qu'il ne réussit pas toujours. La majeure partie des gens dans notre société est allée à l'école et continue à aller à l'école et du coup la majeure partie des gens qui sont en échec dans notre société est allée à l'école. Donc l'école n'est pas un garant de réussite.

L'école est juste un garant de différenciation qu'il y aura des réussites et des échecs. Alors que l'absence d'école pourrait résoudre au moins ce problème. Il y aurait des gens…

Le Clos lieu

Loline trempe son pinceau dans la peinture verte et retourne à son tableau. Auriane observe le sien.

Un garçon confie son animal en peluche à Arno.

FAMILLE STERN

Arno : Eh bien, qu'est-ce que j'en fais, je le mets dans ma poche ? Je vais le mettre là.

> Arno Stern n'avait jamais été scolarisé, il avait fui Berlin en 33 et vécu caché toute son enfance et adolescence.

Arno : Je vais mettre l'animal là-haut, hein ? Parce que sinon, il va étouffer, dans ma poche. On va le mettre là.

> Le Clos lieu devint un laboratoire, où il s'appuya pour développer sa réflexion.

Couvertures de ses livres : Die Expression ; Le jeu de peindre ; Introduction to creative education ; Heureux comme un enfant qui peint.

Arno : Les enfants sont des explorateurs, sont des découvreurs, ils ont une très grande curiosité, et personne ne devrait canaliser leur curiosité. Personne ne devrait imposer les découvertes aux enfants mais y être très attentif. Et il était évident pour ma femme et pour moi que nos enfants ne seraient jamais soumis à un programme d'instruction mais qu'ils pourraient découvrir, autour d'eux, qu'ils pourraient découvrir tout ce qu'ils ont envie de connaître et de savoir.

Michèle Stern, son épouse : Un être humain se développe, à l'intérieur d'un autre être humain, sa mère, sans qu'on n'ait rien à faire. On n'a vraiment rien à faire, on n'y est pour rien. Et cet élan vital, il se prolonge. Il n'y a pas de raison qu'il s'arrête quand l'enfant vient au monde. Ça n'existe pas… Il continue jusqu'à son aboutissement, et ce n'est même pas l'âge adulte.

Photos de Michèle Stern avec son nouveau-né, André.

André Stern : Quand j'étais petit, tout petit, on me posait certaines questions, on me les posait toujours à nouveau. Et j'avais développé une petite phrase qui était presque automatique et qui servait à me présenter une fois pour toutes. Alors à l'époque, c'était : « Bonjour, je suis André, j'ai 6 ans, je suis un garçon – j'avais les cheveux longs, déjà, à l'époque –, je ne mange pas de bonbons et je ne vais pas à l'école. » Alors aujourd'hui, ça a un peu changé, j'ai 40 ans, ou presque, donc je suis guitariste, je suis compositeur, je suis luthier, je construis des instruments de musique, mais je suis aussi journaliste, je suis auteur… Je pratique toutes sortes de métiers. J'ai du mal à dire quel est mon métier ou quels sont mes métiers.

André joue de la guitare classique sur un instrument à dix cordes. Photos de sa sœur Eléonore qui danse.

Éléonore Stern : Je m'appelle Éléonore Stern, j'ai 34 ans et je ne suis jamais allée à l'école. J'ai très vite, donc, fait une carrière de danseuse, très jeune. J'ai commencé mes premières scènes tout de suite, à 10 ans, parce que je faisais de la danse indienne, et puis la danse contemporaine, celle que je pratique aujourd'hui en professionnelle.

Le son de l'improvisation d'André accompagne les images de sa soeur en mouvements de danse contemporaine.

Arno : Personne ne m'a formé à mon activité. Il a fallu que je l'invente, il a fallu que je la développe moi-même. Et c'est comme ça, aussi pour nos enfants. Nos enfants ont hérité de cette capacité créatrice ; chaque moment est quelque chose que l'on crée, est quelque chose qui est plein de ressources, qui est plein de possibilités…

On retrouve  *au Clos Lieu, il choisit une couleur de peinture pour son pinceau, aidé d'Arno.*

André : On visualise ça, je sais pas pourquoi, qu'un enfant qui ne va pas à l'école reste à la maison. C'est faux. J'étais très peu à la maison, finalement. On imagine ainsi qu'un enfant qui ne reçoit pas l'enseignement de la part des professeurs, des instituteurs, va le recevoir de ses parents, à la maison. C'est faux. Je n'ai jamais reçu d'enseignement et surtout pas de mes parents. Donc comme ça, il y a plein d'images qu'on transporte et véhicule et qui sont fausses. Par exemple, on a l'impression qu'un enfant qui est libre est un enfant qui vit dans le chaos, qui vit dans le désordre.

Arno : La liberté naît de la structure. La liberté ne naît pas du chaos. Et un enfant sait très bien qu'il y a des limites, ce ne sont pas des restrictions, ce sont des limites, bien sûr, et que chacun vit, dans ces limites, une très grande liberté.

Arno s'adresse à un petit garçon dans son atelier :

- Tu veux du bleu ? Mais tu ne touches pas le jaune, il n'est pas sec encore. Tu as entendu ? Tu ne touches pas le jaune. Essaie de peindre à côté du jaune. Pas dessus.

L'enfant retourne à son tableau et peint directement sur le jaune. Arno lui reprend son pinceau.

Arno : Non, je t'ai dit pas sur le jaune et tu le fais quand même, regarde le pinceau. Ça ne peut pas se faire, il faut attendre qu'il soit sec. Alors tu attends qu'il soit sec.

André : J'avais pris l'habitude, parce que c'est comme ça, d'apprendre les langues au sortir du petit déjeuner. Structure personnelle. Dans la période où j'ai appris l'allemand, il n'y a plus que l'allemand qui comptait pour moi. Et donc, je me suis mis à ne faire que ça. Parce que je disposais de mon temps. Et que je n'avais pas l'obligation, après 50 minutes d'allemand, de passer à 50 minutes d'autre chose.

Images de dinanderie et de photographie d'André ; de patinage artistique d'Éléonore.

Michèle : Ce sont des géants, les enfants. C'est ce que j'avais éprouvé à l'école maternelle. Ce sont des géants, ils ont des capacités qu'on ne peut pas imaginer. Si on ne met pas le couvercle, elles se développent. On a vu l'enfant s'intéresser à des choses et on l'a laissé jouer – on n'interrompait jamais un jeu, ça c'est très important. L'essentiel, c'est qu'ils croient à ce qu'ils entreprennent. Et qu'on leur laisse le temps. C'est capital, le temps.

André et Clara marchent ensemble sur les quais de la Seine.

Clara : Est-ce que tes parents travaillaient tous les deux ?

André : Oui, ils n'ont jamais arrêté de travailler et ils travaillent encore tous les deux, tout à fait. Ils n'étaient pas forcément et perpétuellement salariés tous les deux. Ils se sont organisés en conséquence. Ce sont des personnes qui ont fait des choix professionnels en adéquation avec la vie qu'ils voulaient mener. Et ce que je peux te dire, c'est que toute personne qui le veut, le peut, quels que soient ses moyens. Parce que les ingrédients de base de cette, allez, on va la nommer, non-scolarisation, c'est l'amour, la confiance et la liberté.

Photos d'André, Eléonore, Michèle, Arno et ses parents.

Ce qui caractérise mon enfance, c'est effectivement qu'il y avait tous les âges, tous ! Du nouveau-né, du nourrisson au vieillard.

Arno : Nous n'avons jamais sacrifié notre vie à nos enfants. Nous l'avons partagée avec eux. Ce n'est pas la même chose !

André : Quand j'avais 4 ou 5 ans, papa a voulu aller au planétarium, et j'y suis allé avec lui. Et il n'a pas été déçu, ou fâché, quand il s'est rendu compte que pendant l'heure et demie de la représentation, je n'ai pas, ou pratiquement pas, regardé la coupole. J'ai, avec fascination, détaillé le fonctionnement de la machine au milieu de cette pièce. Il y avait ces rondelles, il y avait ces deux boules, il y avait l'axe central… Au bout d'une heure et demie, j'avais complètement compris cette machine, c'est comme si je l'avais démontée à la clé à molette. Et j'avais vécu une heure et demie de mécanique raffinée. Et à aucun moment il ne m'a secoué en disant : « Mais arrête ! C'est pas intéressant ! Occupe-toi – regarde, regarde le grand ciel qu'on t'offre. » Il n'a jamais fait ça. On a chacun vécu un grand moment, de la manière la plus inattendue qui soit.

Ce récit est illustré de dessins d'André qui montrent son intérêt pour la mécanique.

Éléonore : Quand j'avais 5, 6 ans, je ne sais plus exactement, j'ai décidé que je voulais être sage-femme. Donc j'ai demandé à ma mère : « Qu'est-ce qu'il faut faire ? » et tout ça, et je suis allée chercher un livre dans la bibliothèque et il fallait qu'elle me montre tout de suite comment ça marche. C'est comme ça que j'ai appris la lecture très rapidement, ça venait d'un besoin urgent, enfin tu vois, c'est comme ça que ça se passe.

Arno : Il était évident pour moi qu'on n'enseigne pas à l'enfant la manière de lire ou d'écrire. L'enfant sait tracer et il suffit qu'un jour il se demande pourquoi ces figures qu'il trace spontanément se trouvent aussi sur l'enseigne d'un magasin par exemple. Mon rôle de parent est de lui dire à quoi ça sert.
Qu'est-ce que devient un enfant qui ne va pas à l'école ? Eh bien, il devient un être créatif, un être qui est capable de prendre des initiatives, qui se sent responsable. Il trouve sa voie.

Petite escapade au canton des Grisons en Suisse

André travaille dans son atelier de lutherie.

André : La plus belle histoire que j'aie vécue, c'est avec mon maître luthier, avec Wernie, avec Werner Schär, en Suisse. J'avais cherché mon instrument dans toutes les boutiques de Paris, j'avais rendu visite à pas mal de luthiers, en France et ailleurs, et tous m'avaient dit que ce que je cherchais n'existe pas. Et un jour, il y a une dame dans une boutique, un peu en colère que rien ne me plaise, qui m'a dit la phrase clé, mais ça, moi je ne le savais pas encore et elle non plus à l'époque. Elle m'a dit : « Mais ce que tu cherches, de toutes manières, comme ça n'existe pas, il va falloir que tu te le construises toi-même. » Et j'ai rendu visite à tous les luthiers que je connaissais, en France, en Espagne, même en Amérique, et tous m'ont envoyé promener, en me disant qu'après trois ans d'études de menuiserie, trois ans d'études d'ébénisterie, deux ans dans une école spécialisée et un an dans le domaine de la guitare, je pourrais venir chez eux en tant qu'apprenti.

Un jour, je suis entré dans un atelier, en Suisse, par hasard, parce que je traversais cette ville. Il y avait un homme qui travaillait, de manière très désuète, il était courbé sur son travail, il faisait des copeaux avec un outil dans l'intérieur d'une guitare, il a levé les yeux, je lui ai demandé : « Me montreriez-vous votre métier ? » Et il m'a répondu ce que personne ne m'avait répondu, il m'a répondu : « Oui ».

Et puis il m'a livré une clé qui illustre bien tous mes apprentissages depuis mon plus jeune âge, il m'a dit : « Je peux tout te montrer, mais je ne peux rien t'apprendre. »

Werner rejoint André dans l'atelier. Ils examinent ensemble le travail d'André. Werner lui propose de jouer pour tester l'instrument.

Arno : Il faut avoir assez d'amour pour ses enfants pour s'intéresser à l'enfant, et puis quand on s'intéresse à l'enfant, on découvre, et on suit, et on est capable.

Arno, André et le bébé d'André au Clos-Lieu.

Arno : Il ne faut jamais croire qu'il y a des quantités de savoirs à acquérir. Ça ne doit pas être quantifié. Et puis il y a des choses qu'il faut garder pour plus tard, aussi. Moi, je suis très heureux de découvrir, à 80 ans, des choses que j'ignorais jusqu'à maintenant et qui sont capables de me passionner. Je n'aurais pas voulu les découvrir à 20 ans, je ne pourrais plus les découvrir aujourd'hui… Ce serait quand-même dommage !

PARIS

FAMILLE SOKOLOWSKI

Ivana et ses trois enfants (10, 7 et 5 ans) pénètrent dans un jardin public avec Clara et *.*

Ivana Sokolowski : C'est venu assez naturellement, en fait, puisque mon fils aîné n'est pas allé à la crèche, ensuite j'ai eu mon deuxième enfant et je me suis dit : « Bon, pourquoi est-ce que je le mettrais à la maternelle alors que son petit frère vient d'arriver ? Ça serait plus dur pour lui, en fait. »
Je pense qu'on en est tous capables et que c'est juste une question de se donner les moyens de répondre aux attentes de nos enfants, de répondre à leur curiosité, et même de répondre à rien, des fois, et juste de les regarder faire, et de se rendre compte qu'en fait, lui il adore ça, alors que bon, moi, c'est pas trop mon truc, mais waouh, il le fait bien, et c'est incroyable de voir ça, et de se dire : « Ben, O.K., peut-être qu'on peut trouver d'autres personnes plus aptes que moi à t'aider à faire ces choses-là ! »

Les trois garçons arrivent en courant. La petite fille se penche vers sa maman.

Cassidy (5 ans) : J'adore jardiner, maman. J'ai envie de jardiner !

Ivana acquiesce en souriant.

Ivana : Mais on peut juste accompagner nos enfants, il y a des choses… Moi je m'en rends bien compte avec mon fils aîné qui est beaucoup plus matheux que moi, mais c'est pas pour ça que je vais l'empêcher de faire des maths, ou que je vais le restreindre dans sa frénésie mathématique dans le sens où moi, il y a des choses que je sais pas faire, il y a des choses que je fais pas, mais je vais juste les chercher !

À un moment donné, il s'est intéressé aux pierres précieuses. Et alors on a acheté plein de livres sur les pierres, les pierres précieuses et semi précieuses, on a appris le nom de toutes ces pierres qui existaient et dont je n'avais absolument aucune idée qu'elles étaient là... La taille des pierres, où elles se trouvaient... l'extraction des pierres... Ah, ça c'était vraiment chouette.
C'est sûr, c'est un choix, c'est un choix financier. Mais à qui on donnera le meilleur de nous si c'est pas à nos enfants ? Voilà, point, donc après, moi j'ai tout le temps de travailler après, oh la la, quand ils auront 15 ans, quand ils ne voudront plus me voir, ils feront leur vie, et j'ai encore plein plein de temps pour moi pour faire plein d'autres choses.

La seule chose que je peux leur donner de moi et pleinement de moi, c'est mon temps.

Ivana s'éloigne à bicyclette dans une rue parisienne, avec ses deux petits dans un chariot. Son aîné les suit sur son vélo.

ST-CLOUD

FAMILLE VINCENT

Valérie Vincent : Donc, il y a Bertrand et moi, j'ai 46 ans et Bertrand a 44 ans, et on a donc, on va commencer par le plus grand, Hugo, qui a 20 ans, Océane, qui a 18 ans, Baptiste, qui a 16 ans, Jules, 14 ans, Emma, 12 ans, Noé, 6 ans, et Louve qui a 5 mois.

Noé : Papa, je peux prendre un pain ?

Bertrand : Tu attends deux minutes.

- D'accord.

Valérie : Bon, à part Emma, quand même, et Jules, mais pour tous les trois qui avaient appris à lire à l'école, on n'est pas dans la même manière d'apprendre. C'est-à-dire que toi, tu as préparé ton bac, tu n'as pas eu le support de cours pour préparer ton bac.

Océane, étudiante en biologie, université Paris Jussieu : Je m'y suis mise en février.

Clara : Donc, c'est...

Océane : De février à juin.

Clara : Quatre mois ?

Océane : Oui ! Mais vraiment, j'ai fait que ça, parce que là...

Clara : Et pareil pour toi, Hugo ?

Hugo : Oui.

Valérie : À la limite, ça vous a donné plus de...

Océane : Ça donne un avantage.

Valérie : Un avantage sur les autres. Parce que vous saviez déjà travailler...

Océane : ... Tout seuls.

Valérie : ... Tout seuls. Oui.

Océane : La plupart du travail, c'est du travail autonome, en fait. Et la plupart des gens, quand ils n'ont pas d'échéance, genre des devoirs à rendre ou des contrôles, eh bien ils travaillent pas, en fait. C'est pour ça que tu as beaucoup d'échec à la fac la première année. Aussi parce que les gens ne font pas ce qui leur plaît.

Valérie : Je ne me suis jamais posé la question : « Ils vont réussir ou ils vont échouer ? » C'est pas... On n'est pas du tout dans le même système qu'à l'école. On n'a pas de notes, on n'a pas à restituer un savoir... Donc, c'est pas du tout pareil. On apprend. Donc, à partir du moment où on apprend, on apprend tout le temps.

Noé se balance à un fragile arbuste.

Voix d'un de ses frères : Noé ! Il est déjà cassé, en plus en chaussettes, tu montes pas s'il te plaît. Noé !

Océane : Il va descendre !

Valérie : Je me levais le matin, je préparais tous les enfants, je les emmenais à l'école. Je les récupérais à 4 h, ils goûtaient, ils faisaient leurs devoirs, ils mangeaient, ils se couchaient. J'étais une nounou, j'étais plus une maman. J'étais même plus une personne, je trouve. J'étais dépossédée de tout. J'étais creuse. Voilà. Alors ce n'est pas non plus tomber dans l'excès inverse de faire des enfants pour soi et de vivre exclusivement avec ses enfants. On n'a jamais autant voyagé, autant rencontré de gens que depuis qu'on fait ce choix-là. Puisqu'on est libres, justement. On peut partir en dehors de la période scolaire, on subit moins la foule, on a des tarifs quand même beaucoup plus préférentiels en dehors des vacances scolaires. On a un camping-car et dès qu'on a l'occasion de partir, on part. On est partis vivre deux mois aux États-Unis avec les enfants, voilà, c'est cette liberté-là.

Photos de voyages : la famille faisant des abdos devant le camping-car, marchant sur une plage en hiver, dans une forêt, le désert, à New York.

Valérie : Je trouve ça vraiment, pour le coup, une grande avancée peut-être des féministes, c'est que j'ai le choix. J'ai le choix si je veux d'aller travailler à l'extérieur de la maison, et j'ai le choix de travailler chez moi. Parce que O.K., j'accompagne mes enfants dans leurs apprentissages, mais j'ai aussi une activité personnelle en dehors de ça, donc... Non, moi je trouve que... j'ai le choix. Je ne suis pas obligée de choisir, ou de m'occuper de vous, ou d'aller travailler. Je peux faire les deux si je veux. Donc c'est... c'est génial.

CORRÈZE

FAMILLE DEGORCE-AKNINE

Une maison de pierre du XVIIe, en pleine campagne. Une jeune et une petite fille nourrissent leur âne. La grande le caresse. Leur mère au loin répare sa porte.

On les retrouve dans un champ de longues marguerites, assises autour de leur maman.

 *les regarde un moment et sort du champ en disant : « Pipi, papa ! »*

Fabienne Degorce : J'ai eu les enfants un petit peu tard, je dirais. J'ai travaillé, longtemps, avant, et j'ai eu Margot quand j'avais 37 ans. Je n'avais aucune idée qu'on pouvait ne pas mettre les enfants à l'école, à l'époque. Et en fait, les gens me conseillaient tout le temps de profiter des enfants, en me disant : « Ça va tellement vite, après on regrette de ne pas avoir passé assez de temps avec, donc prends ton temps… » Et puis je me suis enfouie dans ce métier de maman.

Cuisine de Fabienne. Margot, 13 ans, fait la sauce de la salade, pendant que Joséphine, 9 ans, essore la salade dans une essoreuse, ce qui fait beaucoup rigoler .

Fabienne : Ça te fait rire !

Margot : Maman, il y en a assez, là ?

- Tu mets du germe de blé, dedans.

- Oui, c'est fait.

- Et de la levure de bière.

- Oui, c'est fait.

 *(à Joséphine) :* Encore. Encore ! Encore, encore...

Fabienne : Encore, il te dit.

Joséphine : Encore ? O.K.

Elle s'exécute. Il rit aux éclats.

Fabienne : Dans ma tête c'était vraiment clair que les enfants n'iraient pas à l'école. Mais je n'en avais pas encore parlé au papa. *(Image du papa devant un tipi, déguisé en chef de tribu indienne avec un calumet de la paix dans la bouche, entouré des enfants en petites indiennes.)* Donc j'ai essayé d'évoquer la question avec lui, et il m'a dit au début que pour lui, c'était pas possible que ses enfants soient différents des autres. Il avait peur du côté marginal de ce choix. Et je lui ai dit : « Écoute, voilà les raisons pour lesquelles… », j'ai exposé toutes les raisons, donc j'ai exprimé le fait que pour moi, c'était important qu'on suive le rythme de l'enfant, qu'on ne lui impose pas des choix, des pédagogies, qu'on ne lui impose pas des matières, etc., et je lui ai dit : « Réfléchis à tout ça, accepte de rencontrer André, et quand tu lui auras posé toutes tes questions, alors tu me donneras ta réponse. »

Couverture du livre : ... et je ne suis jamais allé à l'école - histoire d'une enfance heureuse *d'André Stern.*

Fabienne : On a décidé d'habiter à la campagne et on a choisi une maison où il y avait énormément de travaux. *(Photos de maison en travaux, de pique-nique, des filles se lavant dans une baignoire sur l'herbe.)* On a vécu sur place. Les filles se sont retrouvées au milieu d'un chantier avec plein d'artisans, des artisans qui étaient aussi bien le tailleur de pierre que le menuisier, que le maçon. *(Photos des filles travaillant sur le chantier avec les ouvriers, illustrant tout ce qu'elle décrit.)*

Les ouvriers étaient quand même assez étonnés de les voir sur le chantier et dès qu'on pouvait, je demandais si elles pouvaient participer et construire avec nous. Alors ils leur apprenaient à monter un mur pour faire des arases, ou alors à faire un enduit en terre ou faire un torchis, ou poser des tuiles sur une toiture…

Une fois, il n'y avait plus d'artisans, et on avait récupéré notre chat de chez le vétérinaire, et il fallait l'empêcher de sortir ; on s'était aperçues qu'en fermant la porte, il y avait le haut de la porte qui était resté ouvert. Et donc prise de panique, j'ai dit aux enfants : « Qu'est-ce qu'on va faire ? Il faut vite qu'on mette quelque chose. » Et Margot et Joséphine sont parties comme des flèches dans l'atelier, et elles sont revenues avec une perceuse-visseuse, avec une mèche, la vis qui était vraiment adaptée à la mèche, et moi, j'avais jamais fait ça. Elles en savaient bien plus que moi, qui suis pourtant architecte.

Et donc elles m'ont expliqué, elles m'ont dit : « Voilà, alors maman, je te passe », parce que c'était trop lourd pour elles, « d'abord tu vas faire un trou », donc elle m'a passé la mèche, elle me l'a installée. Après elles m'ont dit : « Maintenant, tu enlèves. » Elles me l'ont démontée, elles ont installé la visseuse… Et là j'étais très étonnée, et je me suis dit : « C'est incroyable ! » Elles n'avaient pas pris les outils pendant tout le chantier, mais à force d'observer et de regarder les artisans, en fait elles savaient, non seulement le nom des outils, mais comment s'en servir, comment les démonter… Elles avaient tout capté, naturellement.

Quand c'est mûr, ça sort, comme ça, comme une fleur qui se met à éclore.

Et j'ai remarqué ça plusieurs fois. C'est-à-dire que c'est pas qu'elles ont peur de mal faire, c'est que tant que c'est pas mûr, eh bien ça ne sort pas. Alors ça inquiète beaucoup l'environnement. Si on n'a pas confiance, ce qui arrive, par moment on se dit : « Oh la la, si ça se trouve, ça n'arrivera jamais ! », et en fait pas du tout. J'ai constaté que Margot, à la grande surprise des inspecteurs d'académie qui l'ont vue et qui étaient très inquiets qu'elle ne sache pas lire à 8 ans et demi, en fait, le jour où elle a su lire, non seulement elle lisait, mais vraiment très très bien, elle mettait le ton, il y avait l'intensité, il y avait l'émotion qui était dans le texte... C'est-à-dire que c'était parfait.

Les filles préparent des pizzas dans la cuisine rustique avec un groupe d'enfants.

Un petit garçon verse tout un pot de sauce tomate sur une pizza.

MARGOT : Tu garniras l'autre, O.K. ?

PETIT GARCON : O.K. *(À Joséphine, qui coupe avec les doigts des morceaux de fromage de toutes tailles et les jette sur la pizza.)* Mais comment tu fais, là, pourquoi tu coupes pas en petits bouts, là ?

JOSEPHINE : Parce que en fait, ça fait... ça fait meilleur.

PETIT GARCON *(à une petite fille qui verse de l'huile d'olive)* : Mais tu te rappelles qu'on fait la petite au miel !

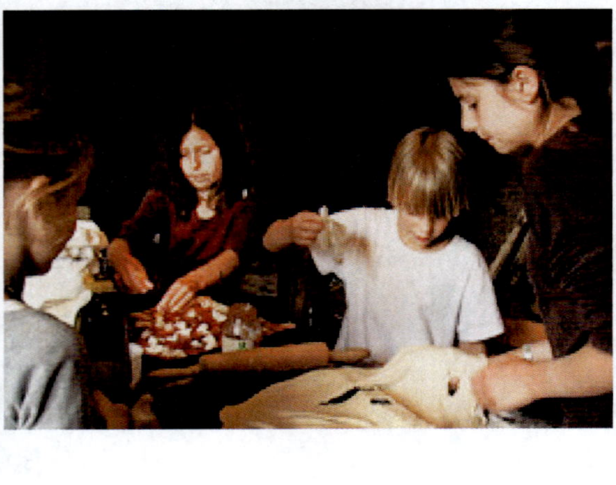

MARGOT *(qui étale de la pâte)* : On verra. *(Elle supervise le travail des petits du regard, la pâte qu'elle a soulevée s'étire et se rompt.)* Je suis en train de la déchirer... Mince mince mince, crotte de bique ! Elle s'est déchirée.

Elle la pose sur la plaque et la replie sur le grand trou.

Petit Garçon : On n'en a plus besoin, c'est bon, je peux le jeter ? *(Il lui montre le papier avec lequel il étalait l'huile sur une plaque.)*

Margot : Oui.

Elle installe une pizza dans le four de la vieille cuisinière et règle sa température. Les enfants rangent les ingrédients et nettoient la cuisine.

Fabienne : Une fois, on était en train d'être contrôlés, le contrôle annuel, et l'inspectrice nous a demandé ce qu'on faisait, et j'ai dit qu'on ne suivait pas les programmes. Elle m'a demandé si Margot connaissait les fractions. Donc j'ai dit : « Non, mais comme on fait beaucoup de gâteaux, on fait beaucoup de cuisine, on a l'habitude des proportions. Posez-lui les questions que vous avez à lui poser concernant les fractions. » Donc pour commencer son test, elle a demandé à Margot de lui dessiner un gâteau. Donc Margot lui a dessiné, en fait, un cake, un rectangle, et elle lui a dit : « Non, non, mais ça, c'est pas un gâteau. » Alors Margot s'est appliquée à lui dessiner des bougies, et elle lui a dit : « Vous voyez, là c'est les bougies, et en dessous, vous avez le gâteau. » Et elle lui a dit : « Non, non, mais c'est pas un gâteau, ça. » Alors j'ai dit à Margot : « Écoute, Margot, dessine-lui une tarte ! » Et Margot a dessiné une tarte, a fait un beau cercle et à ce moment-là, elle a dit : « Ah, maintenant on va pouvoir faire des fractions. » Et j'avoue qu'à cet instant-là, j'ai compris pourquoi mes enfants n'allaient vraiment pas à l'école !

NICOLAS DEMEERSEMAN ET FLORENCE TUTIAU, professeurs de cirque

Une vingtaine d'enfants. Nicolas et Florence jonglent et les enfants essaient de passer au travers.

Nicolas : 1, 2, 3, je passe, 4, je passe pas. 1, 2, 3, trop tard ! Trop tard ! *(On le retrouve assis dans un champ.)* Au départ, on a fait le constat qu'en fait, les enfants non-scolarisés avaient un imaginaire plus facilement accessible. Ce qu'on trouve riche, dans ce groupe, c'est ce que chacun apporte aux autres. C'est-à-dire, les enfants scolarisés apportent un peu de méthode et de rigueur dans l'apprentissage, et les autres, une souplesse d'esprit, un cadre beaucoup plus… beaucoup plus ouvert.

FLORENCE *(à côté de lui, sur une chaise au milieu d'un champ, son bambin dans les bras)* : Et c'est ça qui est hyper intéressant, parce qu'en fait, on s'en fiche qu'ils sachent ou pas, d'ailleurs, jongler à... même, cinq balles, parce qu'il y a des enfants qui, voilà, sont capables. Mais on a envie qu'ils trouvent ce truc à eux, pour s'exprimer.

Margot jongle avec des foulards multicolores ; Joséphine fait des bolas. Antoine, que l'on va rencontrer dans la scène suivante, répète un numéro de clown.

FAMILLE HÉRINO

Tous les cinq sont assis au pied d'un arbre. Les enfants ont 10, 8 et 7 ans.

- Moi je m'appelle Antoine.

- Moi, Martin.

- Moi, Marion.

- Moi, c'est Claire.

- Et Rodolphe.

CLARA *(derrière la caméra)* : Et donc, qui d'entre vous va à l'école ?

Rodolphe lève le doigt. Tout le monde éclate de rire.

Clara : Et qu'est-ce que tu y fais ?

- Je suis enseignant. Je suis prof de physique-chimie. Je cherche à faire autre chose, parce qu'il y a un trop gros décalage entre la réflexion qu'on a eue à la maison en famille et ce que je fais à l'école.

Claire *(la maman)* : Alors, ce qui a motivé ce choix, c'est un gros gros mal-être à l'école d'Antoine, en CE1, et il a demandé à faire l'expérience de sortir de l'école, et puis à la fin de l'année, on a proposé à tout le monde de faire cette expérience. Tout le monde a été très content de la faire.

C'est vrai qu'au début, on a démarré sur une formule très scolaire, avec des apprentissages très… avec des horaires très marqués et très imposés, et puis petit à petit, on s'est rendu compte que c'était peut-être plus enrichissant de proposer uniquement un environnement très riche, pour que les enfants aillent y puiser ce qui les intéressait. Mais c'est vrai que ça reste quelque chose de très fluctuant et de très évolutif. On n'a pas, disons, de dogme, qu'on suit… qu'on suit une fois pour toutes. Disons que… il y a des moments où même les enfants eux-mêmes, ça leur arrive de temps en temps de demander des contraintes dans les apprentissages et on les leur fournit pendant quelques mois et puis après pendant six mois, c'est complètement libre.

Rodolphe : Au fil d'une journée, il y a un évènement, on trouve un insecte dans le jardin, par exemple, qu'on ne connaît pas, et plein de trucs partent de là. *(Des photos illustrent ses propos.)* Ils prennent l'insecte, ils regardent ce que c'est, ils vont le voir avec une petite loupe binoculaire, ils le regardent, ils l'observent, et ensuite ils vont voir dans des magazines, des livres ou sur internet ce que c'est. Et puis de là peut partir toute une recherche qui va durer plusieurs jours, plusieurs semaines, parfois. Et c'est vrai que ces apprentissages qui sont spontanés et motivés par un évènement concret, on sent que ça s'ancre de manière profonde et peut-être indélébile dans leur esprit.

Spectacle de Kermesse. Chorale Les Petits Curieux. *Margot joue de la flûte avec fougue ; Joséphine et Antoine chantent une chanson traditionnelle : « En passant la rivière ».*

JEANNE BOUCHER et ANNIE & MICHEL AUZEMERY

Une jeune femme, Jeanne (sa fillette dans les bras) et ses parents, sont dans un préau de bâtiment municipal. La chorale continue au loin, dans la grande salle.

Michel : Les deux lectures fondamentales, c'est *Libres enfants de Summerhill* et puis Illich. *(Photos des couvertures de livres :* Libres enfants de Summerhill *de A.S. Neill et* Une société sans école *de Ivan Illich.)*

Annie : Vous posez la question : pourquoi choisir l'instruction à la maison ? Mais très souvent, on ne se pose peut-être pas la question : pourquoi scolariser l'enfant à l'école ?

Jeanne : Ah ça, ça c'est sûr que…

Michel : Ben ça paraît la solution normale !

Annie : Et peut-être que si les gens se la posaient, sans donner comme ça une réponse : « Parce que c'est plus pratique », « Parce que je ne peux pas, je travaille », ils découvriraient d'autres réponses, ou d'autres hésitations, ils seraient peut-être moins sûrs.

Jeanne : Mon mari et moi, qui avons trois enfants, avons choisi de ne pas les instruire à l'école. L'aîné a 9 ans, il y en a un autre qui a 6 ans, et puis la petite Hélène, 3 ans. J'avais été inspirée par ce que j'avais vécu petite, puisque mes parents n'avaient pas non plus choisi de nous envoyer à l'école, mes sœurs et moi. J'ai quatre sœurs ; je suis l'aînée.

Clara (derrière la caméra) : Comment est-ce que vous avez fait, alors, avec cinq enfants à la maison, est-ce que vous travailliez tous les deux à mi-temps ?

Annie : Non, à plein temps. On n'avait pas les moyens de travailler à…

Michel : Annie travaillait à plein temps ; et moi j'étais maçon…

Annie : On a pris sur notre sommeil.

Michel : Je travaillais en entreprise indépendante donc sans ouvriers. Je pouvais…

Annie : C'était élastique.

Michel : ... oui, modifier, moduler mon travail. La priorité était donnée au travail professionnel d'Annie et à la liberté possible des enfants.

Nous souhaitions qu'ils aient une connaissance verticale, si on peut dire, de toute une population, dans un village, dans un pays, avec des adultes, et pas que des enfants. Des enfants, d'accord, des adolescents, et des aînés, des grands-parents, des oncles, des voisins, etc. Une autre raison importante pour moi, c'était qu'il était important que les enfants fassent des expériences de vie concrète avant de penser, avant de passer à l'abstraction qu'on demande très très rapidement à l'école.

Jeanne : Ça suppose de s'en donner les moyens, soit on abandonne son travail, soit on continue de travailler mais il faut embaucher quelqu'un qui vient garder les enfants. C'est une aberration économique ! Là, je prends un mi-temps pour instruire mes enfants à la maison. Je suis enseignante, en plus, donc… C'est le clou ! *(Elle rit.)*

Les Petits Curieux chantent « La taligourdine », avec Jean-Marc Delaunay, leur professeur, au fifre.

ELENA BOELLA, professeure d'anglais

Depuis une fenêtre, des vaches paissent dans un pré... sous la pluie. Des voix d'enfants.

Antoine rejoint Marion, Martin, Margot et Joséphine à une table.

Antoine : J'arrive… Désolé pour le retard. J'étais en train de baby-sitter.

Elena : You were baby-sitting…

Margot : Nineteen ?

ELENA : Nine O'clock.

ANTOINE : Ah oui mais… Tessa, elle pourra pas venir ?

ELENA : No, Tessa will be sleeping.

ANTOINE : Avec Rob ! Tu viens ?

ELENA : Oh, I could go… Yes…

MARTIN : Elle vient ? Tu viens ?

ELENA : Where is it, in Saint-Irié ?

ANTOINE : Elle sait pas encore…

ELENA : Is it Saint-Irié ? Where ?

ANTOINE : Saint-Irié, oui, Saint-Irié.

MARGOT : À la salle Féreau.

Ils observent ensemble un grand calendrier coloré en tissu.

MARION : Fifty nine.

ELENA : It is fifty nine. And for Martin ? What number is this ?

MARTIN : Tres !

ELENA : Ah, that's Spanish ! *(Les enfants rient.)* You've got one, two…

Martin : One two, three.

Elena : It is three. O.K., volunteers ?

Martin : C'est pour faire quoi ?

Elena (devant sa cheminée) : Les plus jeunes, s'ils ne savent pas, ils n'ont pas honte. Alors que dans une classe, les élèves faibles ont honte de ne pas y arriver et ils chahutent. Ici, ils savent qu'ils y arriveront plus tard. Et ça les motive. Dans une classe, ils sont souvent démotivés.

Elena désigne des saisons dans le calendrier coloré aux enfants qui l'entourent.

Elena : What color is autumn ?

Martin : Autumn ?

Antoine : C'est ici. Bron. Brown.

Elena : Yes. What color is the sun ?

Margot : Il est où ?

Elena le leur montre du doigt.

Antoine et Margot : Yellow.

Elena : Yes. What color is the snow ?

Les enfants : Snow ?

Martin : C'est ça ?

Marion : C'est ça.

Martin : Ah, snow. J'allais dire ça !

Antoine : Wayne.

Margot : White.

Antoine : Euh, white.

Elena : White. It is, yes.

De la fenêtre du grenier de Fabienne, on voit plusieurs familles pique-niquer sur l'herbe.

« Je suis toujours prêt à apprendre,
cependant je n'aime pas toujours
que l'on m'enseigne. »

WINSTON CHURCHILL

WEST-SUSSEX

Un groupe d'enfants occupés autour d'une autre table... un cours de perspective.

Les conversations se croisent : - J'ai besoin d'une gomme. - Moi aussi ! - Et cette ligne ? - Luke, je peux avoir la gomme ? - Pas tout suite - C'est toi qui décides, je voudrais que tu l'inventes.

Un petit garçon confirme son raisonnement avec sa prof de dessin.

LUKE : Si tu fais de l'abstrait, il pourrait y avoir des tas de carrés, par exemple, il y en a un qui est petit et un grand, et on ne saurait pas si c'est de la perspective ou simplement qu'il y en a un petit et un grand...

L'instruction en famille, et l'apprentissage autonome en particulier, sont beaucoup plus courants en Angleterre que dans le reste de l'Europe. Du fait de l'histoire et du tempérament britanniques, chacun est libre de faire ce qu'il veut chez lui, de faire des choix non-conventionnels pour sa famille. D'où l'expression que la maison d'un Anglais est son château, et d'où la tradition du britannique excentrique.

FAMILLE TAVALER

Michael Tavaler et Clara marchent sur une plage du Sud-Ouest britannique.

Michael Tavaler : L'histoire de l'instruction en famille, ici en Angleterre, c'est que les parents sont responsables de l'éducation de leurs enfants. Ils sont censés éduquer leur enfant et ils peuvent abdiquer cette obligation à l'État, ou éduquer leur enfant autrement.
J'en ai aussi fait l'expérience en France *(photos de ses deux enfants à Paris)*, aussi une culture ancienne, mais qui n'a pas, je crois, cette tradition de la vie privée. C'est une culture plus communautaire où tout le monde fait des choses similaires, et passer par le système scolaire fait partie de ce qui fait que l'on est Français. Un ami m'a dit qu'il pensait que l'instruction en famille, en France, était dans la même situation que l'homosexualité il y a vingt ans en France. C'est tellement scandaleux et bizarre que les gens sont choqués dans leur fibre morale.
J'avais lu John Holt...

Couvertures de livres de John Holt : Learning All the Time[9] *;* How children learn *;* Freedom and Beyond.

... et je pensais trouver là-bas des idées plus avant-gardistes en matière d'instruction en famille ; et j'ai trouvé dans la culture des États-Unis une certaine anxiété. On veut être sûr qu'on ne passe pas à côté de quelque chose. L'idée de juste permettre à ses enfants de faire leurs propres choix, et de faire confiance à leur propre jugement, est une chose beaucoup plus risquée aux États-Unis.

> Aaron n'avait su lire qu'à 12 ans, alors que sa soeur Rachel dévorait déjà des livres à 3 ans. Leurs parents les avaient laissés apprendre à leur rythme. Nous nous demandions si nous serions capables de cette confiance.

9. En français, *Les apprentissages autonomes, Comment les enfants s'instruisent sans enseignement*, traduction de *Learning all the time*, Éditions l'Instant Présent.

Clara converse sur la plage houleuse avec Michael, sa femme Sharon et leurs enfants, Aaron et Rachel, 22 et 12 ans.

Sharon Tavaler : J'ai essayé de lui enseigner la lecture, en commençant par la phonétique, et c'était vraiment difficile. J'ai trouvé cela très frustrant, alors je me suis arrêtée. Je me suis tout simplement rendu compte que cela ne marchait pas. Et je me souviens un jour, nous étions dans le métro à Paris et il lisait un livre. J'ai dit : « Qu'est-ce que tu fais ? », il a dit : « Je lis. » *(Les enfants rient.)* « Qu'est-ce que tu lis ? Donne-moi ce livre ! » et j'ai dit : « Qu'est-ce qui vient de se passer ? » Il m'a raconté presque mot pour mot ce qu'il venait de lire. Donc du jour au lendemain, il avait appris à lire sans qu'on le lui enseigne. Aaron est allé une journée à la maternelle[10].

Aaron : Une journée ! Je m'en souviens encore.

Clara *(derrière la caméra)* : Pourquoi seulement une journée ? Qu'est-ce qui s'est passé ?

Sharon : Il jouait dans le bac à sable, et puis ils ont dit : « O.K., c'est l'heure d'aller aux jeux d'eau. » Aaron était tellement concentré sur le sable, il ne voulait pas partir, et ils répétaient : « Non, non, allez, on doit faire les jeux d'eau ! », et on a tout simplement décidé que s'ils allaient forcer un enfant de 3 ans à arrêter de jouer dans le sable, ce n'était pas pour nous…

Quand on a commencé, je m'attendais à ce que l'instruction en famille soit plus structurée, mais ça a évolué vers l'apprentissage mené par l'enfant.

Je trouve que quand ils s'intéressent à quelque chose, et qu'ils veulent s'y consacrer, j'apprends en même temps qu'eux. Donc pour moi, ce n'est pas difficile, ce n'est pas un dur labeur, et je n'ai pas l'impression de leur enseigner, j'apprends en même temps qu'eux.

Michael : Je n'étais pas aussi « marié » qu'elle à cette idée de carrière. Sharon, ma femme, travaille et a un salaire suffisant pour que je puisse rester à la maison. Nous ne sommes pas la norme. Chez la plupart de nos amis, les deux parents travaillent, et s'il n'y en a qu'un qui travaille,

---

10. Bonus du livre : histoire de la journée de maternelle d'Aaron.

ils sont à court financièrement la plupart du temps, et ont de vraies difficultés. Mais ils ne renonceraient pas à leur vie de famille telle qu'elle est et à la joie d'instruire de façon autonome et en famille.

Photos d'enfants du réseau local de Home Educators : les pieds dans un étang avec des épuisettes ; Aaron avec une petite fille sur les épaules ; dans une ferme près d'un tracteur ; avec de la laine fraichement tondue dans les bras ; en train de monter un système électronique ; de peindre des œufs...

MICHAEL : Tous ces enfants que je rencontre dans les communautés d'instruction en famille sont extrêmement accomplis, ils se consacrent à ce qui les intéresse de multiples manières, et leur milieu économique n'a rien à voir avec cela. Il y a toujours de la place pour l'ingéniosité, surtout à l'intérieur d'un groupe, pour permettre à l'enfant de faire l'expérience d'un domaine qu'il veut vraiment connaître. Ils font en sorte que ce soit abordable, et dans un groupe c'est toujours possible que certains payent plus et d'autres moins à cause de leur situation financière. Il y a un soutien de la communauté.

Moment d'archives familiales : Aaron, 18 mois, est en train de vider le lave-vaisselle. Il apporte deux bols à son papa.

MICHAEL : Merci ! *(Aaron retourne à la machine et prend une grande assiette.)* Juste une ! Une. Voilà. Avec les deux mains. Merci ! *(Aaron trotte de l'autre côté du lave-vaisselle.)*

SHARON : C'est drôle, il revient de ce côté.

MICHAEL : Oui, parce qu'il a commencé de ce côté-là.

MICHAEL *(aujourd'hui, assis à côté d'Aaron jeune adulte)* : Tout le monde pense que la rébellion est inévitable. On m'a toujours dit : « Attends, tu vas voir... » On m'a dit ça quand il avait 11 ans, 12 ans, 13 ans... On me met sans cesse en garde que cette rébellion est sur le point de se produire. Mais cette rébellion n'est pas nécessaire, car il fait ses propres choix. *(Photo d'Aaron enfant aux commandes d'un bateau.)* La réponse standard, c'est : « Comment vont-ils faire face à l'adversité ? » *(Photo d'Aaron adulte la main posée affectueusement sur l'épaule de son père, lisant un document avec lui.)*

Tout le monde fait face à l'adversité, l'adversité se rencontre tout le temps, et tu n'as pas besoin d'être soumis toute ta vie à des difficultés imposées pour être capable de faire face aux difficultés. Et en attendant, tu pourrais simplement vivre une vie merveilleuse.

Je peux imaginer des centaines de matières... On peut juger l'école et dire : « L'école ne leur apprend pas ceci, pourquoi pas, ils doivent être exposés à cela. » La question est : qui mesure et qui décide ce qu'il est nécessaire de connaître. L'instruction en famille, et en particulier l'éducation auto-gérée, considèrent que la meilleure personne pour faire ce choix, c'est la personne qui apprend.

Aaron : Tu te souviens ? J'avais un voisin, il allait à l'école, c'était un de mes meilleurs amis, c'est encore le cas, et je me souviens qu'un jour, j'ai reçu un kit électronique, avec lequel on pouvait faire passer des courants électriques. Il y avait des petits câbles, c'était vraiment super, le positif et le négatif, et on pouvait trouver différentes façons d'allumer les ampoules ou faire des conducteurs…

Michael : Tu avais 7 ou 8 ans.

Aaron : Oui, et je me souviens qu'il est venu jouer, et j'essayais de lui montrer ce tout nouveau kit que j'avais, et comme c'était super... qu'en changeant les différentes choses, je pouvais faire s'allumer les ampoules ici, ou faire autre chose là… ou passer un courant par ici… Et il ne voulait rien en savoir, car il disait : « Ce sont des trucs d'école. Je fais ça à l'école. » Mais je me souviens... que je me suis vraiment obstiné : « S'il te plaît, regarde. Tu peux faire tous ces trucs super avec ! » Et je me souviens, finalement, je l'ai convaincu, et on a joué avec toute la journée.

Aaron est sur la plage avec un groupe d'enfants. Il mène un jeu de rôle.

Aaron : Vous regardez autour de vous et vous voyez qu'il y a plein de bateaux... qui arrivent sur la plage. Et vous voyez la ville que vous avez vue plus tôt. Maintenant, vous essayez de sortir de la trappe.

Aaron et les enfants : Papier, caillou, ciseau !

Une dizaine de mouettes alignées sur des plots.

Michael : Si, d'un côté, tu dis à ton enfant qu'il a le choix, si tu affirmes qu'il a le contrôle sur sa propre vie, et en même temps, tu lui donnes un message différent, en le poussant à faire d'autres choses et en lui imposant ton idée du succès, c'est le piège, je pense. Les enfants ont besoin d'une certaine cohérence, et s'ils croient que tu cherches sincèrement à les soutenir, quels que soient leurs choix, alors ils se sentiront en confiance pour faire ces choix.

Aaron, 14 ans, sur une scène de théâtre, en costume. Il déclame une réplique fameuse de Richard III de Shakespeare.

Aaron : J'ai choisi de mettre en scène, car ce qui m'a plu, c'est qu'en travaillant avec les autres, je pouvais créer ma propre vision, et mettre en scène est devenu très attractif. *(Photos de répétitions avec des enfants et adolescents.)* Je me suis dit : voilà une option de carrière et j'adorerais travailler ainsi, je travaille avec des enfants, ce serait incroyable de travailler un jour comme ça avec des adultes.

Aaron est avec un groupe d'enfants en train de faire du théâtre.

est affairé avec des jouets au milieu du cercle.

Aaaron : Aujourd'hui, nous allons parler de ce que nous allons faire avec cette troisième pièce. Au début, j'ai pensé à quelque chose comme *La Tempête*. Ou alors, on pourrait monter *Roméo et Juliette*. *(Exclamations de joie.)*

Zak *(12 ans, assis dans un jardin)* : On fait beaucoup de choses sympas avec Aaron quand on monte un Shakespeare. C'est la troisième année. Qu'est-ce qu'on s'amuse ! On se réunit et on choisit une pièce. C'est l'instruction en famille, alors ils ne disent pas : « OK, c'est le moment de... Blablabla, on va monter cette pièce. »

Zak est à la réunion de la troupe d'Aaron.

Zak *(levant le doigt)* : Je pourrais jouer dans Roméo et Juliette, crois-moi. Je pourrais jouer Roméo. *(Il tombe à genou et mime de façon dramatique qu'il se poignarde.)*

Zak *(dans le jardin)* : Je vais jouer Juliette... Non, pas Juliette. Je déteste mélanger ces deux noms ! Roméo. *(Il réfléchit.)* J'aime les grands rôles. J'aime parler beaucoup et utiliser un langage complexe.

Photos de la représentation et des saluts des enfants et adolescents.

Clara *(derrière la caméra, à Aaron)* : Et ensuite, tu as écrit une pièce ?

Aaron : Et ensuite, j'ai écrit une pièce. Je l'ai fait en même temps que mes études au conservatoire. Cela m'a pris plus d'un an pour arriver à ma deuxième version.

Couverture de son manuscrit : Private violence *de Aaron Tavaler.*

FAMILLE STEVENS

Benjy Stevens, 23 ans, et sa mère sont assis ensemble devant des rosiers en fleurs.

Benjy : En fait, je n'avais jamais écrit une dissertation avant d'aller à Oxford, la première fois que j'ai écrit une dissertation, c'était à Oxford, en histoire. Ça a été un sacré défi ! *(Ils rient. Sa photo de remise de diplôme à l'université d'Oxford.)* Je viens de passer mon diplôme de langues arabe et persane, il y a deux semaines. Oxford a demandé un travail insensé et, à de nombreuses reprises, j'ai travaillé plus dur que jamais. Mais quand j'ai compris ce qu'ils attendent de nous, cela n'a plus été un défi. J'étais très auto-motivé et passionné, et j'avais un but précis ; et donc j'avais des lacunes, mais l'idée de les combler me réjouissait !

LESLIE SAFRAN BARSON, docteure es-lettres, instruction en famille

Leslie Barson (dans une forêt) : Pour moi, l'éducation, c'est la confiance en soi et la connaissance de soi. Alors tu sais que tu veux être coiffeur, dentiste ou travailler le bois, et tu vas trouver comment apprendre à le faire.

Souvent, quand je disais : « Mon Dieu, et les maths ? », je les regardais et je me disais : « En fait, ils connaissent beaucoup de maths, et tout va bien, alors, chut ! Laisse-les tranquilles. Et quand ils auront besoin d'en savoir plus, ils viendront dire : je voudrais en savoir plus ! »
Ce que tu enseignes dans l'apprentissage autonome, ce ne sont pas les faits spécifiques. Tu enseignes une manière d'apprendre. Ces personnes seront capables d'apprendre... Si Napoléon se présente, ils ne se diront pas : « Oh mon Dieu, je ne connais pas, je vais rater cet examen. » Mais : « Napoléon, c'est qui ? Oh, je vais me renseigner. Je sais faire des recherches, je sais où aller trouver des informations,

cela m'intéresse, car mon apprentissage est entre mes mains, dans ma capacité. » *(Son récit est illustré de photos d'elle plus jeune, avec ses deux enfants.)*

Il s'agit pour chacun de s'impliquer pour soutenir les autres dans leurs intérêts, et ainsi la confiance de chacun se développe au point de pouvoir dire : « Mes intérêts sont importants et mes décisions sur ma vie sont importantes. » Donc, si je dis que je veux passer le bac, que l'on prend parfois pour une chose qui n'est pas autonome car elle est vraiment structurée et formelle, c'est un choix autonome. C'est la motivation de la personne qui compte. Donc, cela peut prendre le visage de l'école ! Quelqu'un peut dire : « Je veux aller à l'école », par exemple.

Cours de latin

Clara (derrière la caméra) : Pourquoi as-tu voulu faire du latin ?

Gus (13 ans) : J'aimais beaucoup les Romains, je ne sais pas vraiment pourquoi, ça avait à voir avec le fait qu'ils étaient le plus grand empire…

Clara : Alors tu as juste dit à tes parents : « Je voudrais faire du latin » ?

Gus : Oui !

FAMILLE WATSON

CHLOE, étudiante en maths et statistiques – Open University

Chloe, 16 ans, qui donnait le cours de latin à Gus, est entourée de ses parents Keir et Afifah dans un jardin.

Chloe Watson : Quand tu as l'impression de ne pas savoir quelque chose, tu as envie d'en savoir plus. Si on te parle de quelque chose avant que tu saches que tu pourrais avoir des questions à ce sujet, c'est dans le mauvais sens, à mon avis.

Afifah, dont on voit juste passer le bras, dépose une fraise dans la bouche de Chloe et une autre dans celle de Keir.

KEIR WATSON : Quand Chloe avait des problèmes à l'école, je me suis rendu compte de ce qui se passait précisément, et qu'il n'y avait aucune chance pour que l'école règle le problème. Je pense que c'est pour cela que tant d'enseignants instruisent en famille. Ils se rendent compte que ça ne va pas s'améliorer et que l'enfant serait beaucoup plus heureux hors de l'école. Et tu te dis aussi, en tant qu'enseignant : « Comme je suis enseignant, je serai capable d'enseigner. » Mais ensuite tu te rends compte qu'ils n'en ont vraiment pas besoin, et tu rencontres d'autres familles dans lesquelles ils ne sont pas enseignants et ils réussissent aussi bien[11].

Si Chloe avait été très réfractaire à nos suggestions sur son instruction, on serait allés dans une autre direction. Je pense qu'en tant que parents, même si on dit qu'on est complètement « autonomes », on fait quand même des suggestions.

L'école donne un certain type d'amour, qui est une structure et un système[12], et s'il n'y a pas assez d'amour dans ton foyer au point que tu sois négligé, l'école serait mieux, probablement. Mais si les parents aiment leurs enfants, ils s'en sortiront bien quoi qu'il arrive. Parce que la seule chose dont les enfants ont besoin, c'est d'un environnement plein d'amour dans lequel ils peuvent être libres.

Il y a une chose dont parlent beaucoup de familles qui instruisent à la maison, on appelle ça « se déscolariser ». Se déscolariser, ce n'est pas une chose par laquelle les enfants passent tout seuls, c'est une chose par laquelle les parents passent aussi. Car les parents pensent d'abord qu'ils doivent suivre le modèle de l'école – et les enfants scolarisés ne savent pas être eux-mêmes.

AFIFAH : S'ils sont allés à l'école.

KEIR : Donc il faut être patient[13].

CHLOE : À long terme, je voudrais être ministre de l'éducation, ou simplement être dans la politique. Je me suis récemment impliquée dans la

11. La fin de cette phrase est un bonus du livre.

12. Bonus du livre.

13. Ce passage sur la déscolarisation est un bonus du livre.

politique autour de l'instruction en famille, j'ai organisé une campagne d'enfants et adolescents instruits en famille.

Plusieurs photos d'enfants manifestant portant des bannières : « Nous ne sommes pas cachés, nous sommes instruits en famille » ; « J'aime ce que j'apprends et j'apprends ce que j'aime » ; « Le monde est ma salle de classe ». Sur une grande place : « Churchill l'a permis, Hitler l'a banni. Rejoignez-nous pour défendre l'instruction en famille ».

CHLOE : Je suis allée plusieurs fois au Parlement, j'ai envoyé des pétitions, écrit des lettres. Non seulement cela m'a fait comprendre combien c'est n'importe quoi, mais je me suis aussi rendu compte que c'est vraiment une des choses que j'adore. J'adore faire des investigations, découvrir la vérité et découvrir ce qui est vraiment bon pour les gens.

ALAN THOMAS, professeur et chercheur - Institut de l'éducation, université de Londres

ALAN THOMAS : J'ai commencé avec un mécontentement concernant l'éducation en général. Ma propre expérience à l'école, le fait de voir mes enfants passer par le système scolaire, etc. Je me disais : « Il doit y avoir quelque chose qui ne va pas, tellement de temps est perdu. »

Couverture du livre : How Children learn at home[14], *Alan Thomas et Harriett Pattison.*

J'ai vu des cas d'instruction formelle à la maison, avec des enfants qui s'ennuyaient à mourir, et je me suis dit : « Quel dommage, pourquoi ne les laissent-ils pas sortir ? » Enfin, j'ai vu des cas d'instruction formelle avec lesquels je ne serais pas d'accord, mais jamais avec l'instruction informelle. Mais ce qui se passe avec l'apprentissage informel – c'est ce qui fait monter la moutarde au nez des autorités – c'est que l'on ne peut pas l'expliquer comme on peut expliquer et tenir pour responsable l'enseignement formel… On ne peut pas le faire avec l'apprentissage informel, pas avant son aboutissement.

Photos du réseau de Home Educators de Chichester[15]. Plusieurs jeunes tirent sur une corde accrochée à un arbre, d'autres font du feu, construisent un mur avec des branches, jouent à colin-maillard, font de la peinture, cueillent des pommes dans des paniers, décorent des pommes en visages, font des tresses de pain…

14. Alan Thomas - Harriet Pattison, *À l'école de la vie, Les apprentissages informels sous le regard des sciences de l'éducation*, Éditions l'Instant Présent.

15. Maman-photographe : Cate Matters.

... Autour d'un feu de bois au bord d'un étang ; à la pêche, avec des épuisettes et des seaux ; observant une grenouille dans un bocal ; en costume du Moyen Âge devant un vieux mur de pierre ; avec une empreinte de masque en plâtre, puis observant son masque.

On me demande si j'ai rencontré des échecs. Eh bien, non ! J'ai remarqué que si quelque chose ne se passe pas bien, on se remet en cause, on cherche des solutions qui fonctionnent pour tous, et on s'adapte.

« La créativité est un type
d'apprentissage où le professeur
et l'élève sont situés
dans le même individu. »

ARTHUR KOESTLER

Chanson du film La Mélodie du bonheur *chantée par*  *: « ♪ Doe, a dear, a female dear ; Ray, a drop of golden sun ; Me, a name... ♪ »*

HES FES, Home Educators Summer Festival

Photos du festival : grands chapiteaux, vélos, un arc en ciel au-dessus de tentes, ateliers divers (peinture, cirque, vannerie...).

Apprenant qu'allait avoir lieu un festival annuel d'instruction en famille, où se retrouvaient des centaines de familles d'Angleterre, d'Europe et du reste du monde, nous décidâmes de nous joindre à elles.

La photo de l'affiche :  *tirant un chariot, dans lequel se trouve une caisse avec sa maman dedans...*

Fanfare du festival : des dizaines de personnes, petits et grands, marchent en rythme avec leurs divers instruments de musique.

HELEN LEES, docteure es lettres, éducation alternative

Helen Lees : Personnellement, venir ici, à Hes Fes, le festival d'instruction en famille, c'est vraiment émouvant. Habituellement, on n'est pas entouré par... je ne sais pas combien de personnes sont ici, 2 000 ? 400 familles... D'habitude, on n'est pas entouré par tant de gens heureux ! Ils racontent avec une telle force d'émotion et de joie combien ils sont heureux !

 *entouré de divers enfants le câlinant, écoutant des enfants jouer de la musique, lisant un livre à trois...*

Je pense que l'instruction en famille favorise beaucoup mieux le fait d'être et devenir, car elle implique moins d'interventions qui parasitent ce qui est naturel pour l'être humain. L'allaitement est courant dans les réseaux d'instruction en famille, l'allaitement prolongé ; ils se soucient des questions d'environnement.

Le rythme de la journée – particulièrement dans l'apprentissage autonome, qui est, honnêtement, la seule chose à laquelle je me réfère quand je parle d'instruction en famille – le rythme de la journée est adapté à ce qui arrive à chacun, en fonction de l'instant.

... Dinanderie, menuiserie, percussions, couture, bricolage, des enfants qui courent... des familles dans une tente lisant à trois ou quatre sur une chaise...

Les gens disent qu'une fois qu'ils sont entrés dans le monde de l'instruction en famille, leur idée du succès change radicalement. L'idée du succès n'est plus liée aux qualifications, au fait de les obtenir, au fait de gagner de l'argent et de l'accumuler, pour aller vers des idées et questions qui ont bien plus à voir avec l'équilibre et le bien-être de la personne.

Atelier d'anatomie... des organes en plastique de taille réelle... des jeunes dessinent ces organes sur de grandes feuilles, sur l'herbe.

Oui, un concept complètement différent du succès semble être en vigueur dans l'instruction en famille.

FAMILLE GARNER-GIBBONS

Sally, Sam, Lyla (4 ans) et Luke (10 ans)

Sally Garner : Luke a vraiment été mon cobaye, car il y a eu des moments au fil des ans où j'ai été inquiète et j'ai paniqué : « On n'en fait pas assez, il n'apprend pas assez », et on essaie de faire autrement, ou alors j'essaie d'apporter un peu plus de structure, et ça ne marche pas, tout simplement.
Dès qu'on freine, c'est là qu'il apprend vraiment, qu'il acquiert tellement de choses, et c'est la même chose avec Lyla.

Luke termine de tailler un dé en bois. Il sort un couteau de sa poche et commence à graver les chiffres.

Luke : Maintenant je vais juste graver légèrement les chiffres…

Son Copain (qui teste son propre dé sur la table) : Non non non, ne le fais pas, non non non non non !

- Si.

- J'ai cassé trois de mes dés en essayant de faire ça. Prends ça, prends ça. *(Il lui donne un stylo.)*

Luke écrit son dernier chiffre : cinq points.

Luke : Et voilà ! *(Ils testent le nouveau dé.)*

JOSEPH CAWLEY, étudiant en psychologie, professeur à Lamda

Joseph Cawley : Je dirais que j'ai été guidé de façon autonome le long de mon éducation, car on ne m'a jamais assis pour me donner un cours. Je posais des questions et j'étais toujours aidé dans mes questionnements et ils répondaient toujours, ils n'avaient jamais pas le temps de me répondre.

, qui a maintenant 2 ans, en train de faire de la menuiserie.

Alan Thomas se promène dans Hes Fes avec Clara, dans les bras.

Alan Thomas : Je suis fasciné par l'apprentissage informel, naturel, autonome... quel que soit le terme que l'on veuille utiliser. En fait, cela a vraiment été l'expérience intellectuelle la plus stimulante de ma vie. Cela défie toute la sagesse conventionnelle... et je crois qu'une partie de moi aime ça !

Clara : Ce doit être très dur d'étudier quelque chose qui doit changer constamment parce que les parents doivent constamment apprendre et changer de perspective…

Alan Thomas : En effet. J'en discute sans cesse avec ma collègue Harriett Pattison. Chaque fois que nous revenons à parler de l'apprentissage informel, on le voit avec une autre perspective. C'est tellement difficile de mettre le doigt dessus – et pourtant, ça marche. C'est exactement comme pour les jeunes enfants, à partir de la naissance, peut-être avant, mais sans aucun doute depuis la naissance, ils apprennent. Et pour quiconque qui essaie de comprendre comment ils apprennent, c'est extrêmement difficile.

est avec Aaron, chacun tenant un bout d'un grand cerceau ouvert. Aaron parle dans le trou du tuyau, et le petit répète tant bien que mal ce qu'il entend : Hello ! Bonjour ! Rachel ! Aaron !

Alan Thomas : C'est une continuation des premières années. Pourquoi la pédagogie devrait-elle changer, à 5 ou 6 ans, et passer de complètement autonome, pour tous les enfants, à une manière totalement différente d'apprendre ? On ne change pas une équipe qui gagne[16] ! Pourquoi changer la philosophie, la pédagogie, sans aucune raison de le faire ? Quand les enfants grandissent, ils apprennent tout simplement tout ce qu'ils ont besoin d'apprendre pour fonctionner dans la société dans laquelle ils vivent.

16. La phrase en version originale est : «*If it aint broken, don't mend it!*»

Aaron et sa sœur font un câlin ; des enfants grimpent et se blottissent dans un kayak, sur l'herbe. Les grands jouent et rient avec les petits, les portent.

Nous remarquions tous deux que notre fils évoluait ici dans un bonheur complet, et semblait être dans son élément. Cette vie était ce qui se rapprochait le plus de la vie tribale, pour lui comme pour nous. Il semblait avoir quinze parents et cinquante frères et sœurs…

joue de la flûte dans une voiture. Gus, l'adolescent du cours de latin, est à ses côtés. Il lui montre comment souffler. Le petit prend la flute et souffle d'abord du mauvais côté. Gus fait une grimace de peur au son de flûte du petit, ce qui le fait éclater de rire.

FAMILLE KERN

Karen Kern, entourée de deux de ses fils (la vingtaine), parle à Clara en allemand sous un auvent.

Karen Kern : Nous sommes venus en 2005 à Hes Fes. Et c'était comme arriver chez nous : « Il y a tellement de gens qui font ça, on n'est plus tout seuls ! » *(Ils rient.)* À cette époque, il y avait beaucoup moins de familles qui pratiquaient l'instruction en famille en Allemagne et presque toutes étaient des familles chrétiennes. Nous étions quasiment les seuls à pratiquer l'apprentissage autonome. *(Photos avec son mari et ses cinq enfants.)*

Sous Hitler, ces exceptions ont été totalement… C'était un régime fasciste, et Hitler savait très bien qu'il fallait mettre les jeunes dans les écoles et qu'ils apprennent tous exactement la même chose. Je pense que c'est une caractéristique des régimes fascistes, cela a continué de fonctionner exactement de la même façon dans les pays de l'est d'autrefois. C'est lui qui a établi une loi comme quoi si les parents n'envoient pas leurs enfants à l'école, alors la police peut venir les enlever. Et cette loi n'a jamais été changée.

Je suis enseignante, j'ai fait une formation d'enseignante dans le système public, et dès la fin de mes études, c'était clair pour moi que je ne voulais pas travailler comme enseignante, pas de la façon dont ça fonctionnait. Avant tout, il faut que l'on aille tous bien. Pour mes enfants, ça ne se passait pas bien du tout à l'école, et cela stressait toute la famille, très lourdement, car mon fils aine était très agressif à force d'être persécuté à l'école. Cela nous stressait tous, terriblement. La question ne s'est pas posée.

Graffiti sur une tente : « What could possibly go wrong ? »

Des enfants ont le visage artistiquement peint. Un panneau : « Free face painting » avec un dessin de pirate à l'œil bandé.

> Nous étions stupéfaits de constater que l'instruction en famille était illégale dans certains pays : au Brésil, par exemple, le pays de mon mari, pays dont le président Lula venait pourtant de dire à tout son peuple, après son élection, que son premier diplôme, c'était celui de président de la République.

bat la mesure sur les épaules de son père, à un concert dans une grande tente.

Une tente éclairée par une lanterne, le soir. Coucher de soleil dans les nuages.

Voix de : C'est bizarre parce que cette feuille-là, elle a un trou, cette feuille-là...

Un chemin dans une forêt. arrive par la gauche au fond, tout seul, il passe entre deux arbres et rejoint le chemin en galopant, chantonnant, sautillant, une pomme à la main. Il ressort du chemin par la droite et décide d'entrer dans la forêt.

Après toutes ces rencontres, le chemin ne fait que commencer. Je n'ai plus besoin de tout comprendre. Je vois qu'il s'agit de laisser chacun, simplement, vivre sa vie, afin qu'il puisse être et devenir... le meilleur de lui-même.

GENERIQUE DE FIN

Chanson de générique[17] :

chante la *Mélodie du bonheur* ♪ Doe... ♪ - Tu chantes avec moi ! *(sa maman chante avec lui)* ♪ Doe, a dear, a female dear ; Ray, a drop of golden sun ; Me, a name, I call myself ; Far, a long long way to run ; Sow, a needle pulling thread ; La, a note to follow sow ; Tea, a drink of jam and bread ; And that brings us back to Do, do do do do, do do do do do do do do re mi fa sol la si do ! ♪ *(Rires.)*

17. Voir les informations du générique du film p. 267.

LES SCÈNES COUPÉES

JOYCE REED, co-rectrice de Brown University de 1990 à 2003

« C'est ça l'amour ! C'est offrir de l'attention. »

Les enfants qui avaient créé leur propre programme, qui avaient recherché les sources de leurs apprentissages, étaient plus passionnés et plus actifs. Ils participaient davantage à leurs cours. Ils créaient tout de suite des relations avec leurs professeurs. Ça ne leur venait pas à l'esprit de ne pas aller parler et s'assoir avec un prof, contrairement aux élèves qui sortaient du lycée, qui pensaient que ça ne se faisait pas d'aller voir un membre de la faculté, de s'asseoir et de le questionner sur le papier qu'ils étaient en train d'écrire.

Je ne savais pas ce que je faisais. Je ne pense pas qu'il y ait des non-sco qui savent ce qu'ils font. Ils savent juste ce qu'ils ne font pas. Tu regardes autour de toi et tu vois où le chemin habituel a tendance à mener – et tu réalises les limites de cette expérience. Et tu regardes ton enfant... Une fois que tu as ce petit être tout frais dans les bras, ton attention porte sur ce qui rend cette personne unique. Tu ne cherches pas tout le temps à savoir s'il est à la hauteur. Peut-être que parfois chez le médecin tu le fais peser et mesurer et on le compare à la courbe du graphique, et on te dit dans quelle mesure il est dans la norme. Mais ce n'est pas ça qui t'intéresse ! Ce qui t'intéresse, c'est ce qui est unique et spécial en lui. Comme tu le disais, ton fils est fasciné par la musique. Est-ce que tu le savais à l'avance ? Est-ce que ça n'a pas une influence sur les choix que tu vas faire dorénavant dans ta vie ? C'est ce que tu fais. Tu donnes ton attention à cet enfant. C'est ça l'amour ! C'est offrir de l'attention.

Gulu (derrière la caméra) : Mon Dieu, c'était magnifique ! Oh mon Dieu. *(Joyce rit.)*

WILLOW, petite fille de 7 ans et sa maman REBECCA SHEARD

« J'aime le fait de décider ce que je fais. »

Willow : Je pense être plutôt bonne en géographie, pas mal en écriture, mais quand c'est à la maison, ce que j'aime faire, c'est écrire sur moi, ma famille et mes amis, parce que c'est plus passionnant. Mais à l'école, le travail, c'est pas passionnant parce que tu n'as pas une pièce cosy où le faire et de l'air frais. Tu dois rester dans une salle de classe étouffante. Mais je pense que les écoles s'améliorent, parce que maintenant ils mangent dehors plutôt qu'à l'intérieur, et les professeurs crient de moins en moins.

À la maison, ta maman est sympa et tu peux manger quand tu veux, et tu peux boire quand tu veux, et tu peux aller aux toilettes quand tu veux, et à l'école, c'est « bam-bam-bam », il faut faire tout ce que dit le règlement. Et j'aime le fait de décider ce que je fais, à la maison.

Beccie Sheard : Rien ne pourrait remplacer ces trois années que j'ai passées avec Willow. Ça a été assez incroyable. Et je ne voudrais rien y changer.

Willow (avec un grand soupir) : Ouais !...

KAY WEST, Conciliatrice aux affaires familiales

« Ne le touchez pas, laissez-le juste être. »

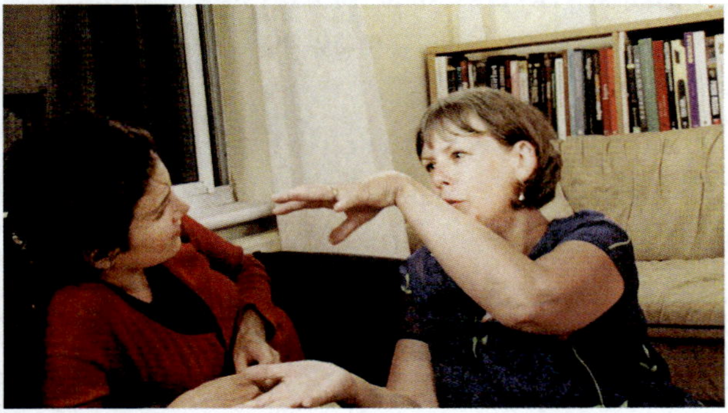

Garold West et Kay Day (les parents) et leurs enfants : Oberon Day-West, Lloyd Day, Augustus Day-West (adolescents et adultes) sont assis sous un auvent.

Garold : Je suis père au foyer, graphiste à mi-temps et chauffeur de taxi à mi-temps. Pour les enfants. *(Ils éclatent de rire.)*

Oberon : Oui !

Kay : On pensait qu'on aurait à faire l'école à la maison, mais Lloyd avait...

Lloyd : J'avais d'autres idées !

Kay : Tu avais été tellement abimé par le système scolaire, le fait d'être enseigné, qu'on devait vraiment te laisser de l'espace : « Ne le touchez pas, laissez-le juste être, laissez-le retrouver son équilibre. »

Soirée. Kay et Clara sont assises au milieu d'une fête avec des voix de tous âges.

Kay : Quand Lloyd était à l'école, on nous disait qu'il n'était pas capable de se concentrer. Ils voulaient le cataloguer comme hyperactif et diverses autres étiquettes. Plus il passait de temps à l'école, plus il était catalogué. Mais une chose qui revenait, c'était : « Ce garçon n'arrive pas à se concentrer. » Nous l'avons emmené à North Wiltshire pour des vacances en famille. Il a vu, tout au fond d'une prairie, une forêt, et dans cette forêt, nous avons aperçu quelque chose et il a dit : « Je crois que c'est une biche, qui sort pour se nourrir. » Il voulait s'en approcher. Alors il s'est mis sur le ventre et il a traversé la prairie, très lentement, et la biche dressait ses oreilles. Mon père et moi attendions, sous le crachin anglais, en regardant le garçon serpenter à travers la prairie sans que la biche ne le voie.

J'ai dit à mon père : « Ça c'est un garçon hyperactif ? Jamais de la vie ! Il suffit de lui proposer un sujet, de le laisser libre, et il est capable d'étudier. »

La difficulté qu'ont toujours les éducateurs autonomes, c'est qu'on ne mesure pas. Je ne sais pas si ça va faire sens pour vous car nous sommes de différentes cultures, mais une tradition anglaise, c'est le repas du dimanche où l'on mange du Yorkshire pudding, qui est une pâte qu'on cuit dans l'huile à four chaud. Quand on l'enfourne, c'est très plat, et ensuite ça lève beaucoup. Mais si tu jettes un coup d'oeil avant la fin de la cuisson, ça se dégonfle. J'ai dit à mes parents : « On ne peut pas regarder un Yorkshire pudding à la moitié du temps de cuisson ! Il faut attendre pour voir s'il va lever. » Et ça a levé dans notre famille. Ça a levé et ça continue de lever.

Photos : Augustus en blouse blanche dans un laboratoire ; Lloyd en uniforme devant son ambulance.

CLARA *(derrière la caméra)* : Mais qu'est-ce qui t'a donné l'impression que tu en étais capable ?

KAY : Rien. Je n'ai pas l'impression que j'en suis capable. C'est vrai. Simplement, je le fais, et ensuite, la preuve c'est que je l'ai fait.

Je ne suis qu'un être humain ordinaire et je panique, et j'ai des doutes, et je me pose des questions, mais en fait cela m'inquiéterait si ce n'était pas le cas. Parce que c'est une responsabilité énorme, être parent – et je tiens à remettre en question ce que je fais. Je ne veux pas être arrogante dans mon autorité, je veux la remettre en question. « Est-ce correct ? Est-ce bien pour cette personne ? Cela a marché pour lui, est-ce que cela va marcher pour lui ? » C'est toujours une négociation, c'est toujours provisoire.

LESLIE SAFRAN BARSON, docteure es-lettres, instruction en famille

« Ils deviennent des philosophes pédagogiques. »

(Dans le résultat de mes recherches)... les seules caractéristiques déterminantes de l'instruction en famille étaient : premièrement, le fait de devenir un pédagogue ou un éducateur. Devoir penser ce qu'est éduquer. Parce que normalement, tu les envoies à l'école, c'est eux qui font ça, ça se passe là-bas. Quand ils instruisent en famille, beaucoup de gens passent par le même processus que moi. Ils pensent : « Oui, je sais, on fait l'école. » Et après tu te dis : « C'est idiot, et ça ne marche pas, et pourquoi devrait-on passer une heure sur ça quand on l'a fait en deux minutes ?... » Une grande partie de ce qui est dans les manuels scolaires est fait pour une salle de classe où il faut répéter sans cesse les choses parce que tu ne sais pas si les enfants ont compris. À la maison, tu sais tout de suite s'ils ont compris ou pas. Si ce n'est pas le cas, ça ne sert à rien de répéter. Tu sais, le regard vitreux... et ils reculent de plus en plus... Donc continuer de répéter n'aide pas.

Ces personnes ont dû commencer à penser à ce que l'éducation signifiait pour eux et inventer la leur. Pour moi, c'est ça, l'apprentissage autonome. Ce n'est pas laisser les enfants livrés à eux-mêmes. Ça serait une méprise. C'est un constant entrelacement subtil de la vie. C'est juste vivre sa vie, d'une manière où le jeune a autant de contrôle sur ce qui se passe que la personne plus âgée. C'est juste une constante négociation de la vie. Et tu apprends au fur et à mesure. Ce n'est pas une chose séparée.

Donc, tu fais des choses, c'est l'anniversaire de grand-père. Que va-t-on lui faire ? Que va-t-on faire ? Cela arrive aux enfants scolarisés aussi. Ce n'est pas que chez les non-sco. Mais pour les non-sco, c'est le mode d'éducation principal. Les parents pensent à la fois au niveau pratique et quotidien de l'anniversaire de grand-père, mais aussi ils pensent : « Waouh, ils sont instruits de cette façon, c'est ainsi que nous faisons maintenant. » Donc ils deviennent des philosophes pédagogiques. C'était la première chose.

La seconde chose, c'était qu'être marginaux les reliait. Devoir se défendre. Ils s'identifiaient comme des non-sco alors que les gens qui envoient leurs enfants à l'école ne s'identifient pas comme des « scolarisants », parce que c'est considéré comme normal. Mais comme l'apprentissage en famille est marginal, ils doivent constamment se justifier, auprès d'eux-mêmes aussi, de la personne dans leur tête qui dit : « Tu vas détruire tes enfants… » Ou de leurs propres parents, soeurs, frères, voisins… Tout le monde regarde, pour voir comment ça se passe… constamment… Tu deviens très éloquent. Tu es un ambassadeur, tout le temps.

Tu vas à la confiserie : « Oh, pas d'école aujourd'hui ? » « Ah non, on ne va pas… », tu sais, tu dois faire ton baratin… Quoique mes enfants aient appris des manières d'esquiver, ils en ont eu marre !

Clara (derrière la caméra) : Comment ?

Leslie : Ils disaient que c'était une journée banalisée, ce qui veut dire que les enseignants sont en formation, alors l'école est fermée. On était au supermarché, un jour, ils ont dit : « Oh, journée banalisée. » Et la dame a dit : « Oh, journée banalisée. » J'ai pensé : « Que diable est une journée banalisée ? Et comment ont-ils appris ça ? » J'étais vraiment stupéfaite – ils en ont assez. Nous aussi, on en a assez.

ANDRÉ STERN, guitariste, luthier, auteur

« Je ne crois pas qu'il existe d'enfant doué. »

André et Clara entrent dans un immeuble parisien et s'arrêtent dans la cour.

André : C'est une chose qu'on me dit souvent. On me dit : « Oui, ce que vous avez vécu n'a été possible que parce que vous êtes un enfant particulièrement doué. » Or c'est une notion à laquelle je ne crois pas.

Je ne crois pas qu'il existe d'enfant doué. Et surtout je ne crois pas que j'étais, ou que je suis un enfant doué. Je suis même persuadé du contraire. Je suis comme tous les enfants quelqu'un d'ouvert, de disponible, de curieux, Et, simplement, comme un enfant très jeune, j'ai eu le droit de conserver cet esprit, et il n'a pas été dérangé. C'est la seule chose qui fait ma particularité, c'est de ne pas avoir été dérangé dans cette disponibilité, dans cette curiosité, dans cette liberté. Mais ça, c'est un don qu'on peut donner à chacun.

Clara : Mais tu avais quand même des dons pour tout un tas de « matières », de « sujets », que d'autres n'ont pas, donc toi tu considères que…

André : Chacun a un don pour des choses ou pour quelque chose, et c'est ça qui compte. L'important c'est de trouver lesquelles. De trouver pour quoi on est compétent, et ça passe par une seule chose : pour quoi est-on passionné ? Qu'est-ce qui nous passionne, qu'est-ce qui nous intéresse ? C'est ça.

LES RENCONTRES AUTOUR DU FILM

Première au cinéma St-André des Arts

Le film est sorti le 28 mai 2014 au cinéma Le Saint-André des Arts à Paris 6e – c'était un miracle : la France est peut-être le seul pays au monde où il est encore possible pour un petit documentaire auto-produit et auto-distribué sur un sujet politiquement incorrect de sortir en salle de cinéma – puis en France, en Europe et dans le reste du monde[18].

J'ai souhaité que les projections soient des occasions de rencontre entre les spectateurs : ceux qui avaient une expérience personnelle de ce choix, ceux qui n'en avaient jamais entendu parler, ceux qui étaient inspirés, enthousiastes, et ceux qui avaient des réserves, des peurs, voire du jugement. Les projections du film ont souvent été l'occasion de « ciné-rencontres » avec un spécialiste de l'enfance ou des praticiens de diverses approches éducatives bienveillantes, avec des membres d'as-

18. Sorties nationales en France, Allemagne, Belgique, Luxembourg, Suisse et Québec. Projections en Autriche, Argentine, Bulgarie, Brésil, Chili, Chine, Colombie, Espagne, États-Unis, Finlande, Guatemala, Hongrie, Hollande, Inde, Italie, Mali, Maroc, Mexique, Nouvelle Zélande, Pologne, République Tchèque, Royaume-Uni, Singapour, Ukraine et Uruguay.

Nous avons choisi une auto-distribution collaborative, afin d'être en cohérence et de faire rayonner plus justement les valeurs véhiculées par le film, à partir des multiples foyers déjà allumés sur ces thèmes de plus en plus cruciaux.

sociations défendant les droits de l'enfant et la liberté d'apprentissage, ou encore oeuvrant pour le respect de la planète[19].

Voici des extraits de leurs propos sur les réticences et enthousiasmes face à ce choix, sur ce qu'il apporte, leur réflexion sur la manière dont se mettent en place les apprentissages, ainsi que des partages plus concrets sur l'organisation possible, des pistes pour aller plus loin et des informations complémentaires sur le film.

2014, 2015 et 2016 : trois années denses et passionnantes, épuisantes et vivifiantes, pendant lesquelles des liens forts se sont créés, des vies de petits et de (parfois très) grands se sont réinventées, renversées, chamboulées, pour le bien-être de tous.

Je suis très touchée d'en partager avec vous des moments importants, dans l'espoir qu'ils vous nourriront et vous soutiendront dans votre quête personnelle, comme ils l'ont fait pour nous.

19. En France, de nombreuses projections ont été organisées par les membres du Mouvement Colibris et du Printemps de l'Éducation, ainsi que des associations Les Enfants d'Abord et Libres d'Apprendre et d'Instruire Autrement – et de multiples associations locales.

LES RÉSERVES

Pourquoi tant de jugement vis-à-vis des familles qui font le choix de grandir sans scolarisation ? Pourquoi est-on « à priori contre » ? Les réticences sont nombreuses : et la socialisation ? C'est un choix élitiste ! Ces parents inconscients obèrent l'avenir de leur enfant. On a une responsabilité envers nos enfants ! Quitter l'école de la République, c'est démissionnaire et non solidaire !

C'est une option de vie qui remet en question, qui peut faire culpabiliser. Parfois le public était contre par principe, parce que ce paradigme n'entrait pas dans sa conception de l'enfance ; parfois parce qu'il se sentait mis en cause, qu'il croyait entendre qu'on est moins bon parent si on a envoyé ses enfants à l'école, qu'il se sentait sur la défensive. Mais ce n'est qu'un choix possible ! C'était simplement devenu urgent de partager une découverte qui avait changé ma vision de l'apprentissage et de l'enfance. J'étais troublée de constater que mes propres enfants auraient pu arriver à l'âge adulte sans que je sache que ce choix était légal, viable et légitime.

Pendant trois ans, avec l'aide des familles et de nos invités, nous avons réfléchi et cherché pourquoi ce choix rencontrait tant de réticences.

Et la socialisation ?!

Clara : Je crois que c'est la préoccupation dominante, or dès que l'on creuse un peu, on se rend compte à quel point elle est en décalage avec la réalité. Les enfants grandissent entourés d'enfants (et d'adultes !) de tous âges et de tous quartiers, et non pas d'enfants de leur âge et de leur quartier (et donc de leur « classe sociale ») comme c'est le cas à l'école. Ils sont dans le vaste monde, dans la vraie vie.

L'école, c'est aussi l'école de la vie, apprendre à vivre ensemble, se soumettre à certaines règles. Garder les enfants chez soi, n'est-ce pas ne pas les préparer à la vie en société ?

Clara : C'est amusant parce que « école de la vie », le *Life Learning*, c'est justement l'un des termes pour l'apprentissage autonome qui est le thème du film (donc la non-scolarisation) – c'est d'ailleurs peut-être le terme qui me convient le mieux[20].

Il ne s'agit pas de garder les enfants chez soi, bien au contraire, les enfants non-scolarisés sont dans le grand bain de la vie et non pas isolés, séparés de la société et regroupés par tranche d'âge et par quartier (et donc par niveau de revenus).

Les familles vous répondraient : c'est exactement l'inverse, c'est l'école qui garde les enfants, nous, on les sort dans la société, dans la vie, les interactions sont diverses et variées. On a envie qu'ils aient une socialisation la plus ouverte possible, qu'ils rencontrent des personnes de tous âges et milieux.

Des règles il y en a dans la vie, bien sûr, des règles de courtoisie, il y a plein de règles mais qui font sens au moment où la règle doit être appliquée. En classe, les règles sont souvent arbitraires et hors contexte, et alors elles ne font pas sens.

Bernadette Nozarian[21] *:* Les études universitaires anglo-saxonnes montrent que les non-sco sont plus actifs socialement (vote, engagement associatif...) que la moyenne de leur population de référence. Je cite les études universitaires anglo-saxonnes parce qu'il n'en existe pas encore de telles en France. Il s'agit par exemple de celle du Fraser Institute, Canada, 2e édition en 2009, celle de la HSLDA, Canada, il y a des milliers de publications sur la non-sco.

Les animateurs de la Cité des Sciences de Paris ont aussi remarqué que les enfants nouaient plus facilement des interactions avec les adultes, tenaient leur attention plus longtemps lors d'ateliers et visites d'exposition.

---

20. Comment nommer ce qu'on voit dans le film ?
- France : Apprentissage en autodidacte, apprentissage auto-géré, apprentissage informel, autonome, auto-motivé, naturel, apprentissage dans la vie
- Angleterre : Autonomous Learning, Informal Learning
- Canada : Life Learning
- Australie : Natural Learning, Organic Learning
- États-Unis : Unschooling, World Learning, Passion driven Learning, Immersion Learning.
Ou encore : Self-Directed, Self-Motivated, Interest-led Learning...

21. Enseignante, chercheuse, auteure de *Transition Pédagogique, de nécessaires mutations de l'école*.

Avec Bernadette Nozarian au cinéma St-André des arts.

CLARA : Dans toutes les sociétés traditionnelles qui se sont perpétuées jusqu'à aujourd'hui, les enfants sont inclus dans la société, et non à part. La notion d'enfant est très récente dans l'histoire française, comme l'a montré Philippe Ariès[22], et le modèle social et scolaire français ne peut être la norme mondiale, d'autant qu'il est lui aussi très récent à l'échelle de l'humanité et peu recommandable au vu des résultats PISA[23].

Pourquoi faire un choix aussi bizarre, pourquoi ostraciser son enfant en le séparant des autres ?

CLARA : Cela découle d'un projet de vie, d'une harmonie de vie, les parents s'aperçoivent : pour la socialisation, l'école n'est pas indispensable, ça peut se passer autrement ; ce n'est pas forcément pertinent de le retirer du monde pour le préparer au monde ! Pour apprendre, elle n'est pas nécessaire, on peut apprendre autrement. Comme garderie pendant le temps de travail, elle n'est pas nécessaire car les parents s'organisent autrement. L'école, comme d'autres choses qui paraissaient évidentes, semble être une étape qui n'est pas indispensable et s'en apercevoir correspond à cette réflexion sur le mode de vie.

22. Philippe Ariès, *L'Enfant et la vie familiale sous l'Ancien Régime*, Points.

23. www.oecd.org/pisa.

Charlotte Dien[24] *:* Quand on allait au square, mon fils jouait avec les enfants de tous les âges, ça touchait souvent les autres parents de voir un grand qui appréciait de jouer avec des plus jeunes. Pour lui, c'était tout naturel.

Clara : Un petit garçon me racontait son après-midi, ce qu'il avait entrepris avec son ami, avec tous les détails. Au bout d'un moment, par habitude, je lui demande : « Quel âge a ton ami ? » Il me répond : « 84 ans. » À aucun moment je n'avais eu l'impression qu'il ne me parlait pas d'un enfant, c'était pour lui une amitié comme une autre. Ces deux exemples comme tant d'autres montrent qu'il ne s'agit pas de séparation, mais au contraire de non-séparation, de rapprochement.

« Mais votre socialisation, mademoiselle ? »

Léandre Bergeron[25] *:* On faisait table champêtre. De 15 à 30 personnes venaient manger chez nous – des repas vraiment gastronomiques. Sur une période de huit ans, 3000 personnes sont passées chez nous. Des adultes, pour la plupart. C'était une socialisation pour mes enfants de voir toutes ces grandes personnes arriver, elles aidaient à les placer. L'aînée, Deirdre, à 13 ans gérait le magasin d'une façon extraordinaire : commander des produits bio, faire la décoration… Merveilleux. Il y avait des enseignants comme clients. Il y en a une qui dit : « Mais vous êtes pas à l'école ? » Elle répond : « Ben non, je suis là devant vous. » « Mais votre socialisation, mademoiselle ? » Elle dit : « Mais qu'est-ce que je fais en ce moment avec vous ? » La dame n'a rien répondu, interloquée.

Claudia Renau[26] *:* C'est étonnant à quel point « la socialisation » est l'une des premières réactions de tout le monde, comme si c'était une réponse récitée plutôt que réfléchie. Je pense que nos enfants sont *sociables* – état de fait – et non « *socialisés* » : la forme du mot montre un *processus* qui n'est pas spontané. Pour moi ça signifie seulement que les enfants *socialisés* ont intégré les valeurs néga-

---

24. Maman non-sco, auteure de *Instruire en famille*, Rue de l'Échiquier.

25. Auteur québécois de *Comme des invitées de marque*, éditions Myriadis, www.leandre-bergeron.com.

26. Maman non-sco ayant contribué à la création de www.lecoledelavie.org, auteure de *L'Apprentissage informel expliqué à mon inspecteur*, Éditions l'Instant Présent et de *Notre non-sco racontée à un journaliste* www.parisbalades.com/nonsco/notre_non-sco.htm.

tives implicites dominantes de la société (d'une certaine société). Je prive donc exprès mes enfants de cette *socialisation* délétère à mon sens. Je ne veux pas de cette transmission de la hiérarchie, de la compétition (aggravée par le côtoiement avec vingt-cinq enfants du même âge, situation artificielle), de l'acceptation des jugements du chef voire de l'humiliation, des relations basées sur les rapports de force, du fait de devoir supporter une situation désagréable qu'on n'a pas choisie, des phénomènes de groupe (moquerie, rejet), du recours à un spécialiste plutôt que la confiance faite à soi-même, du travail solitaire (on est puni si on copie), du travail laborieux. Ces comportements-là existant dans la société, nos filles les découvrent avec un dosage en fonction de leur perception du monde et avec notre accompagnement (« la prof de gym est super, mais les autres n'arrêtent pas de parler comme si ce qu'elle propose ne les intéresse pas »). Cela m'attriste néanmoins que la grande majorité des personnes qu'elles côtoieront auront eu à absorber cette socialisation qui semble aller de soi dans la vision du monde de beaucoup d'adultes : « Il faut s'habituer tôt aux contraintes », « On ne fait pas toujours ce qu'on veut ».

La *sociabilité* s'acquiert par la vie avec les autres où l'on attend son tour, on n'interrompt pas, on fait attention aux autres, on arrive à l'heure, on absorbe la gentillesse et la courtoisie de son entourage. D'ailleurs les enfants récemment déscolarisés ont besoin de quelques mois pour se poser ; pendant un temps on les voit encore facilement agressifs ou moqueurs, mettant en scène une maîtresse autoritaire ou des camarades compétitifs.

C'est un choix élitiste !

CLARA : Voilà un autre de mes aprioris ! Les Anglais m'ont souvent ri au nez quand je leur posais cette question et me répondaient qu'au contraire, en Angleterre où le *Home Education* est assez répandu (et où il prend la forme de l'apprentissage autonome dans la majorité des cas), ce choix impliquait des conditions de vie bien plus précaires pour les familles, mais que le bonheur qui en découlait en valait la peine. Ces familles font souvent le choix de vivre avec un seul salaire ou deux mi-temps, et du coup, ce ne sont pas des consommateurs mais plutôt des créateurs. De par ce choix, tous les membres de la famille développent de l'habileté à trouver des solutions et à inventer leur vie, parfois en dehors de limites préexistantes. J'ai connu une famille qui vit dans un *Motor Home*, le père ne travaille pas, la mère est chauffeuse de taxi et travaille deux jours par semaine. Ils ont calculé de combien ils avaient besoin pour vivre, et ils voyagent en Angleterre. Une maman solo près de Grenoble, avait vécu avec 500 euros par mois dans un tipi qu'elle avait construit de ses propres mains avec ses deux ados – avec du bois de récupération. Ce sont des exemples extrêmes, mais à chaque fois c'est une question d'inventer sa vie, en dehors des formats préétablis et de ce qui parait impossible.

Ramïn Farhangi[27] *:* On a ouvert une école complètement libérée de tout concept de programme, de classe d'âge, d'emploi du temps, d'enseignement. Ça ressemble vraiment au film qu'on vient de voir.

Une question que j'anticipe, c'est : « Est-ce que ça concerne seulement des familles de classe moyenne qui appartiennent à une certaine élite intellectuelle ? » C'est une question qu'on pose souvent. Il faut distinguer deux questions. On a un problème de ghettoïsation de la population où les « pauvres » et les « criminels » sont parqués quelque part, et la classe moyenne « normale » autre part. Le type d'approche éducative qu'on utilise, c'est une autre question. C'est la question de quelle pédagogie on veut pour les enfants, pour qu'ils grandissent comme des adultes responsables. Ce type d'approche a aussi été déployé dans des zones difficiles, notamment à Porto Rico, où c'est en train de bien se développer. Et voilà, ça marche, comme on a pu le voir dans le film. Bien sûr que pour des enfants des zones difficiles, ce sera de toute façon beaucoup plus difficile de s'en sortir dans la vie, quelle que soit l'approche éducative qu'on utilise. J'ai envie de dire que ce n'est pas vraiment le problème.

Fredy Fadel[28] *:* L'autonomie peut marcher pour tous ceux qui le veulent. Nul besoin d'aptitude particulière. Certes ce n'est pas aussi facile que le choix d'une cravate ou d'un film, puisque c'est un choix de vie qui nécessite beaucoup de confiance, patience et disponibilité.

---

27. Créateur de l'École dynamique à Paris, www.ecole-dynamique.org.

28. Papa de trois enfants non-sco de 12, 15, 17 ans, co-auteur de *Notre non-sco racontée à un journaliste* www.parisbalades.com/nonsco/notre_non-sco.htm.

Bernadette Nozarian : Certains parents sont bac moins beaucoup. Ils apprennent ou réapprennent avec les enfants. Lorsqu'un sujet leur est vraiment trop difficile, il y a toujours quelqu'un dans l'entourage ou dans le groupe non-sco qui pourra prendre le relais. La vraie richesse des familles non-sco, c'est leur liberté intérieure qui leur donne la force de choisir leur vie et de la vivre, quel qu'en soit le prix matériel à payer. Ils empruntent des livres à la bibliothèque municipale faute d'avoir les moyens matériels d'en acheter. Ils vivent dans un logement « de peu de standing », mais cela n'est pas le plus important pour eux. Winnicott disait d'ailleurs qu'un enfant a davantage besoin des bras de ses parents que d'une chambre pleine de jouets ! Cela tombe bien !

Clara : Si par élitiste on entend que seules certaines personnes ont osé et eu le courage de penser qu'autre chose était possible, oui. Ça peut être anxiogène d'écouter son enfant dans une demande de déscolarisation, et pour un parent qui manque de confiance en lui du fait de son propre parcours... c'est encore plus difficile de suivre son enfant dans cette demande. Mais si l'enfant est en souffrance, l'écouter sera un acte d'amour.

Keir Watson[29] dit que s'il n'y a pas assez d'amour dans la famille, mieux vaut bien sûr que l'enfant soit à l'école, il recevra une autre forme d'amour. Ce n'est pas un choix que tout le monde doit faire ou que tout le monde veut faire. C'est juste un choix, mais un choix dont la plupart de nous ignorent l'existence, et ce n'est pas normal, surtout pour ceux dont l'enfant est en phobie scolaire – et il y en a beaucoup.

Ce sont des parents irresponsables qui obèrent l'avenir de leur enfant !

Ces enfants sauront-ils faire face au « vrai monde » ? Trouver un travail ? Ne pas envoyer les enfants à l'école les armera-t-il pour affronter le monde réel ?

Clara : Le bagage le plus solide, c'est la confiance en soi et savoir apprendre par soi-même : quoi que l'on veuille apprendre, on sait qu'on en est capable, comme le racontent les enfants qui ont décidé d'aller étudier à Oxford, Harvard ou la Sorbonne sans jamais avoir

29. Scénario, p. 66.

été scolarisés par quiconque. L'inquiétude de mon père, c'était le côté utopique du projet de vie : ces enfants sauront-ils faire face au « vrai monde » après cette enfance qu'il imaginait dans un cocon. Mais ce vrai monde auquel il pensait n'est pas le vrai monde de demain. Les temps – et l'économie – changent. Le modèle de travail de la révolution industrielle est désuet, et le modèle éducationnel industriel cèdera inévitablement sa place lui aussi. C'est donc un mode de pensée plus réaliste qu'utopique que de reconnaître que les faits et capacités enseignés aujourd'hui pourraient ne pas être pertinents dans le futur, et que les métiers du futur n'existent pas encore aujourd'hui. Les capacités dont on aura besoin incluent des qualités auxquelles on ne pense pas forcément, surtout dans le contexte du monde du travail, comme : l'adaptabilité, la capacité à faire des recherches, l'esprit de coopération, l'innovation, la créativité, la curiosité, la persévérance, l'autonomie, la motivation intrinsèque, la capacité à la prise de décision, la prise de risques, la volonté de faire par soi-même et de faire des choses qui ont du sens. L'apprentissage auto-géré est une excellente manière de les développer à tout âge[30].

Bernadette Nozarian : La course aux notes et aux diplômes n'est pas une assurance tout risque, il existe au contraire, outre le risque du chômage, les cas absurdes en termes de perte de temps des cadres qui ont envie de devenir boulangers, menuisiers ou jardiniers après avoir longuement suivi les études souhaitées par leurs parents.

Les enfants instruits de façon autonome et responsable n'apprennent pas que des connaissances académiques, mais aussi des connaissances pratiques : par exemple, ils cherchent les prix de location de véhicules pour aller en province (expérience du LAP, Lycée Autogéré de Paris), donc ils démarchent, négocient, calculent. Ils le feront aussi dans la vraie vie, adultes. Les enfants non-sco ont ce même genre de pratiques. Les travaux de Rebecca Shankland montrent que les enfants qui ont été scolarisés en écoles alternatives, type Freinet, Montessori, Steiner, où ils développent des capacités de responsabilité individuelle, autonomie, motivation..., comme les non-sco, s'adaptent bien mieux à l'enseignement supérieur que ceux scolarisés en école traditionnelle.

30. *Journal Le 1*, http://le1hebdo.fr/numero/59.

Les métiers de demain n'existent pas encore. Parmi ceux d'aujourd'hui, beaucoup vont disparaître, les individus doivent apprendre à être réactifs, créatifs, s'ils veulent s'en sortir, car ce qu'ils répètent par coeur se trouve aussi dans Wikipédia ou ailleurs. Un récent sondage montrait que 44 % des entreprises ne font pas confiance aux diplômes.

Clara : Le professeur Alan Thomas m'a confié qu'il ne pense pas que les universités survivront à moyen terme ! Steve Jobs, invité à parler aux diplômés à l'université de Stanford, les encourageait à inventer leur propre parcours, à chercher ce qu'ils aiment vraiment faire, en ne se contentant jamais d'un pis-aller. Il leur révélait qu'une des meilleures décisions de sa vie fut d'abandonner ses études au bout de six mois[31].

Peter Gray[32] *:* Il existe de plus en plus de preuves que très peu est appris en plusieurs années de licence, et que le peu qui est appris a peu de pertinence par rapport au monde du travail. Je pense que d'ici 10-20 ans ce type d'études ne va pas survivre. Les entreprises vont se rendre compte qu'elles feraient mieux de recruter des personnes passionnées par le métier spécifique, qui ont pris l'initiative d'apprendre énormément sur ce métier, et sont passionnées à l'idée d'apprendre davantage sur le tas, peut-être en complétant avec un stage et/ou des cours qui pourraient être proposés par l'entreprise elle-même ou par une université communautaire locale. Un autre facteur, je pense, c'est le mouvement de Self-Directed Education de la maternelle au bac[33]. Une fois qu'il se sera développé, il y aura une prise de conscience accrue que « l'auto-apprentissage » fonctionne pour les études « supérieures » aussi.

Ce qui m'inquiète, ce serait des enfants qui auraient l'unique influence de leur famille !

Paola Perez[34] *:* Nous sommes tous influencés tout le temps et de partout – média, pub, société, école, parents, etc. Dans la non-sco, je vois une

31. Discours de Steve Jobs à Stanford University : www.youtube.com/watch?v=D1R-jKKp3NA.

32. Directeur de recherche, département de psychologie, Boston College. Auteur de *Libre pour apprendre, Libérons nos enfants pour qu'ils retrouvent le bonheur d'apprendre et la confiance en eux*, Actes Sud. Voir son blog sur alternativestoschool.com.

33. Pour en savoir plus, voir p. 134.

34. Coach offrant soutien et accompagnement à la parentalité notamment à travers des ateliers de communication familiale, http://nouveaux-parents.fr.

ouverture sur une multitude de personnes, de milieux, d'âge, de passions, de façon d'envisager le monde, etc. et une plus grande chance de s'affranchir des étiquettes si rapidement collées dans le milieu scolaire.

CLARA : Il ne faut pas oublier l'influence des pairs et la pression de se conformer, qui fait des ravages chez les adolescents. Le livre *Retrouver son rôle de parent* de Gabor Maté et Gordon Neufeld apporte des exemples effarants des effets de cette influence-là, que l'on ne retrouve pas du tout dans les sociétés traditionnelles ni dans les milieux où les jeunes de tous âges évoluent de façon moins artificielle.

Comment imaginer qu'un enfant qui passe sa journée enfermé chez lui avec ses parents pendant que les autres vivent leur vie sociale va arriver un jour à pouvoir passer des examens, s'intégrer dans une entreprise... alors qu'ils ne l'a pas été avant ?

CLARA : Les parents répondent souvent : ce sont les enfants scolarisés qui sont enfermés à l'école. Les enfants en auto-apprentissage, eux, sont libres de vaquer à leurs occupations.

Alan Thomas, professeur anglais à l'institut de l'éducation de l'université de Londres, qui apparait dans le film, m'a confié que lorsque ses enfants scolarisés se croisaient dans le hall de l'école, ils ne se disaient pas bonjour car cela ne se faisait pas de parler à quelqu'un d'une autre tranche d'âge. « C'est ça la socialisation ? » se demandait il alors. « Mais c'est la pire forme de socialisation que l'on puisse imaginer... »

Je suis allée à Harvard avec cette question et j'y ai appris que les élèves qui venaient de l'auto-apprentissage s'y débrouillent apparemment très bien car justement ils sont auto-motivés. Il suffit d'apprendre les codes et cela se fait en quelques mois, quand on le décide et si l'on en a besoin. Cela ne prend pas douze ans, c'est du remplissage de temps.

Comment ces enfants s'adaptent-ils au travail et dans les entreprises ?

SPECTATRICE : Quand on passe du carcan de l'école au carcan de la vie professionnelle, notamment en entreprise, on y retrouve les mêmes contraintes : le présentéisme, les horaires, le côté extrêmement formaté. Pas de place pour la créativité. L'autonomie et la liberté, on n'en parle même pas. La confiance, ce n'est pas dans la culture des entreprises françaises. Et donc les enfants qui vivent dans la confiance, la liberté, l'autonomie, comment font-ils après pour s'intégrer dans un monde professionnel comme ça, ça doit être la folie totale ?

Claudia Renau : J'espère bien que mes enfants ne vont pas s'intégrer dans une entreprise basée sur l'humiliation et la compétition ! C'est même ma motivation centrale dans ce choix d'apprentissage autonome : l'estime de soi, la confiance en soi, la connaissance de soi. Ce sont les meilleurs garants pour bien interagir avec les autres. Les nombreux témoignages de jeunes adultes ayant grandi hors école montrent qu'ils s'adaptent bien en entreprise, respectent leur chef quand il est respectable et ne méprisent pas les gens qui seraient à un « moindre niveau ».

Autre Spectatrice : Les entreprises libérées, c'est quelque chose sur lequel je travaille quotidiennement. Ce qui se passe dans les écoles démocratiques, dans le *unschooling*, se passe dans beaucoup d'entreprises. Les entreprises libérées travaillent sur cette notion de laisser les gens faire ce pour quoi ils sont doués, ce qu'ils ont envie de faire. Écouter leur avis parce que, ce qu'ils font tous les jours, le manager finalement le connaît moins bien qu'eux. Et donc il y a d'autres pistes que l'entreprise qui formate, qui dit ce qu'il faut faire, pour contrôler.

Ramïn Farhangi : On a tendance à penser que quand on a été très libre, c'est difficile de s'adapter à un monde où il y a une structure assez rigide. Mais, comme le disait le jeune qui a fait Oxford, c'est simple une fois que tu comprends comment fonctionne ce monde et ce qu'on te demande, en quelques semaines l'adaptation est faite. Alors que le *switch* dans l'autre sens est beaucoup plus dur. C'est parfois six mois de temps d'adaptation pour comprendre ce que c'est que la liberté, la responsabilité qui va avec, sur sa propre vie ; c'est très compliqué d'être libre. On le remarque avec les bacheliers qui arrivent à l'université. La première année de fac, c'est un échec pour une grande partie, mais finalement ce n'est pas un échec, c'est que pendant une année, ils ont fait la fête, ils ont fait « n'importe quoi », ils n'ont pas révisé leurs examens. Mais pendant cette année, ils ont enfin compris ce que c'est qu'être libre, à quel point c'est compliqué et à quel point c'est difficile d'être responsable de soi-même et de pas être dirigé à la baguette, à l'heure, à la semaine, et d'avoir son emploi du temps complètement rigidifié par un système.

Les enfants pourront-t-ils devenir scientifiques ou ingénieurs ?

Spectateur : Plusieurs enfants dans le film sont artistes, ou enfants d'artistes. Les enfants élevés ainsi ne deviennent-ils jamais scientifiques ou ingénieurs ?

Pat Farenga[35] : L'éducation d'un enfant instruit en famille ne l'empêche pas de faire des études de technologie ou de sciences – je connais beaucoup d'exemples. Le MIT (Massachusetts Institute of Technology) a donné une chaire (un poste de professeur) à Eric DeMaine, 20 ans, qui avait été élevé par son père artiste nomade. Grant Colfax, chercheur en médecine et maintenant chef du Health and Human Services for Marin County, Californie, a grandi en élevant des chèvres laitières dans la ferme de sa famille au nord de la Californie.

Au moins l'école apprend qu'on ne fait pas toujours ce qu'on veut !

Devayani Delfendahl[36] : Quel dommage de ne pas faire ce que l'on veut. On est de toute façon soumis à des contraintes, on ne peut pas voler ou respirer sous l'eau. Ce n'est pas parce que le risque existe de se blesser qu'on va se blesser à l'avance pour s'y entrainer !

Mais sans contrainte, comment lui faire confiance ?!

Thierry Pardo[37] : C'est la comparaison qui est pernicieuse, c'est la logique de moyenne. On n'a jamais fait grandir quelqu'un en le comparant. École ou pas école, les parents qui se fichent la paix avec ça, c'est quand ils se disent : on serait sur une île déserte, à quel point ça nous

---

35. Auteur et consultant, collègue de John Holt à *Growing Without Schooling magazine*, Boston, www.johnholtgws.com/pat-farengas-blog/2016/10/8/being-and-becoming-1. Co-auteur de *Teach your own : The John Holt Book of Homeschooling*, www.holtgws.com, www.learninginourownway.com.

36. Mère d'une enfant non-sco, coordinatrice de distribution d'*Être et devenir*, artiste céramiste, voir p. 269.

37. Titulaire d'un doctorat en éducation, spécialiste des alternatives éducatives, Thierry Pardo est papa de deux garçons qui ne sont jamais allés à l'école. Il est l'auteur, entre autres, d'*Une éducation sans école* (Éditions Écosociété). Vous pouvez le suivre sur https://uneeducationsansecole.wordpress.com.

gênerait que notre enfant soit comme ci, comme ça ou comme ça ? Une fois que tu t'es posé cette question-là, voilà, tu as fait la paix avec la question de comparaison.

Ayla (15 ans) : Moi, j'ai su lire à 13 ans : c'est un moment où il y a un livre qui m'a vraiment intéressée, que j'avais envie de lire, et je me suis dit : « Ben je vais le lire. » Au début, j'ai déchiffré, après je lisais lentement, et je lisais de plus en plus vite. C'était une saga de huit tomes, qui grossissent au fur et à mesure. Ça commençait avec cent pages, ça finissait avec cinq cents pages. Mais j'ai tout lu et j'ai adoré, et maintenant je lis plein de romans.
D'ailleurs un jour, j'ai proposé à un voisin de lui prêter le roman *Harry est fou* que j'adore. Il m'a répondu : « Mais ça va pas, c'est les vacances, je vais pas lire quelque chose ! »

Avec Ayla et Devayani Delfendahl au cinéma Rimouski, Québec

J'ai appris tard mais c'est qu'avant, ça ne m'intéressait pas, et du coup ça ne me servait pas à grand-chose. J'étais occupée à plein d'autres choses : dessiner, coiffer, coudre, cuisiner, connaitre les plantes sauvages, fabriquer des choses... Le jour où je me suis dit : « Ça peut me servir et j'ai envie »...

Devayani Delfendahl : Mais pendant treize ans, je lui ai lu sans arrêt des livres avec de belles écritures, de beaux récits. Quand elle a commencé à lire, c'était toujours avec un ton mettant en valeur le sens du texte. Quel bonheur !

Spectatrice : Souvent on va nous conseiller : « Si l'enfant ne lit pas, arrête de lui lire ; alors il va vouloir lire. »

Devayani Delfendahl : C'est une compétition, alors que là, on est en famille, on est heureux ensemble…

Thierry Pardo : Oui, c'est la frustration qui génère l'apprentissage, c'est bien connu, ça !!! C'est vraiment ancré dans une conception assez ancienne, notamment pas mal véhiculée par les jansénistes : l'enfant naît du péché originel, le diable vient le chercher dans le ventre de sa mère. L'enfant naît avec ses caprices, ses pulsions, il est victime de ses émotions, il ne se contrôle pas, etc. Évidemment, on ne peut pas mettre sur le marché un individu comme ça, il faut d'abord le redresser pour pouvoir le mettre dans la vie normale. Heureusement, il n'y a plus personne qui pense comme ça, mais c'est resté dans l'esprit de beaucoup qu'il faut le passer dans un certain moule, un certain filtre, avant de pouvoir le mettre dans la vraie vie. Ça n'est plus dit comme ça parce qu'on a évolué, mais il y a encore l'idée qu'un enfant, il faut lui expliquer la vie en dehors de la vie.

Spectatrice : Ça fait très peur de se dire que si on les laisse complètement libres d'être qui ils sont, ils ne soient pas capables de s'adapter, de revenir dans une espèce de moule que la société nous impose.

Autre Spectatrice : Mais ça fait des adultes tellement plus épanouis que nous. C'est comme un message qui dit : c'est possible à n'importe quel âge.

Thierry Pardo : En chinois, l'idéogramme Tse, qui veut dire maître, veut dire aussi enfant. Parce que le maître est celui qui ne cesse jamais d'apprendre. Il y a des gens qui ont pensé avant nous !

Clara : Notre petit garçon improvise au piano, compose des morceaux – il ne prend pas de cours, et ni ses parents ni quiconque dans son entourage n'est pianiste. Il apprécie juste de passer du temps au piano, les premières années, c'était sur un clavier électrique. Son père lui demande : « Comment parviens-tu à trouver ces accords, mon fils ? » Il répond : « Avec du temps ! Je travaille tous les jours depuis quatre ans. » Je dis : « Moi, je suis incapable d'inventer des accords. » Il me répond : « Si tu travailles dessus tous les jours, tu vas y arriver aussi. Tu vas voir. Tu veux que je t'aide ? »

Il va au foot sept jours sur sept. Le samedi et pour certains matchs du dimanche, c'est très tôt. Je mets le réveil pour avoir juste le temps. Lui, il met un autre réveil plus tôt que le mien. Il veut être sûr d'arriver un peu en avance pour avoir le temps de bien faire tous ses échauffements.

Nos parents ont été éduqués « à la dure », ils ont tout de même appris !

Céline Alvarez au St-André des arts

Céline Alvarez[38] *:* À chaque fois que je vois ce film, je suis très émue. Il est essentiel de faire passer ce genre de messages. J'ai essayé de mener dans le cadre scolaire la réflexion qu'a menée Clara dans un cadre plus familial : essayer de voir si, en respectant les mécanismes naturels d'apprentissage des enfants, nous pouvions les aider à révéler leurs pleins potentiels ; et s'ils les révélaient, quels seraient ces potentiels. Je pense en effet que nous marchons actuellement complètement à contre-courant des lois de la vie ! Ma réflexion fut donc celle-ci : que se passerait-il si, dans le cadre scolaire, dans des zones défavorisées, nous donnions aux enfants les moyens d'évoluer dans un environnement physiologique, c'est-à-dire dans l'amour, la confiance et en leur permettant de faire leurs propres expériences ?

Spectateur : Nos parents ont appris avec des règles très strictes, pas forcément dans l'amour, et finalement on apprend quand même...

Céline Alvarez : C'est vrai, on apprend quand même puisque nous sommes précablés pour apprendre : on ne peut pas faire autrement

38. Linguiste, pédagogue, auteure de *Les Lois naturelles de l'enfant*, Les Arènes, et du site « Les lois naturelles de l'enfant », www.celinealvarez.org.

que d'apprendre. N'empêche que l'être humain naît avec un cerveau immature qui va se former, maturer dans le monde, et quand le jeune enfant évolue dans un environnement violent, ou simplement indifférent, toutes les zones de son cortex préfrontal - qui sont les zones de la pensée supérieure, de l'exécution, de l'action, de l'apprentissage - ainsi que les zones de la mémoire, ne se développent pas correctement. Il y a une conséquence morphologique au manque de reliance humaine positive. En revanche, quand l'être humain grandit dans un environnement empreint d'amour, de bienveillance, d'attention, même juste avec un regard attentionné, ces zones-là se développent, créent beaucoup plus de connexions synaptiques. Alors oui, nous apprenons quand même avec peu de bienveillance et dans un environnement stressant, mais avec tellement plus de difficultés ! Et nous intégrons par ailleurs des mécanismes redoutables de manque d'auto-estime et d'auto-sabotage.

Je crois qu'il y a une réflexion à mener dans nos lieux d'apprentissage, dans nos écoles, pour tendre vers une éducation qui ressemblerait davantage à un type de *unschooling* généralisé et bien encadré. Mais nous n'en sommes pas là. Même si aujourd'hui je pense qu'il s'agit d'une très bonne alternative pour les familles qui peuvent se le permettre, je pense qu'il faut plutôt actuellement voir le *unschooling* comme un indicateur, un révélateur d'une erreur flagrante. On ne peut plus considérer que l'enfant apprend sous la contrainte d'un programme, dans un environnement où il est coupé du monde et d'une richesse sociale dont il a besoin pour se structurer. On ne peut plus penser comme ça. C'est ça que ton film, Clara, nous renvoie : l'enfant apprend et épanouit son intelligence avec l'autre, dans l'amour, la confiance et lorsqu'il suit ses passions à son rythme. Cela semble évident mais il est bon de le mettre en lumière car l'école fait exactement l'inverse. Il faudrait que nos écoles aillent davantage en ce sens, qu'elles servent et respectent un peu plus les lois de la vie plutôt qu'elles ne luttent contre.

Quand l'école a été construite, quand elle a été pensée, nous ne connaissions pas la façon dont apprend l'être humain. On ne savait pas. Donc nous avons construit l'école sur des idées, sur des traditions, sur des schémas, sur ce qui nous a semblé le plus correct, le plus juste intuitivement. Mais nous avons visiblement fait des erreurs : 40 % d'enfants chaque année sont en échec scolaire à la sortie du CM2. Or aujourd'hui nous savons comment le cerveau apprend, nous savons quelles sont les conditions dont l'être humain a besoin pour s'épanouir. Nous ne pourrons peut-être pas repenser totalement l'École parce qu'actuellement n'y a pas de volonté institutionnelle d'épanouir les pleins potentiels de nos enfants - le sujet de l'école c'est plutôt de construire des éléments qui vont s'insérer dans un système - mais quand même, même cela, nous pourrions le faire de façon un peu plus respectueuse.

Ma question porte sur le fait de décider pour son enfant. Je vais décider pour lui qu'il n'ira pas à l'école dès ses 3 ans. J'ai peur de rater quelque chose : et s'il aimait l'école ?

Isabelle Filliozat[39] *:* On n'en sait rien, on ne peut pas savoir. Quand on est dans une boulangerie et qu'on choisit l'éclair au chocolat, on ne saura jamais le goût de cet éclair au café. On est sans arrêt face à des tournants. Dans la vie on fait des choix. C'est pas sympa qu'on n'ait qu'une seule vie et que nos choix nous engagent – on ne peut pas vivre toutes les vies à la fois. Mais la joie nous donne le sens de notre vie. C'est un indice fiable. Si mon enfant éprouve de la joie, et moi aussi, c'est que le choix est un bon choix. Peut-être qu'il en aurait éprouvé aussi à l'école. C'est là que moi je n'ai pas assez écouté mes enfants car ils n'étaient pas heureux, ils n'éprouvaient pas assez de joie au quotidien, peut-être que ça aurait été possible plus de joie autrement. Je savais que l'école n'était pas obligatoire, je savais que c'était possible, je ne savais pas que c'était possible pour moi. Il y a différents moments où on arrive à conscientiser. C'était nettement moins répandu qu'aujourd'hui.

Quand on a créé l'école européenne alternative – je savais que je ne supporterais pas l'école telle qu'elle était pour mes enfants. Alors avec un petit groupe, on a créé une école alternative. On avait fait notre projet, notre programme. Ce qui a choqué le plus le maire – qui nous a ensuite empêchés de réaliser l'école –, c'était le fait que tous les matins les enfants allaient choisir, allaient avoir la liberté de choisir ce qu'ils allaient étudier dans la journée. Ça c'était inacceptable pour monsieur le maire,

---

39. Psychothérapeute et écrivaine, figure phare de la parentalité bienveillante, auteure d'une vingtaine de livres, dont : *Il me cherche* ; *Au cœur des émotions de l'enfant* ; *J'ai tout essayé*, JC Lattès, www.filliozat.net.

alors il a trouvé des réglementations d'urbanisme pour bloquer le projet, parce qu'on ne peut pas empêcher une école sur le contenu.

Fredy Fadel : Concernant la décision : décider de ne pas y aller n'est pas la même chose que de ne pas décider d'y aller. C'est très différent. Quand vous n'avez pas décidé d'aller en Nouvelle Zélande, vous n'avez pas rejeté la Nouvelle Zélande en disant : « Oui j'ai décidé de ne pas aller m'installer en Nouvelle Zélande », simplement vous n'avez pas décidé d'y aller. C'est très différent.

On a une responsabilité envers nos enfants !

Journaliste : Je suis dérangée depuis tout à l'heure par certaines choses. Je trouve ça irresponsable de dire aux gens que l'école ne sert à rien ! C'est un lieu de socialisation où les enfants peuvent être protégés, instruits... Comment faire si on ne leur donne pas les bases leur permettant d'être des adultes qui pourront travailler, se construire en société...

Fredy Fadel : Ceux qui ne scolarisent pas leurs enfants cherchent en premier lieu à protéger leurs enfants des enseignements implicites de l'école, à savoir : « Il faut obéir », « Il faut être performant », « Il faut étudier ce que d'autres ont estimé intéressant ou utile », « Il faut étudier selon le rythme d'autrui », « La vie est une course et il faut s'y faire »... Bref les enseignements implicites de l'école vont tous dans le sens d'éloigner une personne d'elle-même, de ses talents, ses envies, ses rythmes. Dans un deuxième temps, ces familles espèrent que la société sans école évoluera vers une société plus équilibrée.

Donc avec cette optique, révéler qu'on peut apprendre à parler, marcher, compter, s'exprimer, imaginer son avenir, agir sur ce qu'on veut améliorer dans la société tout en n'étant pas scolarisé, n'est pas irresponsable, mais salutaire.

Une question que je trouve intéressante, c'est de savoir pourquoi une société scolarisée a tant de mal à imaginer des apprentissages autonomes ? Comment se fait-il qu'un enfant sans école apprenne à parler et marcher mais tout d'un coup ne serait pas apte à apprendre à compter ou à écrire ? Pourquoi ne croit-on pas cette personne apte à choisir son activité parmi ses centres d'intérêt ?

Pour permettre à nos enfants de construire leur vie et la future société, on peut choisir de les scolariser et le résultat sera celui qu'on connait déjà, on peut choisir aussi de les encourager à construire leur vie selon leurs envies, leurs interprétations du monde, et leur faire confiance sur le fait que le jour où ils seront prêts, ils prendront les rênes, comme le jour où ils ont senti qu'ils pouvaient parler ou le jour où ils ont senti qu'ils pouvaient prendre le métro seuls, prendre des vacances par eux-mêmes, habiter seuls... C'est une question de confiance en soi et pas une question d'école. L'école sert à brider, pour ne pas dire briser, la confiance en soi, à travers ses notes et ses jugements, elle favorise une société basée sur la course et la concurrence, une course malsaine, guidée par le pouvoir et ses abus.

Il serait assez irresponsable, pour celui qui a compris cela, de ne pas révéler aux autres l'inutilité, pour ne pas dire la nuisance de l'école qui conduit à une société extrêmement déséquilibrée, à la merci du bon vouloir de quelques milliers de personnes (les premiers de la classe d'il y a soixante ans) qui décident et contrôlent tout.

Clara : D'où tenez-vous : « L'école ne sert à rien ? » Personne ici ne l'a dit. Elle sert à enseigner dix à douze matières selon les pays (sur les centaines de disciplines qui pourraient être des matières), à ceux que ces matières intéressent – car les autres apprendront peu (voir le dernier rapport de PISA[40] qui montre par ailleurs que la France est un des pays occidentaux où l'école coûte le plus et est la plus inefficace, outre le fait qu'elle augmente les inégalités sociales alors que nous croyons tous qu'elle les diminuerait). Beaucoup vous diront qu'elle est extrêmement efficace pour enseigner des valeurs comme la compétition, la comparaison, la nécessaire hiérarchie, l'obéissance, l'exécution des ordres aussi absurdes soient-ils, parmi tant d'autres. Ces apprentissages-là sont nécessaires pour le travail à l'usine. Mais tout à fait inutiles pour le monde d'aujourd'hui et encore plus celui de demain.

Jean-Pierre Lepri : Dans le domaine de la lecture, si je fais strictement ce que me dit l'école – et je l'ai fait personnellement – je n'apprends pas à lire. L'école n'a jamais été organisée pour apprendre à lire, à écrire et à compter. Parce que si je ne fais que ce que l'école m'enseigne pour le lire, pour l'écrire et pour le compter, je sors analphabète, c'est sûr. Et

40. www.oecd.org/pisa.

je suis sorti analphabète de l'école[41]. Jules Ferry l'a très bien exprimé : « Ceux qui sont plus forts sur le mécanisme ne comprennent rien à ce qu'ils lisent, tandis que les nôtres comprennent. »

Ghislain Vanlaer[42] *:* L'école pour tous en France date de 1882, c'est vraiment très récent. On peut être certain qu'elle a été créée en réaction à la défaite de 1870, dans le but de former des militaires capables d'une revanche sur les Prussiens, beaucoup plus disciplinés. L'article 1 de la Loi de 1882, qui décrit les activités scolaires, est éloquent à ce sujet car il reprend à l'identique celui de la Loi Falloux voté en 1850 en y ajoutant « Pour les garçons, les exercices militaires ».

John Taylor Gatto[43] *:* Il y avait eu auparavant de nombreuses lois d'obligation scolaire dans l'histoire – dont deux en Amérique ! – mais elles contredisaient tellement les normes du passé qu'elles furent jusque là inexécutables. La défaite française de 1870 fut perçue comme la victoire des instituteurs prussiens, qui avaient réussi à fabriquer de bons petits soldats obéissants – quels que soient les ordres – et de bons travailleurs à l'usine. En effet, après la défaite de la Prusse par Napoléon lors de la bataille d'Iéna en 1806, il fut constaté que la raison de la défaite était que les soldats prussiens pensaient à sauver leur peau sur les champs de bataille, plutôt que d'obéir aux ordres. De l'urgence déclenchée par la défaite militaire d'Iéna est né en Prusse un système scolaire imposé à tous, afin d'enseigner la discipline et l'obéissance dès l'enfance. La Prusse a réussi à enrégimenter son peuple, à le soumettre à une dictature militaire qui lui a permis d'être à Waterloo en 1815 à côté des Anglais pour vaincre Napoléon, créer l'Allemagne de gré ou de force et en faire une puissance qui pourrait rivaliser avec la France et la Grande-Bretagne[44].

Fredy Fadel : En lisant les discours et les textes de Jules Ferry, on comprend que la mission de l'école a d'abord été militaire (colonisation et défaite de 1870). Elle était militaire sur les deux axes de la défense et de l'agression. Il

41. Pour en savoir plus, Jean-Pierre Lepri, *Lire se livre* , Myriadis. Témoignage sur la lecture d'un serviteur de l'Éducation nationale pendant plusieurs décennies. Voir aussi p. 182.

42. Père de quatre enfants de 21 à 28 ans non-scolarisés.

43. Enseignant et essayiste américain, auteur de *Dumbing Us Down: the Hidden Curriculum of Compulsory Schooling* (Nous abêtir : le programme caché de la scolarisation obligatoire) et *Weapons of Mass Instruction* (Armes d'instruction massive).

44. Dans les rushes du film.

fallait créer à travers l'école un sentiment national pour pouvoir mieux se défendre contre l'envahisseur. Une organisation autre que militaire n'aurait pas réussi à instaurer ce sentiment d'appartenance patriotique. Une fois que l'obéissance a été distillée dans l'esprit des gens, une fois que leur temps ne leur appartenait plus, la situation a été propice à la naissance de la société de consommation. C'est ce qu'Ivan Illich exprime dans son livre *Deschooling Society*[45] où il souligne l'importance de l'école comme vecteur de consommation : la consommation est un lot de consolation pour s'offrir quelque chose qui serait à soi, puisque son temps et son énergie sont consacrés à quelqu'un d'autre. L'école a ainsi colonisé les esprits.

CLAUDIA RENAU : La motivation de la mise en place des lois scolaires dans les années 1880 par Jules Ferry est en effet surtout patriotique. La création d'un service public « obligatoire » s'est accompagnée d'une redéfinition des programmes scolaires. Ont été mis en avant de nouveaux cours de géographie destinés à faire connaître aux petits Français leur beau pays qu'ils auraient à défendre pour récupérer l'Alsace-Moselle perdue en 1871. La géographie permettait aussi de faire connaître aux élèves le vaste monde en train d'être colonisé, où allait pouvoir s'exercer la « mission civilisatrice de l'homme blanc ». Ferry a été un colonialiste convaincu.

Qu'en est-il dans les pays où l'école représente la liberté : Afrique, Moyen Orient ?

GHISLAIN VANLAER : C'est de la propagande et c'est basé sur une vision colonialiste de l'Afrique. Le modèle scolaire importé par l'Occident n'a pas eu que des effets positifs et il a produit autant d'acculturation en Afrique qu'ailleurs dans le monde.

CLARA : Avez-vous lu les textes de Jules Ferry, quand il parle de la « mission civilisatrice de l'homme blanc » à l'Assemblée nationale ?

45. *Une société sans école*, Seuil, 1971.

Jules Ferry (1885) : Les fondements de la politique coloniale (28 juillet 1885)[46]. Extrait :

M. JULES FERRY. Messieurs, il faut parler plus haut et plus vrai ! Il faut dire ouvertement qu'en effet les races supérieures ont un droit vis-à-vis des races inférieures... *(Rumeurs sur plusieurs bancs à l'extrême gauche.)*

M. JULES MAIGNE. Oh ! Vous osez dire cela dans le pays où ont été proclamés les droits de l'homme !

M. DE GUILLOUTET. C'est la justification de l'esclavage et de la traite des nègres ! (...)

M. JULES FERRY. Je répète qu'il y a pour les races supérieures un droit, parce qu'il y a un devoir pour elles. Elles ont le devoir de civiliser les races inférieures... *(Marques d'approbation sur les mêmes bancs à gauche – Nouvelles interruptions à l'extrême gauche et à droite.)*

M. JOSEPH FABRE. C'est excessif ! Vous aboutissez ainsi à l'abdication des principes de 1789 et de 1848...[47]

FREDY FADEL : L'école était l'instrument principal du colonialisme, avec l'arrogante agressivité qui conduisit les uns à prétendre « civiliser »,

46. www2.assemblee-nationale.fr/decouvrir-l-assemblee/histoire/grands-moments-d-eloquence/jules-ferry-1885-les-fondements-de-la-politique-coloniale-28-juillet-1885.

47. Réponse de Georges Clemenceau : « Voilà, en propres termes, la thèse de M. Ferry et l'on voit le gouvernement français exerçant son droit sur les races inférieures en allant guerroyer contre elles et les convertissant de force aux bienfaits de la civilisation. Races supérieures ! Races inférieures ! C'est bientôt dit. Pour ma part, j'en rabats singulièrement depuis que j'ai vu des savants allemands démontrer scientifiquement que la France devait être vaincue dans la guerre franco-allemande, parce que le Français est d'une race inférieure à l'Allemand. Depuis ce temps, je l'avoue, j'y regarde à deux fois avant de me retourner vers un homme et vers une civilisation et de prononcer : homme ou civilisation inférieure ! (...)

Je ne comprends pas que nous n'ayons pas été unanimes ici à nous lever d'un seul bond pour protester violemment contre vos paroles. Non, il n'y a pas de droit des nations dites supérieures contre les nations inférieures. Il y a la lutte pour la vie qui est une nécessité fatale, qu'à mesure que nous nous élevons dans la civilisation nous devons contenir dans les limites de la justice et du droit. Mais n'essayons pas de revêtir la violence du nom hypocrite de civilisation. Ne parlons pas de droit, de devoir. La conquête que vous préconisez, c'est l'abus pur et simple de la force que donne la civilisation scientifique sur les civilisations rudimentaires pour s'approprier l'homme, le torturer, en extraire toute la force qui est en lui au profit du prétendu civilisateur. Ce n'est pas le droit, c'en est la négation. »

« cultiver » les autres, tout en leur infligeant humiliation, dégradation, dommage et ravage.

L'école a fait reculer la misère en Afrique !

Spectatrice : J'ai vu des documentaires où certains des enfants d'un village ou bidonville d'Afrique, du Brésil, du Moyen Orient, du Vietnam ou d'Inde, ceux qui ont la possibilité financière, ont « la chance » d'aller à l'école. Eux, ils peuvent apprendre à lire et à écrire, ce qui représente une liberté, un chemin vers le savoir, pendant que leurs petits copains les regardent tristement, eux qui resteront prisonniers de leur analphabétisme.

Clara : Il existe un autre documentaire, *Schooling the world*[48] qui parle de la colonisation via l'éducation. Il répond bien à ces questions... Un monsieur âgé dont la sagesse innée et ancestrale est évidente à l'écran refuse d'être interviewé parce qu'il n'est pas allé à l'école, alors il « ne sait rien ». « Allez plutôt parler à mon petit-fils, qui va à l'école, lui, il sait plein de choses. »

Devayani Delfendahl : Il y a un autre passage où sont mis en miroir un cours de botanique pour une classe d'enfants blasés et une scène de village où femmes et enfants sont dans les champs, heureux. Le contraste est marquant. Cette femme s'attriste de l'exode de la jeunesse et du fait qu'elle voit maintenant des gens inconscients de l'essentiel, comme de l'importance de ne pas salir l'eau ; l'eau que l'on boira ensuite.

Spectatrice : Néanmoins ce sont quand-même des questions très occidentales ou de pays industrialisé ou « en transition », parce qu'on fait la réflexion dans le sens inverse. O.K. on veut donner la liberté aux enfants, l'autonomie etc., mais quand on regarde certains pays en développement, les gens se battent pour aller à l'école, aller apprendre à lire, il y a une espèce de dichotomie : est-ce que eux ont cette liberté ?

Clara : *Schooling the World* montre comment on les a formatés pour croire qu'ils avaient besoin de ce dont ils n'avaient jamais eu besoin avant, pour pouvoir après s'acheter un iPhone parce que ce serait vital pour eux...

48. http://schoolingtheworld.org.

Thierry Pardo : C'est revenir à Illich aussi dans les années 1970, qui disait que la moitié de l'humanité n'est pas allée à l'école mais que le poison est quand même distillé, c'est-à-dire que tout le monde est convaincu qu'il faut y aller. C'est parce que l'école t'apprend que c'est à l'école qu'on apprend. Il y a trois bulldozers de colonisation, c'est la télé, l'école et la religion.

Spectatrice : À la base, il y avait des bonnes volontés…

Thierry Pardo : Sauf que la volonté n'a jamais été d'épanouir les enfants mais de créer des sentiments nationaux. Ce qui est complètement différent. En gros, prenez-le par l'autre bout : ce ne sont pas les enfants qui ont inventé l'école.

Je pense à l'interdiction d'être soi-même aux filles, dans les pays où les femmes ne sont pas instruites, mais sont des propriétés de leur père ou leur mari...

Journaliste : Je parraine depuis quelques années une jeune Africaine du Burkina Faso. Je lui permets une scolarité depuis la 6e et aujourd'hui elle est en fac. Si elle n'était pas allée à l'école, elle aurait été mariée à 14 ans.

Fredy Fadel : On apprend. Qu'on soit riche ou pauvre, on apprend. Les chats apprennent, les poissons apprennent et nous, êtres humains, nous aussi on apprend. On apprend malgré des régimes politiques violents, on apprend malgré des parents autoritaires, on apprend malgré l'école. La question est : qu'apprend-on ? La violence, la soumission à l'autorité ? Ou la confiance en soi ? Apprend-on à être employé et soumis au plus fort ? Ou vivre sa vie en harmonie avec son milieu, sa culture et ses valeurs ?

Le sujet de ce film, c'est le « *unschooling* » : la confiance faite à son enfant pour capter, interpréter, transformer et être en harmonie avec l'environnement dans lequel il est né. Il ne s'agit pas de retirer son enfant de l'école et lui transmettre les mêmes peurs, les mêmes idées et les mêmes valeurs que l'école. Il s'agit de changer de point de vue sur le monde. Il s'agit d'abandonner l'idée que, pour apprendre, il faut enseigner. Il s'agit de ne pas croire qu'il y a un corpus de choses à savoir à 8 ans et un autre à 12. Il s'agit de vivre et de partager avec lui la confiance qu'on a en soi pour surmonter ou contourner les épreuves de la vie, au moment et à l'endroit où on les rencontre. Il s'agit de considérer l'enfant comme une « opportunité » de voir et de vivre le monde autrement, et non de se sentir obligé de le dresser selon une vision dominante. Il s'agit de célébrer l'enfant dans sa singularité.

Pour moi, l'école ne représente jamais la liberté. Quand le lieu, le temps, le sujet, la durée de l'apprentissage sont choisis par autrui ; quand la motivation est dictée par la peur des mauvaises notes ou la soumission aux bonnes ; quand l'accent est mis sur un programme, un enseignement et un enseignant, c'est forcément nuisible et on ne peut pas parler de liberté.

Maintenant, avec la situation que vous décrivez, vous invitez à choisir entre deux nuisances : être propriété d'un père autoritaire ou être l'instrument d'un état violent ? L'école en France a été créée à des fins militaires, dans un but de colonisation. Parce que certains se croyaient supérieurs aux autres, ils se sont dit : on va aller les élever. Il y a plus d'un milliard de personnes en Afrique. Parmi eux, il y a des violents, des très riches, des victimes et beaucoup de gens bien dans leur peau, sains et en bonne santé. Comme ici en France. Les violents chez nous sont allés à l'école, tout le monde est allé à l'école : ceux qui battent leur femme, ceux qui sont ministres et escrocs, ceux qui inventent le futur, ceux qui prêchent pour la paix, ceux qui sont riches et ceux qui ne le sont pas. L'école chez nous n'a pas empêché les violences, les préjugés, le chômage, les discriminations, les « inégalités », pourquoi croyez-vous qu'ailleurs elle produira ce que vous souhaitez ? En employant le mot Afrique, en mettant un milliard de personnes sous la même appellation, vous perpétuez la catégorisation et la classification qui constituent la principale nuisance scolaire.

Si dans un lieu donné, à un moment de l'histoire, une catégorie de personnes est victime de la violence, de l'intolérance ou des dogmes de sa société ou de certains membres de sa société, c'est en général dû à un déséquilibre de rapports de forces. Le plus fort, le plus violent, celui qui veut imposer sa vision est rarement le moins éduqué. L'école justifie la distinction, l'école par essence est inégalitaire, l'école ne peut que renforcer les croyances chez les croyants. Si on veut informer les uns qu'ils sont victimes des autres, les films, les vidéos, les dialogues, internet sont beaucoup plus efficaces que l'école.

En tant que citoyens, notre rôle ne consiste-t-il pas à oeuvrer, de l'intérieur ou de l'extérieur, pour que l'école soit bientraitante ?

Jean Calvo[49] : Je pense que l'école est maltraitante. Mais je pense qu'il faut lutter pour que l'école demeure, dans l'intérêt du plus grand nombre. Je pense qu'une république, du moins dans les « circonstances » et les définitions que nous lui connaissons jusqu'alors, a besoin d'une école. Évidemment, l'école dont a besoin une république doit « fabriquer » des « citoyens » qui sont censés la faire fonctionner le mieux possible, dans la continuité de celle-ci. Évidemment, l'école actuelle maltraite nombre d'enfants. Mais je pense que notre rôle, en tant que professionnels de l'école sensibilisés à cette « question », et même en tant que citoyens, consiste aussi à oeuvrer, de l'intérieur ou de l'extérieur, pour que cette école soit bienveillante, bientraitante, harmonieuse, heureuse, joyeuse, accueillante au sens fort, pour qu'elle soit l'école de la reconnaissance de tout et de tous, de la valorisation de tous les savoirs et savoir-faire, pour qu'elle soit l'école de l'épanouissement, l'école de l'entraide et de la coopération, etc.

Il me semble que prôner l'apprendre hors de l'école est démissionnaire, et non solidaire. Car nous savons bien que les enfants qui rencontrent le plus de difficultés à l'école, bien que l'école les fabrique grandement, je l'accorde, sont ceux issus des familles défavorisées, quel que soit le « registre » de leur « défaveur ». C'est pourquoi il est de notre devoir d'oeuvrer justement pour que l'école ne soit plus l'école de la malveillance, l'école du rejet, l'école de la compétition, l'école de la ségrégation, etc.

Et je pense encore qu'en prônant l'école hors l'école, nous oeuvrerions vers une perte encore plus grande des symboles forts de l'école et de la république. Nous oeuvrerions pour une éducation encore plus inégalitaire, où seuls les enfants des familles défavorisées seraient condamnés

49. Rééducateur de l'Éducation nationale en RASED.

à fréquenter l'école. Nous oeuvrerions à la construction d'une société encore plus individualiste, perdant tous ses repères de solidarité.

Bien sûr qu'il faut absolument que les enfants aient le droit de rêver, et même à l'école. Nous sommes quelques-uns, même dans l'Éducation nationale, à le porter haut et fort, auprès notamment des enseignants sous pression qui s'échinent à l'acharnement pédagogique effréné.

Le bonheur d'apprendre ne va pas de soi, parce que tous les enfants, malheureusement, n'ont pas une vie qui le leur permet. Je suis le premier à critiquer l'accueil fait aux enfants à l'école. Mais il faut bien se rendre à l'évidence, même si l'école « abime », comme vous dites, des enfants, d'autres, nombreux, arrivent « abimés » à l'école, aussi. Et je ne suis pas sûr que ceux qui arrivent à l'école « abimés » soient armés pour apprendre, soient armés pour le bonheur d'apprendre. Et je ne suis pas sûr que nous ayons intérêt à cette scission école-famille, dont tous les enfants ne pourraient assurément pas tirer profit.

Le plaisir de venir à l'école ne dépend pas exclusivement de l'école. Il dépend, outre le désir d'apprendre, de rencontrer l'autre, et de nombreux autres facteurs qui nous échappent maintenant car ils appartiennent aussi à chaque situation particulière, de l'idée de l'école qui est véhiculée dans les milieux fréquentés.

Fredy Fadel : Le film parle de l'apprendre. Par les choix et observations que certains ont fait, il illustre le fait qu'il n'y a point besoin d'enseigner pour apprendre. À ce stade il s'agit presque d'un point de vue technique qui ne fait intervenir aucune croyance économique, religieuse, politique ou scientifique. Par le fait que vous introduisez vos remarques en exprimant que « la république » a besoin de l'école pour « fabriquer » des « citoyens », vous introduisez des éléments politiques dans l'échange qui peuvent compliquer le débat, mais je vous l'accorde, l'école telle qu'on la connait a été mise en place pour des raisons politiques et donc il serait difficile de ne pas les évoquer.

Notre société a évolué et continuera d'évoluer, l'école comme vous le dites est un élément essentiel de notre société actuelle, et si on ne souscrit pas à un grand nombre des piliers de cette société, on est contraint de mettre l'école en cause. Vous dites : « L'école dont a besoin une république doit "fabriquer" des "citoyens" qui sont censés la faire fonctionner le mieux possible, dans la continuité de celle-ci. » Je ne peux être d'accord qu'avec la partie « faire fonctionner le mieux possible » parce que l'emploi du terme « fabriquer » même entre guillemets me révolte. Le fait que le besoin soit celui d'un dispositif politique abstrait « la république » et non celui les personnes en chair et en os de la société ne m'enchante pas non plus.

Il y a quelques années, alors que Jacques Chirac était président de la république, il avait refusé de rencontrer le juge parce qu'il distinguait sa personne *faillible* de sa fonction « infaillible » ; eh bien je ne partage pas ce point de vue, je n'ai pas envie que cette république assure sa continuité à travers l'école. Il n'y a rien au-dessus des hommes, certainement pas les institutions, les religions ou les théories que certains ont créées à un moment donné pour des circonstances données, avouables ou non.

Je suis d'accord avec vous sur le fait qu'on doit œuvrer de l'intérieur et de l'extérieur pour améliorer notre société, chacun choisira la façon qui lui convient le mieux. Moi, j'ai choisi la voie ni tout à fait interne, ni tout à fait externe mais celle d'un choix personnel, je ne demande pas une généralisation (d'ailleurs impossible) de mes choix, je témoigne simplement par mon vécu pour ceux qui se posent des questions ou qui s'interrogent sur la nature spontanée de l'apprentissage. Par ailleurs, dans le passé et un peu aujourd'hui, j'ai eu l'occasion d'enseigner en étant le plus effacé possible pour favoriser l'apprentissage, j'avoue que c'est difficile, surtout quand on intervient tard dans le cursus.

Comme vous le dites, l'apprentissage n'est pas un processus isolé, ça tombe bien puisque nous vivons en société et ne sommes pas isolés les uns des autres. Si je critique l'école c'est justement parce qu'elle crée une ambiance artificielle qui n'est pas celle des échanges qu'on trouve dans la société, la famille, le travail, les loisirs, etc.

Ce serait quand même mieux de mettre toute votre énergie dans l'amélioration de l'école !

Fredy Fadel : Je comprends que vous ayez un autre but, vous voulez une école meilleure, vous voulez qu'on se mobilise pour votre cause. Mais si la cause des parents du film n'était pas « une meilleure école », mais un meilleur équilibre pour leur famille, pour leurs enfants ? Et si pour l'un des parents concerné (moi en l'occurrence) *école* et *enseignement* étaient antinomiques avec « apprentissage et compréhension » ? Vous voulez « une meilleure école » comme d'autres voudraient « une meilleure prison », moi je ne veux pas d'école, je ne veux pas de prison. Quand on veut une société en bonne santé, on ne cherche pas à rendre l'hôpital obligatoire, on ne mesure pas la santé par le nombre de médecins ou le volume de médicaments vendus. On considère qu'on est en bonne santé quand on n'a pas besoin de médecin. On apprend bien quand on n'a pas besoin d'école, quand la motivation est interne, quand la soif d'apprendre n'est pas perturbée par le paraitre des notes, par le choix des disciplines, du lieu et du temps de cet apprentissage, bref quand elle n'est pas perturbée par l'enseignement. Je ne veux pas d'une meilleure école. Je ne veux pas d'école tout court. Je ne veux pas envoyer à mes enfants le signal que je ne leur ferais pas confiance pour qu'ils apprennent quand ils veulent, comme ils veulent, ce qu'ils veulent, où ils veulent. En ne mettant pas mes enfants à l'école je leur offre le temps de se connaitre, de se construire. Je leur offre la possibilité de se faire entièrement confiance à eux-mêmes – ce qui sera nettement plus utile pour tous.

Ce que vous proposez n'est pas applicable à tous

FREDY FADEL : Le *unschooling*, comme l'alpinisme, n'est pas quelque chose que tout le monde fait, ni doit faire. Comme l'alpinisme, tout le monde en principe peut le faire. Comme l'alpinisme, de fait, tout le monde ne le fait pas, on ne le fait pas parce qu'on ne le veut pas, ou qu'on n'a pas le temps, ou le souffle pour... Comme l'alpinisme, si on veut le faire, il y a des prérequis : il faut faire confiance à l'enfant (tout le monde ne peut pas le faire), il faut consacrer du temps, il faut être patient...

L'école déresponsabilise, on peut ne pas consacrer du temps à son enfant puisque l'enfant sera à l'école, on peut ne pas faire confiance à l'enfant, puisqu'on va faire confiance à l'école...
À l'arrivée, de deux choses l'une, soit on considère que l'enfant a réussi, soit pas !

Avec Fredy Fadel au St-André des arts

En cas d'école, si l'enfant a réussi : c'est grâce à l'école. Si l'enfant n'a pas réussi : c'est sa faute, il n'a pas travaillé. En cas de non école, si l'enfant a réussi : il a de la chance, ses parents sont riches, il est d'un milieu cultivé... Si l'enfant n'a pas réussi : c'est normal, il n'est pas allé à l'école...

Si l'on pense qu'il y a corrélation entre réussite et école, que fait-on de ceux qui n'ont pas réussi malgré l'école ? Si l'on pense que cette corrélation est fictive, on est plus enclin à la non-sco. L'école fait croire qu'elle a un rôle dans la réussite des écoliers (réussite spécifiée par les normes de l'école). Donnons-nous les critères de réussite, de vie et puis choisissons école ou pas selon ces critères. L'école fabrique des lecteurs... Le monde de demain a besoin d'écrivains.

La confiance est un élément essentiel dans la relation entre les êtres vivants. Dans un pays où l'école est perçue comme obligatoire, cet élément de confiance n'existe pas ! Implicitement, on annonce qu'une personne ne peut pas faire les meilleurs choix pour elle-même.

CLARA : Ce n'est pas « applicable à tous » parce que déjà, tous les parents n'ont pas envie de faire ce choix, de passer autant de temps avec leurs enfants, et c'est tout à fait légitime. Mais c'est important qu'on sache que c'est possible.

Vous prétendez : « Tout le monde peut faire ce choix ». Mais ça me pose un problème éthique, tout le monde ne pourrait pas le faire !

Fredy Fadel : Quand on dit « tout le monde peut être parent », est-ce qu'il y a un problème éthique ? Si on disait que tout le monde peut être danseur, est-ce qu'il aurait un problème d'éthique ? Quand on exprime une phrase affirmative de style « tout le monde peut », c'est toujours en réponse à quelqu'un qui prétend que c'est impossible, ou que lui ne veut pas le faire, ou que lui ne peut pas le faire, mais l'excuse invoquée est « tout le monde ne peut pas ». J'ai envie de dire que non, « tout le monde ne peut pas être XXX ». La question est : si quelqu'un veut être XXX, y a-t-il des prérequis ? Ça dépend. Si XXX c'est être astronaute, il y en a beaucoup ; mais les parents des astronautes ne sont pas forcément astronautes eux-mêmes, les professeurs des astronautes ne sont pas astronautes non plus. C'est l'école – fournisseur de diplômes – qui a instauré cet imaginaire collectif selon lequel il suffit d'avoir un diplôme pour travailler et pour réussir, et c'est faux, archi faux. La non-école est à la portée de celui qui veut : ce n'est pas une voie à suivre pour atteindre un but, c'est la possibilité de suivre la voie qu'on veut, et dans notre cas il se trouve que ce n'est pas celle de l'école qui mène à la société qu'on connait. Il n'y a pas de voie uniforme pour que « tout le monde XXX », mais pour chaque personne, il y a une voie, la sienne, qu'elle pourra parcourir seule ou accompagnée.

Clara : Il s'agit d'accompagner notre enfant. Les intérêts des enfants diffèrent de ceux des parents, dès le plus jeune âge. Ils posent des questions, on n'a pas les réponses, mais on les aide à les chercher (bibliothèque, internet, entourage) – jusqu'à ce qu'ils le fassent eux-mêmes.

Le projet m'apparait merveilleux, mais ce n'est pas réalisable pour tout le monde. Il faut avoir une grande passion, être investi, être capable de s'organiser autour de ça.

Thierry Pardo : C'est une question qu'on me pose souvent. Est-ce que ça vous arrive d'acheter de la nourriture bio ?

Spectateur : Oui.

- Est-ce que, au moment où vous l'achetez, pour vos enfants, vos proches et les gens que vous aimez, vous vous dites : ouais mais c'est quand-même un peu dégueulasse, parce que tout le monde ne peut pas se le payer ?

- Oh non, pas du tout.

- Voilà ; c'est que tout le monde veut le meilleur pour ses proches, ses enfants. Il n'y a personne qui, par exemple, quand on lui propose, dans son travail : « Si tu veux, tu peux aménager tes horaires et commencer quand tu veux et finir quand tu veux », qui se dise : « Ouais mais par rapport à quelqu'un qui travaille en usine, qui n'a pas le choix, est-ce que c'est socialement acceptable... Ce n'est pas pour tout le monde… »

Clara : Il y a aussi la question morale : est-ce que certains ne seraient pas capables ? Je continue de penser que quand on le veut, on le peut, mais tout le monde ne le voudra pas.

Thierry Pardo : Ce que je voulais dire à travers mes exemples, c'est que je pense que dans la vie en général et en matière d'éducation en particulier, dès qu'une phrase commence par « tout le monde », elle n'est pas applicable. Tout le monde ne peut pas habiter à Montréal, je pense qu'on ne peut pas raisonner par le « tout le monde ». Si on prend la thématique de l'agriculture, si on prend les transports, l'énergie, l'alimentation, si on prend plein de sujets, chacun comprend qu'il y a une espèce de cocktail de réponses. Mais alors l'éducation, c'est bizarre, il faudrait qu'il y ait une réponse qui serait pour tout le monde ou personne. C'est ça qui est un peu curieux. On a tellement pris l'habitude de cette espèce d'éducation pour tous qu'on a oublié l'éducation pour chacun. Là, on parle d'une formule qui s'adapte à chaque enfant et qui offre un cocktail. Alors là où c'est universel comme réponse, c'est que les besoins des enfants sont les mêmes. D'avoir du temps, de l'espace, qu'on les aime, qu'on les écoute, etc. C'est là qu'on est dans une valeur universelle et c'est là que c'est moral de fonctionner comme ça avec nos enfants. Alors que moi je trouve immoral de mettre les enfants entassés dans des classes. Du coup, le fait qu'on ait du mal à envisager un bouquet de solutions pour l'éducation alors qu'on l'envisage pour tout le reste, c'est toujours quelque chose de curieux. Pour tout le reste, on fonctionne au mieux de notre connaissance et de nos moyens. J'estime qu'avec mes enfants, je fonctionne au mieux de ma connaissance et de mes moyens.

CLARA : Que tout le monde ait le droit de le faire...

THIERRY PARDO : Oui, que tout le monde ait le droit, c'est bien, mais est-ce que tout le monde va le faire, tout le monde veut le faire, tout le monde peut le faire ? Quand tu as une éolienne dans ton terrain, tu ne te dis pas, oui mais il y en a qui n'ont pas de terrain. On pourrait prendre mille exemples pour lesquels on ne se pose pas ces questions-là. Mais l'éducation, il y a quelque chose d'un peu sacré qui socialement devrait être pour tout le monde ou personne. On est pris dans cette pensée-là. Il y a une critique de mon livre *Une éducation sans école* – les critiques sont souvent de gauche – et dans les *Nouveaux Cahiers du Socialisme*, l'auteur, qui faisait une belle critique et sur dix pages donc quand-même assez fournie, quelqu'un d'informé ; il disait : « Le livre peine à donner un argument à la gauche parce que justement ce n'est pas généralisable. » Ce n'est pas ça, le propos. Le propos, c'est que tu as un enfant qui arrive dans ta vie, et tu te dis : « O.K., qu'est-ce que je peux faire de mieux pour lui ? » Il est là le propos, et c'est là que c'est universel et moralement défendable.

Oui mais moi sans l'école, j'étais rien !

FRANÇOIS BÉGAUDEAU[50] : Le raisonnement majoritaire est : l'école nous apporte quand même ci ou ça, que serait-on sans l'école. J'aimerais bien retourner le raisonnement. Je me le dis pour moi : j'ai eu une carrière scolaire complètement prédéterminée, j'ai accompli un programme. Je me pose la question tous les jours et c'est une question assez douloureuse chez moi : est-ce que je n'aurais pas été un mec mieux sans l'école ?

Ce n'est pas opposer une question à une autre, c'est compléter une question par une autre. En gros, il est présupposé que l'école est désirable, et que les enfants qui ne sont pas scolarisés dans le monde, c'est terrible pour eux. Moi, j'aimerais bien qu'on inverse de temps en temps le raisonnement : est-ce que les enfants ne seraient pas plus épanouis sans l'école ? Ce n'est pas une vérité qu'on va substituer à une vérité, c'est juste un complément de questionnement par rapport à la façon dont la question est majoritairement posée.

50. Écrivain, critique littéraire et scénariste, auteur du roman et du scénario d'*Entre les murs*, ex-enseignant pour l'Éducation nationale, http://begaudeau.info.

SPECTATRICE : Pour moi l'école a été LE lieu de libération, parce que mes parents n'étaient pas libres, eux, dans leur tête, ils n'étaient pas capables de me donner cet environnement-là d'apprentissage. Les adultes responsables que j'ai rencontrés et qui ont été capables de me transmettre une passion, c'est à l'école que je les ai rencontrés. Heureusement que dans les écoles il y a des adultes qui ont très envie de transmettre ce qui les passionne. Mes parents n'auraient pas été capables et si j'étais restée dans le cercle familial, je ne serais pas devenue celle que je suis devenue.

FRANÇOIS BÉGAUDEAU : Oui, c'est quelque chose qu'on entend souvent sur l'école : moi sans l'école j'avais rien, l'école m'a tout donné. Je me demande toujours : si je n'avais pas passé tant d'heures à l'école, est-ce que ça n'aurait pas laissé la place pour autre chose, pour d'autres rencontres. Deuxième chose que je dirais, et c'est ma conviction intime, c'est que d'une certaine manière, c'était gagné d'avance votre truc. Je ne sais pas pourquoi, il faudrait que vous fouilliez dans votre propre personnalité : qu'est-ce qui vous a rendue si réceptive à la transmission de ces adultes-là, alors que vos vingt-deux camarades n'étaient peut-être pas aussi réceptifs. Cette réceptivité, cette curiosité, vous l'auriez tout aussi bien eue dans d'autres contextes, d'autres environnements. Ce côté « oui mais sans l'école j'avais rien », je n'y crois pas. En plus, ça me parait de moins en moins vrai. Mon père l'autre jour me racontait son enfance : il habitait en Vendée profonde. S'il n'y avait pas eu d'école, il n'aurait jamais vu un livre de sa vie. Les environnements de vie des classes populaires étaient tellement désertiques culturellement qu'effectivement la bibliothèque de l'école – ou plutôt l'étagère où il y avait huit livres, c'était déjà énorme. Mais ça, c'est fini, il y a bien plus d'accessibilité de nos jours. On n'envisage jamais toute la place que ça laisserait d'enlever ça.

SPECTATEUR : Faut-il opposer les deux ? Je n'ai pas l'impression que l'objectif du documentaire soit de dire : arrêtons avec l'école et tout le monde fait du *homeschooling*.

FRANÇOIS BÉGAUDEAU : Je ne produis des arguments contre l'école que dans la mesure où ce qui est opposé toujours à la déscolarisation, c'est que « quand même l'école c'est pas mal », « mon prof de maths était super et sans lui... ». Sans lui quoi, on ne sait pas trop... En France c'est très fort, cette idée que sans l'école on est rien. Une façon par la négative de défendre la cause de la déscolarisation, c'est de dire : « Arrêtez de sublimer le rôle de l'école. » Peut-être qu'elle a été profitable à certains, peut-être que certains y ont été heureux, c'est possible, il y a des enseignants très bien. Mais on souffre de l'idée que c'est ça ou rien, il y a une espèce de panique à l'idée du rien.

C'est un choix égoïste, vous quittez le navire !

Fredy Fadel : C'est vrai qu'on quitte le navire, mais on n'est ni le capitaine, ni celui qui veut imposer sa vision aux autres. On quitte le navire et on aide certains à se rendre compte qu'ils peuvent le quitter aussi.
L'image du bateau qui coule n'est pas la bonne, parce que si le bateau est réellement en train de couler, on ne peut pas demander à ceux qui se sauvent de rester et de se noyer sous prétexte que l'ingénieur en chef pense qu'on peut colmater le bateau.

Nathalie Maillard : Quand on cultive son jardin pour manger de bons légumes, on est aussi égoïste puisque cela ne résout pas le problème de la sous/malnutrition.
Il y a dans le système scolaire et hors du système scolaire des personnes qui se creusent la tête et échangent entre elles pour faire évoluer la société et notamment l'idée même d'école afin que chaque famille puisse trouver une solution qui lui convienne pour l'instruction de ses enfants et de ce fait, il ne peut pas y avoir une formule unique et identique pour tous au nom d'une sacro-sainte égalité des chances qui de toute façon est illusoire malgré le discours officiel, tous les indicateurs de l'Éducation nationale le montrent.

L'école ne permet-elle pas l'égalité des chances ?

L'école n'est-elle pas aussi un outil d'intégration et d'égalisation sociale ? (*Marie-Claire*)

Clara : En France, l'école augmente les inégalités. Les enfants non scolarisés sont connectés à la vraie vie. Ils n'en sont pas extirpés huit heures par jour, enfermés avec des personnes ayant le même âge. Ils peuvent bouger, être maîtres de leurs mouvements. Ils sont dans la vie, avec sa mixité sociale. Ils mènent leurs projets de manière autonome et assidue[51].

Bernadette Nozarian : Le rapport international de l'OCDE PISA, le récent rapport de la Cnesco[52] montrent qu'en France, les inégalités sociales sont augmentées par le caractère sélectif de l'école française. Quant à l'intégration, les classes sont formées d'élèves résidant dans des quartiers spécifiques. Si les enfants de Neuilly ne sont pas assis à côté de ceux de Bobigny, est-ce seulement à cause de la distance entre ces deux villes ?

Fredy Fadel : Le système scolaire, par ses notes, ses diplômes, ses horaires, ses injonctions (si vous n'apprenez pas vos leçons, vous allez rater votre vie), favorise une société pyramidale qui pompe l'énergie de la majorité au profit de la vision, des croyances, des buts d'une minorité. Certains choisissent de ne pas intervenir de façon particulière dans les apprentissages de leurs enfants, cela permet de rétablir un peu l'égalité que l'école compromet.

Tout le monde ne doit-il pas avoir les mêmes chances ?

Fredy Fadel : Pour moi, avoir les mêmes chances veut simplement dire : être considéré comme on est. Si on force tout le monde à entrer dans le même moule soi-disant pour avoir les mêmes chances, on introduit de la violence. Il est impossible d'appliquer la même solution pour tout le monde, la solution doit faire sens pour chacun, elle est diverse, variée, dépendante des circonstances. On a quinze ou vingt ans de vie en compagnie de nos enfants donc on agit ici et maintenant. On n'a pas à résoudre des problèmes impossibles, mais nos propres problèmes. Si tout le monde en faisait autant, ça aiderait la société toute entière, parce que les interactions entre les uns et les autres conduiraient à trouver des équilibres qui arrangent tout le monde.

Bernadette Nozarian : Tout le monde doit avoir les mêmes chances, mais ces mêmes chances ne signifient pas nécessairement entrer dans la même case. Un enfant lent en matière de lecture doit pouvoir prendre un an ou

---

51. Paru dans *Marie-Claire*, article de Catherine Castro, octobre 2014, www.etreetdevenir.com/CoupuresPresse-fr/Marie%20Claire.pdf.

52. www.cnesco.fr/fr/inegalites-sociales-et-migratoires-comment-lecole-les-amplifie.

plus pour apprendre à lire, pas un trimestre puis orthophonie à vie sous prétexte qu'il est nul, alors que ce n'était simplement pas son rythme.

FREDY FADEL : En France, le mot égalité est employé à toutes les sauces, on formule nos questions en fonction de ce mot qui ne veut pas dire grand-chose. C'est un mot-piège : en effet il est vain de chercher une égalité entre femmes et hommes, mais aussi entre hommes et hommes, entre médecins et médecins, entre coiffeurs et coiffeurs. Nous sommes tous différents et singuliers, la seule égalité valable pour moi est la reconnaissance de cette singularité. L'égalité serait établie si être ce qu'on est méritait considération, et ce pour tout le monde. Cette égalité-là est complètement détruite par la scolarisation qui perpétue des stéréotypes, « sciences dures plus nobles que sciences molles », « histoire plus importante que géographie », « français plus important que sport ». Pour moi, le sens spontanément acceptable d'égalité, c'est qu'on est ce qu'on est et ce qu'on est a de la valeur en soi, on n'a pas besoin d'être classifié. C'est simple mais ça ne peut pas être exprimé dans un système qui a comme but ultime de classer, trier et juger les gens.
Le sujet de l'égalité est traité en classe dans un but de propagande, la glorification de la république avec son triptyque liberté, égalité, fraternité qui n'est qu'un slogan. Si notre société répète *ad nauseam* ces slogans, c'est probablement parce qu'elle n'est pas égalitaire dans les faits, elle ne l'est qu'en théorie.

L'école sauve des enfants de la maltraitance

FRANÇOISE BALLAY[53] : Le désir d'apprendre, s'il est inné, est aussi soumis aux obstacles de la vie personnelle, observable ou inconsciente. De nombreux enfants n'ont pas toujours la liberté d'apprendre, grandir peut leur sembler plein de dangers, il n'est pas facile pour eux de surmonter et dépasser l'angoisse qui les submerge. Offrir une école, un lieu dégagé de celui de la famille est fondamental pour ces petits d'hommes que nous avons été, qu'ils sont et seront. Développons ensemble le bonheur d'apprendre.

FREDY FADEL : Effectivement, le désir d'apprendre est inné et est soumis aux obstacles de la vie personnelle : ces obstacles seront surmon-

53. Psycho-pédagogue.

tés dans la mesure où la personne a confiance en elle et sait qu'elle peut faire confiance à son entourage aussi. Ceux à qui manque cette confiance sont ceux qui sont scolarisés, ceux à qui manque l'expérience de la façon d'affronter ces obstacles, ceux qui sont dans une position d'être jugés constamment par un tiers sur des sujets arbitraires qui n'ont rien à avoir avec les obstacles en question.

Quand vous avez mal quelque part vous allez à l'hôpital, si c'est grave vous consentez d'y passer quelques jours, voire plus, mais vous n'accepteriez pas que sous prétexte qu'on peut être soigné à l'hôpital, on vous y installe pendant quinze ans, qu'on vous soigne un mal que vous n'avez pas ! Je veux bien que l'école soit un refuge pour certains, pour une minorité, un peu comme l'hôpital pourrait l'être pour celui qui a une maladie grave et incurable. Mais en tant que solution systématique partout et pour tous, je suis désolé, je n'arrive pas à l'imaginer. Oui, l'école peut être un refuge pour la personne qui a un entourage malsain et maltraitant, parce qu'elle représentera un environnement relativement meilleur. La question est : qu'est-ce qu'on veut éviter ? Est-ce possible ? Si oui l'école est-elle une voie ? Ou l'absence d'école est-elle forcément un risque ?

On ne peut pas exempter l'école des responsabilités qu'elle partage, en la présentant comme une solution aux problèmes de la société. En effet, pour la grande majorité des enfants qui pourraient avoir un environnement plus sain et équilibré, c'est-à-dire le leur, l'école représente un lieu qui note, qui classe, qui juge, qui crée à travers ses critères arbitraires des inégalités qui seront perpétuées plus tard par le reste de la société dans le cadre du travail et de la politique. L'école est le terreau qui fabrique des personnes ayant peu de motivation, peu de confiance et entraînées à se soumettre à l'autorité. Veut-on cela ? Le bonheur d'apprendre n'a pas besoin d'être développé ! Il suffit de cesser de l'entraver.

Spectateur : Dans mon quartier, il n'y a que des drogués, des prostituées. Heureusement pour leurs enfants que l'IEF[54] est illégale en Allemagne. *(Échanges à Berlin.)*

Fredy Fadel : La drogue et la prostitution sont issues de problèmes de société dont l'école est un élément. Pendant la prohibition aux États-Unis, la mafia avait une importance particulière à cause de lois inter-

54. L'instruction en famille.

disant l'alcool, lois pensées par des têtes qui sont allées à l'école et ont cru qu'elles pouvaient contrôler la population pour son bien.

CLAIRE DODÉ : Cette question est une question de protection de l'enfance. Un peu comme si vous placiez tous les enfants en foyer d'accueil juste parce que certains parents sont maltraitants. (Et soit dit en passant, dans votre quartier, il y a aussi vous.) Interdire quelque chose à tous parce que cela ne convient pas à quelques-uns, c'est comme si vous instauriez le couvre-feu parce que des personnes ont eu un accident après 22 h. Comme interdire à tous les parents d'aller à la piscine avec leurs enfants parce qu'il y a eu un accident d'enfant un jour, et n'autoriser la piscine aux enfants qu'en cadre scolaire. Comme interdire les déplacements en voiture ou à vélo parce que certains ont des accidents et n'autoriser que les transports collectifs. Évidemment, non, vous réfléchiriez à la façon de protéger ces personnes-là, sans pour autant restreindre trop la liberté des autres.

Qu'est-ce que cette foutaise, que les enfants souffrent à l'école !

BERNARD COLLOT[55] : Lors du ciné-rencontre à Blois, le prof de philo clamait ce que j'ai mille fois entendu de la part des enseignants, parfois des parents : « Mais qu'est-ce que c'est cette foutaise, que les enfants souffrent à l'école, à qui pouvez-vous faire croire cela ? » Il n'y a de « vraie » souffrance que celle qui se voit en emmenant la victime à l'hôpital ! Le reste n'est que « enfants en difficulté » dont la cause est ailleurs. La souffrance s'exprime peu quand on la subit puisqu'elle relèverait de l'anormalité, il vaut mieux la cacher. Si publiquement et pudiquement, peu de participants font état de leurs souvenirs d'écoliers, ensuite, dans les conversations d'après débat, cela remonte et c'est lourd, souvent poignant. Si pour ceux qui peuvent en parler il y a eu le phénomène de résilience cher à Cyrulnik, ils en restent marqués à vie et ne le savent qu'après. Puisqu'on ne la voit pas cette souffrance, qu'on ne cherche surtout pas si elle peut exister, son déni permet de continuer imperturbablement et de traiter, du haut des chaires, ces perturbateurs d'Éducation nationale d'affabulateurs.

55. Instituteur à l'Éducation nationale pendant 40 ans, il a mis en place une « école du 3e type ». Voir son blog `http://education3.canalblog.com` et ses livres sur l'école du 3e type.

Bernard Collot au St-André des arts

Pour un grand nombre, ce film et tout ce qui se fait par ailleurs hors des normes, est un danger pour l'Éducation nationale. Or, c'est être aveugle de ne pas voir que c'est l'Éducation nationale qui est un danger pour elle-même. C'est être aveugle de ne pas voir tous les parents, tous les enseignants (nous aurions pu parler aussi de leur souffrance) qui la quittent, qui voudraient la quitter, en désespoir de cause. C'est être aveugle que de ne pas voir le mouvement qui s'amplifie. La simple raison serait de s'interroger plutôt que de rester dans le déni, d'essayer de comprendre pourquoi, comment d'autres font autrement… et que ça marche ! Quelles en sont les conditions qui devraient, au nom du sacro-saint et parait-il très républicain principe d'égalité, être données d'une façon ou d'une autre à tout le monde[56].

Moi, j'ai adoré l'école !

Emmanuelle Garda : Initialement mon choix de non-scolarisation n'avait pas du tout été fait *contre l'école*, mais *pour* rester dans un continuum, celui que je vivais déjà avec ma fille puisque j'étais en congé parental (certains y verront un côté « fusionnel », évidemment, alors qu'il s'agissait simplement pour moi de respecter les besoins d'un enfant en bas âge). À l'époque, je n'avais en effet aucune réflexion sur l'école, pour moi c'était bien, l'école, je n'avais jamais pensé la remettre en cause. Et puis j'avais passé – je le pensais – une scolarité agréable, bonne élève,

56. Blois, Printemps de l'Éducation, « être et devenir », http://education3.canalblog.com/archives/2015/04/14/31892511.html.

j'avais bien aimé. Ce n'est que longtemps plus tard que j'ai réalisé les dégâts occasionnés, et encore, sans doute pas dans toute leur ampleur. En fait, je m'étais suradaptée.

Je pense que l'école m'a opprimée et a annihilé en partie qui j'étais, parce que je m'étais complètement suradaptée (en bonne victime consentante), et que j'avais renoncé à une partie de moi-même pour cela, ne devenant que ce qu'on attendait de moi (il y a aussi l'éducation que j'ai reçue, évidemment, mais l'école a bien joué son rôle et m'a surtout fait perdre un temps considérable, quand je vois le temps que j'aurais pu consacrer à ce qui m'aurait vraiment convenu). Il m'a fallu de nombreuses années, adulte, pour refaire le chemin vers moi-même. Je pense que beaucoup de gens sont dans le déni par rapport à ça, comme je l'ai été moi-même très longtemps, parce que cela fait sans doute trop mal de constater tout le temps perdu et les dégâts occasionnés. Ça peut être aussi un mécanisme proche du syndrome de Stockholm – ces victimes qui finissent par aimer leur bourreau. Les enfants qui ne s'adaptent pas à l'école, même si c'est difficile à vivre pour eux et leurs parents, ont probablement, malgré tout, une certaine chance, celle de ne pas avoir renoncé à eux-mêmes, et donc d'avoir su conserver leur intégrité.

Heureusement qu'il y a tant d'enseignants formidables !

Claudia Renau : Oui, la plupart des enseignants qui travaillent avec les enfants font un travail formidable. Face au caractère corrosif du système scolaire, ils sont des remparts, des digues qui protègent un peu les enfants. Eux-mêmes sont souvent fatigués par le rôle de trieurs, de gardiens, de gendarmes que l'institution leur fait jouer. Ils seraient tout autant gagnants que les enfants à ce que leur métier aille vers un plus grand respect des modalités d'apprentissage des enfants. D'ailleurs le succès des vidéos et du livre de Céline Alvarez témoigne de cette envie de travailler autrement[57].

Il existe tous types d'écoles !

Clara : Partout dans le monde se développent des centres d'apprentissage (où idéalement on pourrait aller apprendre à tout âge : des espaces

57. Voir https://www.celinealvarez.org et la vidéo sur https://lamaternelledesenfants.wordpress.com. Voir aussi p. 104.

de co-apprentissage au même titre que l'on a aujourd'hui des espaces de co-travail) et des écoles démocratiques, conscientes, bienveillantes et respectueuse du rythme de l'enfant. Pour le moment, elles sont souvent réservées à une élite, mais il existe toutes sortes de projets afin de les rendre accessibles au plus grand nombre. Nous sommes en lien avec le Printemps de l'éducation, avec l'École dynamique, l'École Démocratique de Paris, la Ferme des Enfants au Hameau des Buis ; des écoles Sudbury un peu partout organisent des projections afin de faire comprendre l'apprentissage naturel dans leur région. L'école du troisième type de Bernard Collot[58] est un lieu où se passait ce qu'on voit dans le film – mais dans une école de l'Éducation nationale, pendant trente-cinq ans : classe unique de 3 à 12 ans, pas de matières imposées, de cahier, de leçon, de programme, d'évaluation, d'horaire, d'emploi du temps... Dans ces écoles, pas de méthode applicable à tous. D'ailleurs, les innovateurs de l'éducation comme Freinet, Steiner, Montessori, étaient constamment en mouvement, en recherche. À leur mort, leurs travaux deviennent souvent des dogmes, des méthodes figées à suivre à la lettre pour tous les enfants.

Pourquoi pas plutôt développer la pédagogie Freinet ?

Cédric Serres[59] *:* Je travaille au-delà de Freinet. D'ailleurs Freinet lui-même ne souhaitait pas établir un dogme de ses pratiques mais que les enseignants soutiennent la puissance de vie des enfants, puissance de vie créatrice, c'est d'ailleurs extraordinaire dans votre film de voir les qualités créatrices des enfants que vous avez filmés.

Bernard Collot : La pédagogie Freinet (PF) a notablement régressé dans ses pratiques. La portée révolutionnaire qu'elle avait a disparu. Ce qu'on appelle la PF a été la résultante d'un incroyable mouvement, de tâtonnements d'instituteurs échangeant sans cesse. Le génie de Freinet a été surtout son talent de dynamiseur et de synthétiseur. À sa mort, plus d'adoubeur ! Plus de père ! Tout ce qui ne se référait pas strictement à ses écrits était ignoré, marginalisé voire excommunié ! D'autre

58. Voir http://education3.canalblog.com et *Chroniques d'une école du 3e type*, Éditions l'Instant Présent.

59. Professeur des écoles, pédagogie coopérative.

part la PF et l'institution qui la porte (l'ICEM) est plus ou moins reconnue (d'où subventions...). La contrepartie c'est la conformité.
Le moteur qui avait fait la PF, c'était la recherche inlassable des praticiens, la remise en question permanente, pas l'application de méthodes clés en mains. C'était aussi le risque et l'audace d'aller à l'encontre de l'institution, de la hiérarchie.

Le grand oubli et la grande erreur de la PF, cela a été la non-prise en considération des parents en dehors de vouloir les convaincre. Freinet et ses compagnons ont voulu faire l'école du peuple, pour le peuple mais sans le peuple !

Annelle Ingrand écrit en 1969 : « Freinet a remarquablement analysé les aberrations de l'enseignement et il s'est efforcé de "remettre l'enfant dans la vie". Mais c'est une démarche artificielle que celle qui consiste à recréer une vie à l'école, puisque c'est l'école qui cause ce phénomène de sclérose. De même qu'on peut toujours se donner bonne conscience en "animant" des asiles de vieillards qui ne devraient pas exister du tout ou en constituant des "réserves naturelles" dans une nature qu'on continuera à polluer sans remords. »

« J'étais réticent, mais… » - Parcours de Peter Gray

Mon fils le rebelle

PETER GRAY : J'ai commencé à m'impliquer dans l'auto-apprentissage en tant que parent. Mon fils se rebellait – c'était il y a très longtemps – se rebellait sans cesse à l'école, il était très clair qu'il n'allait pas céder, il allait continuer. Il a continué de la maternelle au CM1.

Finalement au CM1, on a dit : « Il a gagné, nous allons trouver autre chose » et nous avons trouvé l'école Sudbury Valley, une école où il y a du personnel adulte mais où ils ne se disent pas profs. En fait, les enfants les emploient – et les renvoient ! Les enfants ont de 4 ans à la fin du lycée.

C'est là qu'est allé mon fils après le CM1. J'étais *intéressé*… Comme on voit dans le film, parfois la maman accepte un peu mieux l'idée selon laquelle si l'enfant est heureux, les choses vont bien se passer. Le papa est parfois un peu plus inquiet de savoir s'il va devoir subvenir aux besoins de cet enfant pour le restant de ses jours *(il rit)* ; va-t-il pouvoir obtenir un emploi ? Etc. Je me suis intéressé à cette question : certes il est vraiment heureux et il a l'air d'apprendre beaucoup, mais va-t-il être capable d'aller de l'avant sans une éducation standardisée, sa vie ne sera-t-elle pas limitée ? Sera-t-il nécessairement un artiste ou un musicien ?! *(Il rit.)*

J'ai fait une recherche sur les diplômés de cette école, vraiment convaincante pour moi. Voilà des enfants dont certains n'avaient jamais fait quoi que ce soit qui ressemble à l'école, et qui, s'ils voulaient aller à l'université, ne semblaient pas avoir de difficulté pour bien s'en sortir. Ils semblaient se diriger vers tout type de carrière qui les intéressait. Il ne semblait y avoir aucun métier valorisé dans notre culture qui ne soit pas choisi par certains des diplômés de ce programme d'auto-éducation.

De surprise en surprise… des écoles démocratiques au *unschooling*

Cela m'a mené à continuer à faire des recherches sur la façon dont les enfants apprennent dans ce cadre. Mais d'abord, j'étais vraiment concentré sur l'éducation auto-dirigée dans le contexte d'une école, pas une école comme on l'imagine habituellement, mais une communauté où il y a plein d'enfants en train de faire des choses différentes, avec des groupes d'âges variés. Et j'ai commencé à chercher comment l'apprentissage a lieu dans ce contexte, tout en étant invité à parler dans des conférences de *unschooling*. Et de la même manière que j'avais commencé avec scepticisme avec Sudbury Valley, j'ai commencé avec scepticisme avec le *unschooling*. « Ça marche à Sudbury Valley, qui est un cadre avec toutes ces opportunités d'apprentissage et des groupes d'âge variés, et les petits apprennent des grands, etc. Mais comment cela pourrait-il marcher à la maison ? »

Je donnais ces conférences dans les colloques de *unschooling* où je rencontrais plein de gamins, toute la famille venait. J'étais impressionné car les enfants me rappelaient beaucoup les enfants de Sudbury. C'était clairement des enfants, ils savaient jouer, mais ils savaient aussi socialiser, interagir. Souvent, ces conférences avaient lieu dans des hôtels, ils courraient dans tous les sens mais ils savaient courir d'une manière qui ne dérangeait pas les gens. Ils étaient plus respectueux que l'on imaginerait que seraient des enfants de leur âge. Il y a cet à priori selon lequel les *homeschoolers* seraient maladroits socialement parce qu'ils ne rencontrent pas beaucoup d'autres enfants. Je n'ai pas trouvé cela vrai du tout. Cela m'a conduit à m'intéresser au *unschooling*.

Avec Peter Gray au cinéma du Parc, Montréal

J'ai pris un long chemin pour arriver au sujet de « l'Alliance for Self-Directed Education » (www.self-directed.org). Au fait, nous l'appelons « Self Directed Education » plutôt que « Self Directed Learning », je sais qu'il y a une controverse. Certains dans le mouvement du *unschooling* aimeraient se débarrasser du mot éducation parce qu'il est associé à la scolarité. Il est associé à ce qu'on visualise comme du sommet vers la base, quelque chose qui est fait aux enfants plutôt que quelque chose que les enfants font pour eux-mêmes. Mais nous avons décidé de vraiment reconnaître le terme éducation. Il a réellement une connotation différente de l'*apprentissage*. L'éducation est uniquement humaine. Les amibes peuvent apprendre. N'importe quel type d'animal peut apprendre. Mais nous sommes l'animal éduqué. Nous sommes l'animal qui dépend de notre culture. Les autres animaux doivent s'entraîner et apprendre les choses que les animaux apprennent. Mais nous devons apprendre ce que nos ancêtres faisaient pour survivre en tant qu'êtres humains. Concernant le langage : nous n'inventons pas le langage, nous l'apprenons et il est transmis de génération en génération. Et c'est vrai de tant d'autres choses, les outils que nous utilisons, les croyances que nous avons. Nous avons besoin d'un certain nombre de croyances communes et partagées afin de bien nous entendre. Voilà ce qui fait que nous sommes humains : l'éducation, la transmission culturelle ; acquérir de la génération précédente, regarder derrière l'épaule des générations antérieures, acquérir le bon et le mauvais. Et nous construisons à partir de là.

Tout au long de l'histoire humaine, il y a eu éducation, nous avons toujours été l'animal éduqué. Alors que l'école est très nouvelle. Les écoles sont arrivées, sans avoir comme but l'éducation – telle que nous la définissons comme transmission culturelle – mais l'entraînement à l'obéissance et l'endoctrinement. Très clairement, très ouvertement. Les personnes qui ont développé les premières écoles étaient très claires : le but de l'école était de réprimer la volonté de l'enfant, de le rendre obéissant et de l'endoctriner, d'abord dans les croyances de la religion protestante, parce que les premières écoles obligatoires étaient toutes des écoles religieuses. Puis, quand les religions ont commencé à perdre leur pouvoir et que les États ont commencé à en gagner et ont pris le contrôle des écoles, elles existaient toujours pour la même raison : fabriquer des citoyens obéissants. Les fascistes en particulier aiment les écoles, parce que si tu peux contrôler les cerveaux des enfants, tu peux contrôler la population.

Donc nous voulons garder le mot éducation. Nous voulons normaliser l'éducation auto-dirigée. « Nous faisons l'éducation auto-dirigée », tout comme certains disent : « Nous pratiquons l'éducation Montessori. » Et je pense qu'une fois qu'elle sera normalisée, une fois que ce sera ainsi : « O.K., c'est quelque chose que les gens font ! », alors je pense que cela deviendra beaucoup moins difficile de le faire. Il y aura moins à faire face au jugement et aux critiques des autres ; car souvent les propres parents des parents ont l'impression qu'ils détruisent leurs petits-enfants en ne les scolarisant pas ; ils subissent le jugement de leurs voisins ; et bien sûr le jugement de leurs propres voix intérieures, parce qu'ils sont tous allés à l'école.

ENTHOUSIASMES

Pourquoi ce choix d'apprentissage autonome devient-il une évidence ? Quel effet a-t-il sur les enfants, sur les adultes, qu'ils soient parents ou pas ? Pensant faire un film sur l'apprentissage, donc sur les enfants, à priori... je suis allée de surprise en surprise, car bien sûr, l'apprentissage continue toute la vie, et la portée des témoignages que nous avions filmés allait bien au-delà des enfants, des parents et des éducateurs. Chez les spectateurs, de jeunes adultes ou des personnes d'âge mûr nous confiaient leur réflexion sur leur vie, leur quête d'identité, leur cheminement.

Qu'est-ce que cela apporte aux enfants ? À travers vos expériences et les récits d'autres familles, qu'avez-vous observé ?

Clara : Une grande confiance en eux, et une grande connaissance d'eux-mêmes. On apprend bien mieux lorsqu'on est prêt pour un apprentissage. Quand l'enfant pose une question, la réponse qu'on va lui donner s'insèrera directement dans l'édifice qu'il construit. Il ne l'oublie pas.

L'apprentissage vient de l'enfant. Il est moteur dans son apprentissage. Il n'apprend pas pour avoir une récompense, ou pour plaire au prof ou être premier de la classe, il apprend pour lui. Ses connaissances sont approfondies parce que motivées. Il dispose de son temps pour se consacrer à ce qui l'intéresse et dont il fera vraisemblablement un métier. Il devient un spécialiste à un plus jeune âge, et en plus, il fait ce qu'il aime faire. C'est cette capacité d'être responsables de leur instruction, d'être motivés, curieux, autonomes, de savoir travailler tout seuls, qui est accueillie à bras ouverts par les universités américaines.

Quel est le point commun chez les enfants que vous avez rencontrés ?

Clara : J'ai été littéralement éblouie par tous les enfants que j'ai croisés pour ce documentaire. Ce sont des êtres solaires, qui rayonnent. De vrais enfants, quoi ! Ils sont sereins, joyeux et curieux. Ils abordent le monde et les gens avec intérêt et bienveillance. J'ai été aussi frappée par leur relation avec les adultes : ces enfants n'ont pas d'attitude de soumission face au plus grand, mais un regard franc, d'appel au partage[60]. On constate que le fait de fréquenter des gens de tous les âges permet aux enfants d'avoir une conversation d'égal à égal avec les adultes, puisqu'ils ne connaissent pas le rapport de hiérarchie professeurs / élèves. Ils semblent ainsi plus à l'aise, mieux dans leur peau[61].

Édouard Ballot[62] *:* Vous avez rencontré des dizaines de familles lors de votre enquête. Quel est ou quels sont les traits qui ressortent chez tous les enfants non scolarisés ? (*Nexus*)

Clara : Il est dérangeant de généraliser. Et pourtant, il y a effectivement des points de convergence : ce sont des enfants qui semblent heureux, qui ont confiance en eux, intéressants et intéressés. En parlant avec eux, on peut facilement oublier que l'on parle avec un enfant, car ils n'ont pas nécessairement appris à faire cette séparation avec l'autre camp, celui des adultes. Leurs amitiés se développent en fonction des affinités et non par tranches d'âge. Leur rapport à l'adulte est direct, franc, sans peur ni distance[62].

Des gens debout !

Bernadette Nozarian : La vraie richesse des familles non-sco, c'est leur liberté intérieure qui leur donne la force de choisir leur vie et de la vivre, quel qu'en soit le prix matériel à payer. Parfois ce qui dérange le plus dans la non-sco, c'est de voir des gens debout. Des enfants à qui il n'a pas été appris à baisser leur regard. Pour cela, nul besoin de diplômes, de livres, de hauts revenus. La confiance en soi, le libre-arbitre, auxquels il est fait allusion dès le début du film, suffisent.

Marylou : Je me permets de partager avec vous une petite anecdote au sujet d'une phrase de Bernadette que tu cites, Clara : « Des enfants à qui il n'a pas été appris à baisser leur regard. » Nos enfants n'ont

60. Paru dans *Bubble mag*, article de Aude Chabrier, www.etreetdevenir.com/CoupuresPresse-fr/BUBBLEMAG.pdf.

61. Paru dans *Version Femina*, article de Cyril Cournoyer, www.etreetdevenir.com/CoupuresPresse-fr/VERSION%20FEMINA.FR.pdf.

62. Paru dans *Nexus*, article d'Édouard Ballot, www.etreetdevenir.com/CoupuresPresse-fr/Nexus.pdf.

jamais été scolarisés et je me suis déjà fait plusieurs fois la remarque qu'ils n'avaient aucune « crainte » de l'adulte, ils se considèrent sur un pied d'égalité avec eux, ce que je trouve formidable. Mais une anecdote précise m'a fait remarquer (et grandement apprécier !) cela en particulier : Julia, ma fille, avait environ 5 ans et une tante de mon mari était venue se laver les mains dans la salle de bain alors que ma puce était aux toilettes (dans la même pièce donc) et ma fille s'est écrié : « Eh !!! On rentre pas quand quelqu'un est aux toilettes ! » La tante a répondu : « Promis je ne te regarde pas », mais ma fille ne voulait rien savoir et lui a demandé de sortir. La tante a fini par accepter et est venue nous trouver dans le salon en nous disant que notre fille était « bien mal élevée, qu'elle se prenait pour une princesse et que si elle avait été à l'école elle n'aurait pas pris l'habitude de faire tant de manières puisque les toilettes n'étaient pas cloisonnées et que les maîtresses et assistantes maternelles restaient dans la pièce, ainsi que tous les petits camarades, et que donc bien sûr notre fille allait avoir des problèmes avec l'autorité »...

Ça nous a fait prendre conscience en effet à quel point les enfants étaient peu respectés sur plein de points tels que leur intimité à l'école... Et que c'était devenu tellement normal pour les adultes, que les enfants étaient jugés comme étant « mal élevés » s'ils osaient la revendiquer !
Donc oui, nos enfants n'ont pas l'habitude de se plier aux *desiderata* des adultes qui peuvent être parfois tellement injustes... Et je pense que ça en dérange beaucoup, ça doit être un mix d'envie, de jalousie, et d'ordre établi immuable...

Soline Lucas : Dans le même esprit décloisonnement enfant-adulte, j'ai vu Joachim (5 ans) et il y a peu de temps Eylo (5 ans) se faire engueuler par des enfants plus grands qu'eux, leur disant qu'ils n'étaient pas des adultes et n'avaient pas le droit de s'adresser à eux de cette façon ! L'un et l'autre avaient revendiqué leurs droits fermement et posément, et Joachim en utilisant « les enfants » pour s'adresser aux « grands » qui vraiment le prenaient très mal qu'un plus petit les appelle des enfants.

Sylvia Canals[63] *:* Un petit souvenir : première inspection de notre grande (11 ans et demi), juste après le passage de la loi imposant les contrôles... L'inspecteur la tutoyait, alors elle l'a tutoyé aussi, habituée à des rapports

63. Mère de quatre enfants de 21 à 28 ans non-scolarisés.

sur un pied d'égalité... Petit sursaut de surprise de l'inspecteur, mais il n'a rien dit. Je crois qu'il était un peu sous le charme devant tant de naturel...

Apprendre... en vivant, partout et tout le temps ?!

Fredy Fadel : En vivant on apprend à marcher, parler, manger, lire, écrire, jouer, s'amuser, aider, reconnaitre, se débrouiller mais aussi à mentir, tricher, humilier, comparer, juger, culpabiliser, ou encore motiver, encourager, sourire, râler, surveiller, punir… Tout simplement parce que c'est comme ça, les humains apprennent, les chats apprennent, les vers de terre apprennent, les plantes et les arbres apprennent. Apprendre, c'est s'adapter à son environnement, c'est imiter ses semblables, c'est aussi essayer, échouer, réessayer, éventuellement abandonner ou continuer et réussir. On apprend dans la ville, à la campagne, au cinéma, en jouant avec ses voisins, en passant un moment seul à imaginer un autre monde. Il n'y a pas de lieu, de temps, de méthode pour apprendre. Si les sources de motivation sont externes, je ne parlerai pas d'apprentissage mais de manipulation. Oui on apprend partout, même à l'école ! Mais est-ce une raison pour accaparer systématiquement entre dix et vingt ans de la vie d'une personne ? Est-ce que la personne et la société ne gagneraient pas à laisser chacun choisir son sujet, son moment, sa motivation pour l'apprentissage ? Oui je suis allé à l'école, mais j'ai perdu mon temps, l'essentiel de ce qui me sert dans mon métier au quotidien je l'ai appris malgré l'école, l'essentiel de ce qui me sert en tant que compétence sociale je l'ai appris malgré l'école, en dehors de l'école. L'espace et le temps, l'ambiance de la classe qui est infligée à des millions de gens tous les jours, c'est du gâchis. On apprend beaucoup plus avec plaisir et spontanéité. On apprend beaucoup plus en une heure (une heure qu'on a choisie) au Palais de la découverte que durant des années de classe ; en lisant l'auteur qu'on a choisi, avec un jeu vidéo, un film, une série, en passant du temps à jouer, apprécier, rire et pleurer avec le créateur, le réalisateur et les acteurs, que pendant des années de classe.

Mais alors, tous les espaces sont éducatifs ?

Bernard Collot : Tous les espaces sont, qu'on le veuille ou non, éducatifs dans les interactions et les interrelations qu'ils permettent. Il suffit de les enrichir, que les adultes y aient d'autres comportements, d'autres regards sur les enfants, et les formidables potentialités y compris sociales des enfants n'étonneront plus personne, et on se rapprochera de la société sans école d'Illich.

Dans l'immédiat, ce qui existe déjà, ce sont les écoles, qui sont à transformer radicalement. Qu'est-ce qui s'y oppose ? On ne peut même pas se servir de l'argument des moyens ! Certes, il y a l'État et la société qu'il sert, libérale, capitaliste, sociale-libérale, sociale-démocrate… communiste (l'école en URSS était rigoureusement semblable à notre école capitaliste !) Mais il y a surtout le poids des représentations, des habitus dont il faut se défaire. Ce film peut y aider. Il ne doit pas faire que rêver[64].

Quels seraient les avantages du multi-âge ?

Ramïn Farhangi : On a brisé les communautés et on est passés en mode famille nucléaire. En termes d'apprentissage, ça affecte beaucoup. Au lieu d'être au contact de tous les âges en permanence, on a un frère ou une sœur et des parents, et on va à l'école pendant laquelle on est avec des gens que de notre âge. C'est quasi socialement interdit de devenir ami avec des personnes qui ont trois-quatre ans de plus ou de moins, alors que dans une école Sudbury j'ai vu un enfant de 5 ans et un jeune de 14 ans qui avaient une amitié authentique, ils aimaient passer du temps ensemble et à travers ce partage, évidemment qu'il se passe des choses énormes. Le jeune de 14 ans développe tout naturellement son empathie, sa patience, sa générosité, l'enfant de 5 ans apprend évidemment plein de choses d'un jeune qui est plus proche de lui en âge donc qui arrive à mieux communiquer avec lui qu'un adulte qui a oublié ce que c'est que d'avoir 5 ans.

Claudia Renau : Bernard Collot explique aussi qu'on apprend vraiment quelque chose quand on a à l'expliquer à quelqu'un d'autre. Dans les classes multi-âge – tout comme dans la vie hors école –, c'est très utile pour l'apprentissage du plus grand d'être en contact avec des plus jeunes – en plus du plaisir d'avoir des amis de tous âges.

64. « Être et devenir » : Pourquoi ces familles, ces enfants… et pas les autres ?! http://education3.canalblog.com/archives/2014/10/02/30691163.html.

Les enfants « différents » ne sont plus stigmatisés, c'est un changement de perspective !

Spectatrice : Concernant les troubles d'apprentissage ou les troubles du comportement, est-ce que vous en avez rencontré qui gèrent ça ?

Thierry Pardo : Une grande partie des gens qui font l'instruction en famille en général n'y avaient pas pensé du tout. Ils ont mis leurs enfants à l'école et puis au bout d'un moment, ça ne marche pas, et quand ça fait quatre mois que ton gamin est accroché au pied du lit et qu'il ne veut pas le prendre, le bus jaune, tu cherches des alternatives et puis tu finis par tomber sur ça. Beaucoup d'enfants ne « fonctionnent » pas dans le système, et notamment, soit avec des degrés d'autisme, soit avec des degrés de troubles de… Enfin, soyons clairs sur ces diagnostics, c'est… : il y a un gros cahier américain qui donne le ton au monde entier là-dessus, et le nombre de troubles, qui ne sont pas des maladies mais des troubles, a été multiplié par quatre en quarante ans. Le nombre de critères a changé : avant, sur dix critères, il fallait en avoir huit pour être diagnostiqué, et aujourd'hui il faut en avoir six. Ils arrivent à se créer des marchés – parce qu'après ils médicamentent tout ça – en une nuit, il suffit qu'ils baissent un critère et tout d'un coup il y a un million et demi de personnes atteintes du trouble. Ils ne l'avaient pas hier soir mais en se réveillant ce matin-là, ils l'ont. Donc il faut faire attention. Néanmoins, il y a beaucoup d'enfants atypiques qui sont dans les groupes, les amis de mes enfants, avec des forces, des faiblesses qui ne sont pas classiques.

Nous, on fonctionne avec ça. Je pensais à un exemple. Comme on est des parents séparés depuis pas longtemps, je m'étais réinstallé. On n'avait pas de jeux, l'automne approchait, les journées commençaient à être courtes, alors les enfants ont dit : « On va inventer un jeu. » On a inventé un jeu qui s'appelle le « Monstréal » – qui fonctionne ! On est en discussion avec des maisons d'édition ! Un des amis de mes enfants est un autiste brillant, qui adore ce genre de jeu aussi, et du coup on savait que s'il y avait une faille dans les règles, ça lui prendrait huit secondes pour la trouver. Donc on lui avait envoyé les règles la veille, il est arrivé, il les connaissait par cœur, et effectivement il a dit : là ça ne marche pas, là il y a une incohérence, etc. Donc ce n'est pas du tout pris comme un problème, une faiblesse ou quoi que ce soit…

Quel respect de l'enfant !

Etty Buzyn[65] : Je dois dire que ce qui me frappe, c'est un mot qui n'a pas été prononcé, le mot respect. Je trouve qu'il y a un respect de l'enfant, un respect de ses potentialités, qui existent dans chaque enfant, et qui sont très très vite étouffées et disparaissent, au profit d'un stéréotype, c'est ça le problème, c'est le stéréotype. Puisque tous les individus, maintenant, passent par les mêmes canaux, les mêmes enseignements, les mêmes codes, ce qui appauvrit éminemment et beaucoup la société, en général. J'ai une de mes filles qui est là et qui, dans l'enseignement qu'elle a reçu, qui était assez classique, faisait parfois l'école buissonnière. Et un jour (elle avait, je crois, 8 ans), elle m'a dit : « Je ne vois pas l'intérêt qu'il y a à apprendre ce que tout le monde sait déjà. »

Avec Etty Buzyn au St-André des arts

Alors ce que je voulais ajouter, c'est que je reçois beaucoup d'enfants en souffrance, et vraiment beaucoup d'enfants déprimés, ou alors agressifs – c'est encore ce qu'il y a de mieux, finalement, qu'ils soient agressifs, parce qu'il y a encore de la vie en eux. Quand ils sont déprimés c'est plus difficile, plus compliqué. Et je suis connue pour ça. Mais le problème, c'est qu'en dehors de ce que vous proposez, il n'y a pas tellement de solutions. Ça n'est pas ce que les gens osent choisir.

65. Psychologue et psychanalyste. Auteure de *Papa, Maman, laissez-moi le temps de rêver*, Albin Michel.

Je pense que ce n'est même pas très connu. En tout cas en France. Et voilà, ce film en tous les cas apporte des solutions.

J'ai plein de questions pratiques !

Un enfant peut-il passer au *unschooling* à tout âge ?

Clara : Si l'on sent que son enfant n'est pas bien à l'école, que cela ne lui correspond pas, on peut lui proposer l'apprentissage informel hors école, quel que soit son âge. Il y a une période de transition : c'est difficile de se prendre soudain en main lorsqu'on a organisé vos journées pendant des années, qu'on vous a dit quoi faire et à quelle heure. C'est très anxiogène pour les parents de voir leur enfant perdu. Mais finalement, le naturel revient au galop. C'est tellement humain d'aller à la recherche de connaissances[66] !

Tous les enfants peuvent-ils être heureux dans le *unschooling* ?

Clara : Pour moi, l'apprentissage autonome, c'est apprendre comme on le souhaite. Si l'on y pense, à l'échelle de l'histoire de l'humanité, l'école est un phénomène très récent. On apprend depuis toujours en étant dans la vraie vie, avec des personnes de tous âges. Dans la pratique, il y a des facteurs à prendre en compte, comme l'ambiance, les conditions de vie[66]...

Comment savoir si ce qu'on fait rend notre enfant heureux ?

Clara : Heureux – pour moi ! –, c'est faire ce qu'on aime, entouré de personnes avec qui on est dans une relation de confiance et de respect. À partir du moment où l'on n'est pas détourné de ce qu'on aime faire, interrompu, où l'on ne désapprend pas à écouter notre voix intérieure et à suivre notre auto-motivation de faire et d'apprendre ; à partir du moment où l'on n'assimile pas les valeurs de compétition, comparaison, nécessaire hiérarchie, jugement de l'autre… on a beaucoup de veine ! Et on a de grandes chances de pouvoir être soi, de savoir s'écouter, d'être heureux.

---

66. Paru dans *FemininBio*, article de Claire Sejournet, www.femininbio.com/agir-green/conseils-astuces/clara-bellar-l-apprentissage-autonome-c-est-apprendre-on-souhaite-80536.

SPECTATEUR : Ce film m'a fait réfléchir sur ma propre place dans la société et mon propre chemin en tant qu'adulte. Comment donner toutes ses chances à l'enfant ?

CLARA : En le laissant faire les choix pour lui-même à chaque fois que c'est possible et dès son plus jeune âge. En s'écoutant plus. En se fichant des pressions de la société.

En ne volant pas le bien le plus précieux de l'enfant, sa confiance en lui ; en n'ayant pas un regard ironique sur lui, mais juste en l'observant, avec calme et bienveillance. André Stern parle ainsi de ce qu'il nomme l'Écologie de l'enfance : « C'est être dans la vie commune, dans la curiosité, ensemble. Dans l'observation. Dans la curiosité pour le prochain pas, et non le désir d'introduire le prochain pas[67]. » Il nous est difficile de remettre l'éducation telle que nous la connaissons en question, nous-mêmes avons été conditionnés.

Nous avons besoin de réapprendre que ce n'est pas le fait de consommer qui nous rend heureux. Mais le fait de faire ce que nous aimons, entourés de personnes que nous apprécions et avec qui nous partageons confiance et respect. Si ces éléments sont présents, il y aura de l'écoute, une grande liberté, et l'enfant sera en mesure de s'épanouir. Dans chaque famille et même pour chaque enfant dans chaque famille, les apprentissages prendront une forme différente. Ce ne sera pas quelque chose de figé, mais de constamment évolutif.

Que deviennent les enfants qui apprennent librement ?

BERNADETTE NOZARIAN : Ils font comme tous les autres, et les enseignants remarquent leur esprit collaboratif, leur esprit de groupe, leur responsabilisation, leur autonomie dans leur travail. Les études nord-amé-

67. Entretien avec Édith Chabot, https://journaljose.blogspot.com/2012/09/interview-exclusive-avec-andre-stern.html.

ricaines qui ont été faites sur les jeunes non-sco devenus adultes montrent qu'aucun ne vit des aides sociales, et qu'ils font tous un métier qui leur plait, que ce soit un métier qui requiert de longues études ou pas[68].

Clara : Et pour ceux qui *choisissent* les études, ce qu'explique Joyce Reed (qui travaille maintenant dans l'aide à l'orientation des jeunes qui veulent aller à l'université[69]), c'est que si les non-sco sont accueillis à bras ouverts et sont généralement brillants dans leurs études supérieures, c'est parce qu'ils sont là car ils l'ont voulu – et non parce que c'était la dernière étape d'un parcours scolaire sans faute.

Peut-on faire ce choix sans qu'en découle une réflexion plus globale ?

Carla Ferro[70] : Quand tu fais un tel choix, il ne s'agit pas de l'éducation de tes enfants, il s'agit de ta manière d'être dans le monde, de vivre. C'est transformateur de tous les côtés. Ce sont des logiques tellement distinctes. Tu ne peux pas avoir une vie scolarisée – car ce ne sont pas juste les enfants à l'école qui le sont, on l'est aussi au travail, dans nos rapports avec nos voisins, avec la communauté… – et retirer ton enfant de l'école. Lui aura un problème, et toi aussi. Quand ce choix est une vraie décision – ou plutôt une nécessité – d'être dans le monde d'une autre manière, toutes les formes créatives que l'on rencontre pour apprendre, on les rencontre pour faire tout le reste aussi. Pour travailler, pour se relier, pour notre santé, notre sécurité. Cette créativité, ces possibilités énormes surgissent aussi et tu te rends compte que tu ne peux pas le faire tout seul. Les personnes forment des réseaux dans tout le Brésil, d'abord pour s'occuper des enfants, puis des autres besoins sociaux, des espaces. C'est une réalité qui existe déjà et cohabite avec cette autre réalité du scolaire, du scolarisé, de la vie qu'on voit encore comme conventionnelle.

Clara : Oui, chez toutes les familles que j'ai rencontrées, c'est un choix de vie global. C'est étonnant de voir en commun une conscience éco-

68. Par exemple, les études de Peter Gray, voir p. 132.

69. http://collegegoals.com.

70. Chercheuse en éthique, politique et éducation au Brésil.

logique. Mais finalement, c'est normal que si on se pose des questions sur le respect des enfants, on s'en pose aussi sur le respect des animaux, de la planète. Même sans être végétarien, on n'achètera pas de la viande de batterie, on se posera ces questions-là, on va penser à tous les êtres vivants et à la planète.

Et bien sûr c'est : combien d'argent entre chaque mois, de quoi ai-je réellement besoin, c'est ne pas être consommateur, planter ses légumes même en ville dans un jardin communautaire par exemple…

Rubens Monteiro : Quand on parle d'école, on parle en termes de format. Suivre un format. Ce que j'ai perçu dans le film, c'est qu'il n'y a pas de format. C'est effrayant pour nous, qui avons appris à vivre selon un format, de le voir disparaître.

Pour ce qui est de la question financière, je pense que c'est une option de vie. Quand tu vois des personnes qui s'approchent de la retraite, elles vont aussi gagner moins d'argent, elles commencent aussi à avoir plus de temps. Elles commencent à inventer, à réinventer leur vie. Et je connais des personnes plus âgées qui sont beaucoup plus heureuses aujourd'hui qu'elles ne l'étaient avant, parce qu'elles ont réinventé leur vie. Ça peut être à n'importe quel moment, c'est une question de choix. Je connais des personnes qui attendent d'être retraitées pour faire ce qu'elles ont vraiment envie de faire. C'est une option qu'on peut choisir à n'importe quel moment. On voit ici des enfants. Mais moi, il y a quelques années, j'ai pris la décision de ne plus attendre. Et les choses se sont améliorées. J'ai plus de temps, donc j'ai eu plus de temps pour penser, pour créer, et les choses se sont améliorées, mais seulement après que j'ai pris une décision difficile. Ce qui est difficile, c'est de se dé-formater.

QU'EST-CE QUI REND CE CHOIX CONCRÈTEMENT POSSIBLE ?

C'est un choix qui n'a pas l'air accessible à toutes les familles... Comment les familles s'organisent-elles pour l'argent ?

Bernard Collot : Il serait stupide de nier que les familles dont on peut voir les témoignages sont privilégiées, au moins par leur niveau culturel et leurs visions philosophiques de la vie. Mais il serait tout aussi stupide de nier que la disponibilité dont elles se dotent est un choix dont elles assument les conséquences matérielles et financières. Ce qui, bien sûr, est quand même une possibilité que l'immense majorité des familles ne peut avoir.

Quelles que soient leurs situations sociales, ces familles ne sont pas dans la recherche du profit, dans la logique de l'économie libérale ou capitaliste et le vivent bien. En ce sens et bien que ce n'était manifestement pas son objectif, le film a aussi une portée que l'on pourrait qualifier de politique. Pourquoi la société n'irait-elle pas vers une autre conception du travail, de son temps, de son organisation et de son partage, des revenus… ? Il n'y a pas que l'éducation des enfants qui en serait bénéficiaire. C'est bien parce que ces familles ont pu adopter un autre mode de vie, que l'éducation – ou si vous voulez, les apprentissages – ont pu devenir naturels et faciles. On peut dire aussi réciproquement que c'est parce qu'elles ont voulu donner à leurs enfants les conditions de leurs constructions qu'elles se sont engagées dans un autre mode de vie… et en bénéficient. Il est impossible d'isoler ou de séparer les problèmes sociétaux, et dans ceux-ci les enfants sont centraux… comme dans toute espèce animale.

Évidemment, l'intérêt de *Être et devenir* réside surtout dans la façon dont se construisent les apprentissages : l'informel qui paraît encore une élucubration non fondée et dangereuse pour l'immense majorité. Je connais peu de documents réalisés qui démontrent à ce point ce que nous sommes nombreux à défendre et quelques-uns à mettre en œuvre professionnellement hors de la famille. Il est bien difficile de mettre en doute la réalité de ce que l'on voit[71].

71. « Être et devenir » : Pourquoi ces familles, ces enfants… et pas les autres ?! http://education3.canalblog.com/archives/2014/10/02/30691163.html.

Faut-il un certain capital pour choisir cette voie ?

Ali : En fait ce qui me pose question et que je n'ai pas vu dans le film, c'est : certains témoins ont dit que c'était accessible à toutes les familles, mais j'ai du mal à être convaincu…

Bernadette Nozarian : Bien souvent le capital financier n'est pas très important parce qu'il y a un choix qui est fait. Ça a été clairement dit dans le film. C'est-à-dire que soit un parent travaille et l'autre arrête (et ça peut être évolutif), soit les deux travaillent à mi-temps, soit ce sont des petits boulots, il y a toutes les combinaisons possibles et imaginables. Pour un parent en couple, si le conjoint dispose d'un revenu, c'est jouable. En solo, c'est plus acrobatique, mais possible. Le sens de l'indispensable et du superflu, l'esprit de débrouille et la solidarité de l'entourage sont alors primordiaux. Au final, les parents non-sco, solo de surcroît, réinventent souvent leur vie. Mais de toute façon, ce n'est pas un choix de vie compatible avec la notion de carriérisme. Ça il faut que ce soit bien clair. Donc c'est un choix de vie qui implique des revenus moindres, et, par exemple, une seule voiture ou pas de voiture, moins de vacances, beaucoup de choses matérielles superflues sont éliminées.

Concernant le capital intellectuel, il y a effectivement des gens qui ont une base, mais il y en a aussi plein d'autres qui n'ont pas cette base et qui découvrent avec les enfants. Par exemple, je pense à plusieurs familles que je connais en région parisienne, une famille où la maman est tunisienne et le papa égyptien, ils découvrent avec les enfants. Le papa parle très mal français, la confiance est remise en question tous les jours. Quand la famille reçoit une convocation pour le contrôle, je peux vous assurer qu'il y a des poussées d'adrénaline. L'année dernière, j'ai servi de témoin pour leur contrôle. Mais à chaque fois, ils se renforcent parce qu'ils voient comme leurs enfants sont heureux, comme ils apprennent bien.

Il s'agit donc plutôt d'un capital de conscience, ou de réflexion. Réflexion sur le sens que l'on a envie de donner à sa vie, sur les valeurs à transmettre aux enfants, sur le modèle que l'on représente et sur l'harmonie qui est nécessaire à chacun pour être en cohérence avec lui-même et sa liberté intérieure.

Le plus important est de disposer d'un capital « temps », c'est primordial. Avoir du temps signifie souvent, en France, faire l'impasse sur une carrière professionnelle. Pourtant, choisir d'instruire son enfant hors école ne signifie pas oublier toute vie personnelle et être vingt-quatre heures sur vingt-quatre à la disposition de son enfant. Ce n'est bon pour personne. L'idéal serait de décloisonner la société, de pouvoir vaquer à ses occupations naturellement, avec les enfants qui vaquent aux leurs, en coexistence. Possible pour certaines occupations, pas pour d'autres !

Clara : On pense tout de suite à un capital financier ou socio-culturel. Ce n'est pas ce qui compte le plus. Des familles de toutes les catégories sociales pratiquent le *unschooling*. Il est rare que les deux parents travaillent à plein temps. Cela se ressent financièrement, mais c'est un choix de vie. Ces familles sont prêtes à consommer moins. Cela ne les empêche pas d'être heureuses, loin de là[72] !

Devayani Delfendahl : Quand Ayla était petite, parfois quand nous faisions nos courses, nous mettions dans notre caddie les choses qui nous donnaient envie – les tentations sont nombreuses. Cela satisfaisait notre convoitise. Puis nous choisissions une ou deux choses dans le superflu et faisions les courses à l'envers, reposant le reste.

Le frein, c'est aussi l'argent pour les familles. Quel est le coût de votre école pour l'année ? (TV5)

Ramïn Farhangi : C'est 4000 euros. Les écoles Montessori coûtent entre 5000 et 7500 euros. Il faut relativiser parce que l'Éducation Nationale coûte aux contribuables en moyenne 8300 euros par élève par an. Donc si les alternatives étaient subventionnées et se propageaient, finalement on économiserait des dizaines de milliards en budget d'éducation. Ensuite, 4000 euros, il faut vraiment relativiser, ce n'est pas grand-chose quand on y pense. Il y a un tiers qui part pour le loyer, un petit pourcentage pour le matériel pédagogique, et ce qui reste, donc à peu près les deux tiers, pour rémunérer le personnel au SMIC[73]. On est vraiment très frugaux dans notre manière de gérer l'École dynamique[74].

72. Paru dans *FemininBio*, article de Claire Sejournet.

73. Aujourd'hui, cinq personnes rémunérées 1800 euros brut assurent le fonctionnement et le développement de l'école.

74. Interview par Valérie Tibet, TV5Monde, www.tv5monde.com, www.etreetdevenir.com/EED.fr.html#RP.

Comment les familles que vous avez rencontrées s'organisent-elles ?

CLARA : Le *unschooling*, ce n'est pas la réplique de l'école à la maison, où la maman serait la maîtresse. C'est permettre à l'enfant de vivre dans la société et le laisser apprendre librement ce qui le passionne. Ce n'est pas non plus un tête-à-tête avec ses parents à huis clos : l'enfant peut apprendre avec des voisins, des grands-parents, des gens expérimentés, des amis. Les parents ne sont pas nécessairement présents vingt-quatre heures sur vingt-quatre. Cela étant, il est fréquent que l'un des deux conjoints ne travaille pas. Certaines mamans ont quitté des postes qui ne leur plaisaient pas et ont créé une activité professionnelle qui les passionne. D'autres organisent leur travail de façon à le rendre compatible avec leur mode de vie[75].

Comment s'organiser pour enseigner aux enfants ? Il faut du temps disponible, des moyens ?

CLARA : Il ne faut pas confondre apprentissage et enseignement. On ne s'organise pas pour enseigner mais pour que les enfants apprennent. Il est naturel pour l'être humain de chercher à apprendre[76].

Bien sûr, du temps il en faut ; quand on s'occupe de ses enfants, on consomme du temps. Mais il n'y a pas de temps ni de lieu particulier pour apprendre. Les enfants acquièrent spontanément l'essentiel des savoirs en vivant. Apprendre est une affaire intime comme respirer, activité que personne ne nous apprend. Lorsque vous posez une question à votre enfant, vous êtes en train d'enseigner, lorsque c'est lui qui pose une question, il est en train d'apprendre.

DEVAYANI DELFENDAHL : Je ne trouve pas qu'apprendre des professionnels de la transmission soit optimal. Ils sont des théoriciens et non pas des professionnels des sujets qu'ils transmettent. La transmission prend tout son sens, devient puissante et incarnée quand elle vient d'une personne qui est investie ; celle-ci est alors un exemple, un modèle. Pour ce type de transmission naturelle et spontanée, il n'est pas toujours nécessaire d'organisation particulière. On vit.

75. Paru dans *Bubble mag*.

76. Voir p. 188. « Pourquoi distinguez-vous apprendre et enseigner ? »

CLARA : C'est un choix de vie. C'est un choix de consacrer du temps à son enfant plutôt qu'à autre chose. Si l'on considère le spectre des revenus et la variété des métiers des parents, le milieu non-sco présente un éventail beaucoup plus large que celui d'une classe dans une école.

Les familles sont riches en temps passé ensemble, certes, mais leur choix de vie implique souvent de vivre sur deux mi-temps ou un seul salaire, donc de ne pas être des consommateurs et de vivre avec peu. C'est dans la logique de la décroissance, de la sobriété heureuse, de la simplicité volontaire, un choix de vie qui ne privilégie pas l'argent mais le temps.

Une étude au Fraser Institute au Canada avait surpris les chercheurs car elle montre que dans les familles non-sco dont les revenus étaient les plus bas et le niveau d'études des parents faibles, les enfants réussissaient mieux, peut-être justement parce qu'il y a moins d'attente et de pression dans les apprentissages.

J'ai l'impression que je dois mieux organiser ma vie avant de pouvoir faire un tel choix...

CHARLOTTE DIEN : En général pour les gens qui prennent cette décision, c'est un choix de vie global. C'est-à-dire qu'on se pose la question de combien on a de rentrées d'argent, qu'est-ce qu'on fait de cet argent, qu'est-ce qui est indispensable, qu'est-ce qui est accessoire, qu'est-ce qui est le plus important pour nous. Et c'est vrai que moi, au moment où la question s'est posée, j'étais déjà auteure, j'écrivais. J'écrivais chez moi, je n'avais pas de contrainte extérieure. Après, je connais des familles où les deux parents travaillent, mais le papa est à quatre cinquièmes et la maman est à mi-temps. Il y a un ou deux jours dans la semaine où l'enfant est avec quelqu'un d'autre, dans une autre famille ou chez les grands-parents, chez les tantes, les oncles etc. C'est sûr qu'il faut repenser l'organisation familiale différemment. C'est un choix … Moi, j'avais cherché des écoles différentes. Pour payer l'école, il fallait que je trouve un travail qui me rapporte plus que ce que j'allais payer pour l'école. Donc je me suis dit : « Je vais peut-être essayer de faire moi-même d'abord, comme ça il n'y a pas de circulation d'argent et au moins je suis responsable de ce que je fais. »

Daliborka Milovanovic, Emmanuelle Garda et Bernadette Nozarian au St-André des arts

Daliborka Milovanovic[77] : C'est le choix de vivre sans école qui fonde tous les autres et pas l'inverse. En gros, une fois qu'on a décidé, on trouve les solutions qu'il faut. Ce n'est pas toujours rose, tout comme tout n'est pas rose pour les parents scolarisants qui pourtant ne remettent jamais en cause la scolarisation de leurs enfants.

Comment nous déscolariser ?

Léandre Bergeron : Il faut faire confiance à vos enfants ! C'est la déscolarisation de soi-même qui est très importante.

Thierry Pardo : Le plus facile, c'est de déscolariser les enfants ! Après il faut déscolariser les parents, et après il faut déscolariser l'inspecteur d'académie ! Le plus gros défi, c'est de déscolariser les parents. Ivan Illich disait : « L'école nous apprend que c'est à l'école qu'on apprend ! » C'est vraiment ça. On a l'impression que si l'on ne crée pas d'enseignement, il n'y aura pas d'apprentissage. Il y a juste à se rappeler que les enfants apprennent à parler, à marcher sans avoir de cours et ça peut marcher pour les mathématiques et le reste. Mais ça, il faut s'en convaincre et ce n'est vraiment pas évident de s'en convaincre. Souvent, on essaie de se rassurer, à travers les cahiers, et plus ça va, moins on en fait... C'est un peu comme les gens qui voyagent, au début quand vous voyagez vous prenez des sacs à dos qui sont dix fois trop gros ; plus vous voyagez, plus vos sacs rétrécissent. C'est la même chose, au début vous essayez de vous rassurer en prenant plein de livres scolaires, mais ensuite ça ne dure pas parce que vous constatez que vos enfants apprennent !

77. Directrice de publication et journaliste du magazine *Grandir Autrement*, responsable éditoriale des éditions du Hêtre et Myriadis, co-fondatrice de l'association féministe Femmes sauvages, mère de quatre garçons âgés de 17 à 4 ans qui sont ou ont été en apprentissage autonome.

Spectateur : Certains d'entre nous, malheureusement, on est des malades du monde moderne. On est soumis à cette loi du marché. Il faut payer les loyers, la nourriture. C'est ça qui donne un coup de stress pour prendre cette décision. On voit le film qui est très bien fait et merci beaucoup parce que ça ouvre les yeux, et on se dit : « Comment est-ce que je fais pour faire ce chemin ? Comment je fais pour faire ce choix difficile au niveau financier, de la logistique… »

Léandre Bergeron : C'est un cheminement personnel, et c'est ça le plus important, il faut se déscolariser soi-même. Il faut arrêter d'être obéissant. C'est un régime militaire dans lequel on vit. Il faut devenir conscient de ça et commencer à s'en dégager personnellement. Se détacher de l'autorité. Ministère du dressage national. Dire non, c'est plus ça. C'est un cheminement personnel, qui peut être très long, ou dans certains cas, ça nous frappe et on se dit : « Mais c'est vrai. Je change ma vie. » Mais c'est toujours un cheminement personnel : « Est-ce que je suis prêt à laisser ceci pour cela ? »

Spectateur : Il y a peut-être des incompatibilités entre la vie actuelle et une vie dans laquelle on éduque nos enfants. Presque dans tous les cas, il faudra faire un choix, et c'est peut-être ça, le message pour les parents : il faut faire un choix.

Léandre Bergeron : Étant donné qu'on choisit une voie pas battue, c'est très stimulant. On se met dans une situation d'insécurité et c'est à ce moment que la créativité peut se manifester.

Séverine Garde : Mon fils va au musée avec moi et les gens écarquillent les yeux quand ils voient arriver nos enfants. Parce qu'ils n'ont pas les mêmes questions que les autres, parce qu'ils sont passionnés, parce qu'on va aller suivre une conférence de paléontologie, qu'il a 7 ans et qu'il va tout d'un coup discuter de l'ordovicien avec quelqu'un de 35 ans ou de 70, parce que la dernière fois qu'on est allés en brocante, il a discuté fossiles avec un monsieur qui en déterre depuis quarante ans. Les adultes sont fascinés.

Quand dans le film Naomi dit « trust and wait », je suis comme le papa avec les nœuds dans le ventre[78]. Je suis une grande flippée et je me pose

78. Scénario, p. 14.

des kilomètres de questions. Si on se pose des questions dans la vie, ce sont des questions qu'on se pose même si l'enfant va à l'école. Qu'est-ce que c'est qu'être parent, qu'est-ce que je veux lui transmette, qui il va rencontrer, qu'est-ce qu'il va vivre, qu'est-ce que c'est que ce monde de dingue dans lequel il arrive et qu'est-ce que ça va être dans vingt ans ? On n'en sait rien. Toutes ces questions-là se posent. La seule différence, c'est que si on relâche un peu la pression, si on se calme, les réponses arrivent. C'est valable dans votre vie personnelle, dans votre vie de parent, c'est valable à tous les niveaux, qu'on les mette à l'école ou pas.

Claudia Renau : Je voulais juste dire qu'il y a aussi beaucoup d'enfants dans l'IEF[79] qui n'ont pas de passion particulière, à qui le mode de vie de l'IEF apporte de la confiance et de la confiance vis-à-vis des autres. C'est une chose importante que j'avais envie de transmettre à mes enfants. Je trouve que l'attente que son enfant ait des passions est nocive, comme toute attente. Elle fait douter les parents qui ont des enfants sans passion, je l'ai vu souvent, ce doute (ainsi que le doute des parents qui croient que les enfants apprennent tout tôt et tout seuls et du coup expriment de la déception vis-à-vis de leur enfant s'il n'est pas ainsi), c'est ce qui me rend réticente vis-à-vis des propos « pro passion » qui me semblent préjudiciables : ça me parait salutaire de ne pas créer d'attente chez les parents.

Spectateur : Comment faites-vous travailler vos enfants ?

Claudia Renau : Je ne fais pas travailler mes enfants, je travaille sur moi pour ne pas avoir d'attentes.

Devayani Delfendahl : C'est important de souligner le plaisir de la découverte pour les parents accompagnant leur enfant. Si on ne force pas et que simplement on suit son enfant, c'est une réelle aventure pleine de surprises que de voir les processus s'épanouir sous nos yeux. Comment chez chaque enfant l'apprentissage de la lecture et écriture se passe différemment par exemple, est vraiment étonnant ! On n'est plus volé de découvertes passionnantes par les concepts comme « à tel âge on apprend telle chose et tel âge telle autre » et les « ça se passe comme ceci ou comme cela ». Chaque chose est vécue pleinement et passionnément. On se réapproprie sa vie et on ne maltraite pas celle de nos enfants. Même si chacun

79. Instruction en famille.

fait la même chose, apprendre à écrire, lire..., chacun le fait à sa manière unique. C'est extraordinaire et précieux d'observer ces processus. C'est un bien personnel que cette découverte. C'est un cadeau pour tous.

Vous dites que votre film porte sur la confiance en soi. Pourquoi ?

Clara : Sur la confiance en soi, en la vie, en son enfant. Si après le film une personne se dit : « Je vais lâcher-prise, permettre à mon enfant d'être lui-même », c'est formidable. D'un coup la pression sur l'enfant s'en va, le jeune en difficulté se rend compte que tous les problèmes ne viennent pas forcément de lui. C'est un message fort pour retrouver confiance en soi ! Ce n'est pas rare que des gens pleurent pendant les échanges. Ils découvrent qu'il aurait pu en aller autrement dans leur vie personnelle, dans leur rapport à l'école, à leurs enfants… Ce qui est magnifique, c'est qu'il n'est jamais trop tard[80].

Loline et Auriane, 12 et 14 ans, au St-André des arts

Spectatrice : Ma petite fille a 6 ans. Hier soir on lui dit : « Avec papa, demain on va voir un film qui parle de l'instruction en famille. » Elle me dit : « Qu'est-ce que tu comptes apprendre en regardant ce film ? » Je réponds : « Tu sais, en fait, je pense que maman va apprendre à se faire confiance et *te* faire confiance. » Elle me répond : « Ah d'accord, ben alors je suis vraiment contente que tu y ailles ! »

Clara : Souvent les enfants viennent avec leurs parents et disent : « Ben tu vois, c'est tout ce que je t'ai toujours dit, tu ne me croyais pas, maintenant tu vas me croire ? » *(Elle rit.)*

Comment a-t-on perdu cette confiance en soi ?

Clara : C'est dur de répondre à cette question, car je ne veux pas dire du mal de l'école. Pendant les échanges, de nombreux enseignants s'expriment et disent leur frustration vis-à-vis d'un système qui oblige les

80. Paru dans *FeminiBio*, article de Claire Sejournet.

enfants à se conformer à des attentes, à rentrer dans un moule, à devoir faire la même chose que les autres au même moment. De telles attentes font perdre à l'enfant sa confiance en soi et son esprit d'initiative[81].

Comment accueillir quand « être soi » passe par la mode, le cannabis, les piercings, la moto ou les virées entre copains ?

Clara : La mode, par définition, ça nous est inculqué à l'école traditionnelle qui pousse à devenir de bons petits consommateurs. Les petits libres-penseurs ne sont – et ne deviennent – pas des suiveurs. Donc cannabis, piercings, ce ne sera pas pour faire comme les autres en tout cas.

Les virées entre copains, si l'on n'est pas influençable du fait d'avoir perdu sa confiance en soi, si l'on n'est pas devenu quelqu'un qui cherche à tout prix à plaire et donc à faire ce que l'autre attend de nous (comme une spectatrice qui nous confiait un dimanche qu'elle souffrait jusqu'à aujourd'hui du syndrome de la bonne élève), je ne vois pas de problème.

Devayani Delfendahl : Je ne vois pas pourquoi faire des virées entre copains serait quelque chose de négatif ? Actuellement, Ayla est adolescente et aime passer plein de temps entre amis, ils font ensemble les choses qu'ils aiment. Avec certains, dessiner, écouter de la musique, blaguer. Avec d'autres regarder des vidéos ou s'occuper de leurs cheveux... Ce qui m'épate, c'est combien elle et ses amis sont responsables. Un jour, un enfant voulait jouer à faire du feu dans la garrigue. Ayla jeune l'a raisonné sans faillir, disant que c'était dangereux et a obtenu qu'il ne fasse pas de feu. L'ami voulait profiter de ce moment de liberté pour expérimenter des interdits, Ayla était consciente du danger que cela représentait. Récemment, à une fête, tard dans la nuit, certains jeunes sont sortis se promener et elle a retenu le plus jeune. Je me sens ainsi en toute confiance, car je sais qu'elle agit par bon sens. Et je vois la même chose chez les autres non-sco adolescents.

Des familles commentent parfois le fait qu'on n'observe pas de crise. Le fait que ces jeunes restent en lien, en communication avec les adultes, les petits. Ils se détachent petit à petit, déploient leurs ailes, prennent leur autonomie, créent leur monde de relations, de projets. Bien sûr, ils aiment être entre jeunes, se relier, mais leurs rapports sont

81. Paru dans *FemininBio*, article de Claire Sejournet.

sans moquerie, sans suivisme, sans mépris ni fossé entre filles et garçons – en toute simplicité. Les parents même s'étonnent que les soirées entre copains soient si sages et simples, sereines.

Avec Édouard Ballot pour Nexus *lors du premier anniversaire en salles*

Qui sont les parents, d'un point de vue psychologique ? Des libres penseurs ? (Nexus)

Clara : Il est surprenant de constater qu'en dépit de cultures, milieux et moyens financiers complètement différents, les familles que j'ai rencontrées avaient des similitudes dans leurs façons de voir le monde. Par exemple, lorsqu'on a une réflexion sur le respect de l'autonomie des enfants, cela vient avec une réflexion sur la façon dont nous traitons la planète. Effectivement, je dirais que tous sont libres penseurs. Ils remettent en question les vérités pré-établies et inventent leur vie en dehors des normes conventionnelles. Une autre chose importante, c'est que la capacité de faire preuve d'une telle confiance en ses enfants, en la vie et en soi-même (parce que faire confiance aux autres nous fait réapprendre à nous faire confiance) demande beaucoup de travail sur soi. Nous ne sommes pas tous prêts à faire ce travail et en ce sens, les parents que j'ai rencontrés sont très courageux[82].

Le but de l'école n'est pas d'apprendre à « choisir sa vie », hélas. Beaucoup d'ados viennent nous voir et nous disent par exemple que la conseillère en orientation leur a déconseillé la profession qui les intéressait vraiment car elle n'est pas assez bien rémunérée. Ou encore, très fréquemment, ils ne savent plus ce qu'ils ont envie de faire car ils ont passé douze ans de leur vie à faire ce qu'on leur dit toutes les cinquante minutes. Cela prend du temps ensuite de désapprendre cette obéissance et de réapprendre la confiance en soi et à réécouter la petite voix intérieure qui nous guide.

82. Paru dans *Nexus*, article d'Édouard Ballot.

SPECTATRICE : Le film montre qu'il ne s'agit pas d'aller à l'école ou pas, mais de se réapproprier sa vie et sa confiance en soi, pour l'enfant comme pour le parent. Votre témoignage m'a permis de relativiser la pression scolaire et la « propagande des écoles privées » que les parents autour de moi prônent. Votre film m'a reconnectée à ce que je pense profondément.

Comment avoir cette confiance en soi ?

CLAUDIA RENAU : Cette confiance est le point-clé, bien plus que d'avoir des compétences académiques, c'est la confiance dans ce qu'on fait et dans la capacité d'apprendre des enfants. Elle se cultive en parlant en famille, en parlant avec d'autres parents, en écoutant des témoignages de parents d'enfants plus âgés, en étant attentif à ce qu'exprime son enfant, en étant connecté à lui, en travaillant sur soi. Ça demande un peu de temps, mais la justesse de l'interaction donne beaucoup d'énergie.

Mais enfin, comment vont-ils apprendre s'ils sont dyslexiques ?

CLARA : Aaron, le garçon qui a appris à lire à 12 ans, a été diagnostiqué comme dyslexique à 16 ans. Ce qui est très intéressant dans son cas, c'est que ses parents, qui avaient, comme on le voit, une énorme confiance en la vie, en leurs enfants, en eux-mêmes – ce qui demande un travail sur soi énorme dont on n'est pas tous capables – avaient vu que tout allait bien : il mettait en scène des spectacles de Shakespeare sans savoir lire, il faisait des tas de choses avec les autres enfants. Donc ils ne s'inquiétaient pas. Un jour, je ne sais plus pour quelle raison, il a vu un spécialiste à 16 ans, qui lui a dit : « Ah oui, tu es vraiment typique dyslexique. » Et alors ce que lui a dit l'orthophoniste, c'est que : « Si tu avais été diagnostiqué avant, tu aurais perdu cette confiance en toi qui te rend si fort, et tu n'aurais pas pu, à 12 ans, inventer un système tout seul, avec des couleurs, quelque chose de très compliqué qui te convenait à toi et rien qu'à toi, pour apprendre à écrire tout seul. » Puis quelques années après, écrire une pièce de théâtre de A à Z.

RAMÏN FARHANGI : Il n'y a pas eu un seul dyslexique à la Sudbury Valley School, ce qui montre que finalement l'école classique, traditionnelle, crée la dyslexie. Par contre ils ont eu une grande variété d'enfants qui avaient un intérêt singulier pour la lecture, et c'est venu à un certain moment dans leur vie, pas forcément à 5 ans, pour certains c'était à

3 ou 4 ans, et pour d'autres à 9, 10, 11 ans. Ce qui est intéressant et qu'ils ont remarqué, c'est que ceux qui apprenaient plutôt tardivement, déjà lisaient aussi bien que ceux qui avaient appris tôt, mais en plus ces personnes avaient tendance à aller davantage vers les carrières académiques et les entreprises plutôt intellectuelles[83].

Ce travail sur soi conduit à écouter son enfant, en profondeur...

Isabelle Filliozat : À chaque fois avec mes enfants, on a discuté de la possibilité d'avoir le choix. La notion de choix restait toujours ouverte. En même temps, ils n'avaient pas vraiment le choix. J'ai demandé régulièrement à mes enfants s'ils le voulaient. Eux ont toujours décidé de continuer l'école. Mais en regardant le film, ce dont je me rends compte c'est que le choix dans leur tête était entre rester à la maison et s'embêter, ou bien aller à l'école. On n'a pas proposé une alternative suffisamment séduisante. Si j'avais à recommencer, peut-être que je proposerais le choix mais une fois qu'ils ont goûté à chaque chose. Je voyagerais davantage avec mes enfants, en dehors des périodes scolaires, je restructurerais ma vie pour que finalement notre vie en famille soit autre. Et du coup ce n'est pas : soit je vais à l'école, soit je ne vais pas à l'école, c'est un autre choix de vie, mais je pense que ça nécessite quand même un remaniement. Je me rends compte moi que c'était une illusion de choix. Mais est-ce qu'on fait jamais des vrais choix dans la vie ?

L'idée, c'est que nous ne pouvons pas, nous adultes, savoir ce qui est bon pour nos enfants. Nous avons besoin de faire le deuil de ça, on ne sait pas. J'irais même jusqu'à dire qu'on ne peut même pas leur faire confiance pour savoir, ils ne peuvent pas toujours savoir. Quelquefois oui, et c'est clair et on a besoin de les écouter, « Non je ne veux pas aller là ». Mais quelquefois « Non je ne veux pas aller là » veut dire : « J'ai peur et j'ai besoin que tu m'aides ». Donc il ne faut pas non plus passer dans l'extrême inverse et toujours écouter ce que dit l'enfant en restant à la surface. On a besoin d'écouter vraiment plus en profondeur : qu'est-ce qui te plait, qu'est-ce qui ne te plait pas, qu'est-ce qui te fait le plus peur, qu'est-ce qui te paraîtrait le plus difficile, est-ce que si on résout tel et tel problème ça va ? Il y a tout un travail d'accompagnement de l'enfant pour savoir et pour décider.

83. Interview par Valérie Tibet, *TV5Monde*.

Tous les parents sont-ils aptes à proposer le *unschooling* à leurs enfants ?

CLARA : Pour moi, ce n'est pas une question de connaissances. Les enfants vont très vite trouver des mentors pour les accompagner dans leurs apprentissages. Par contre, il faut accompagner son enfant. Un exemple : si un enfant non-sco demande à 10 h du soir comment s'épelle un mot alors qu'il joue avec des lettres magnétiques sur le frigo, on prend le temps de lui répondre car un intérêt auto-motivé est précieux pour les apprentissages. C'est donc surtout une question de lâcher-prise, ce qui nécessite un grand travail sur soi. C'est là où je dirais que tout le monde n'est pas forcément apte, car il faut avoir le courage et l'envie de le faire[84].

On peut être unschooler dans une famille névrotique et scolarisé dans une école consciente, et vice versa !

CLARA : Je n'ai pas rencontré de famille névrotique, et ça ne m'étonne pas ; le *unschooling* demande un tel travail sur soi pour les parents… Pour être capable d'une telle confiance et d'une telle écoute, il faut avoir fait – et continuer de faire chaque jour – un travail considérable, se remettre en question, grandir ensemble. C'est une chose qui m'a beaucoup touchée. C'est en quelque sorte un cadeau pour les parents, plutôt qu'un sacrifice comme je l'imaginais. Du coup, souvent j'ai rencontré des parents qui avaient changé de carrière à 40, 50 ans, car on ne peut pas ré-apprendre à faire confiance à l'autre, à l'écouter, sans ré-apprendre à se faire confiance et à s'écouter soi-même ! Et voilà qu'on se rend compte qu'on ne fait pas ce qu'on aimerait, et que peut-être, il n'est pas trop tard… Et qu'on est capable...

Un parent qui veut contrôler son enfant ne choisira pas cette voie. Le *homeschooling* (l'école à la maison) peut être choisi pour contrôler plus et exposer moins son enfant, mais ce dont parle le film, l'apprentissage autonome, c'est juste le contraire : c'est vouloir contrôler moins et exposer plus. Alors, beaucoup de lâcher prise est nécessaire. Beaucoup de courage, d'humilité.

84. Paru dans *FemininBio,* article de Claire Sejournet.

Mais que font-ils donc de tout ce temps ?

Clara : Cette modalité que je trouvais effrayante, incompréhensible au premier abord, me semble désormais raisonnable et sensée, pour les familles qui font ce choix. Je comprends ce qu'entend André par « J'étais beaucoup trop occupé pour aller à l'école », ou quand des parents demandent : « De quel droit oserais-je interrompre mon enfant pour l'envoyer à l'école ? », « Où trouverait-il le temps pour l'école ? » Avant, je pensais que c'était des boutades ! Mais j'ai compris que l'enfant qu'on laisse apprendre librement ne cesse de « travailler » – et ce avec une joie incroyable : « Il faut que je me lève tôt demain, j'ai beaucoup de travail ! » – or son jeu, c'est son travail et son travail, c'est son jeu. Tout est lié.

Evan[85] : J'ai 16 ans et j'ai été déscolarisé en début de 3e, grâce à l'aide de ma maman. Je n'étais vraiment pas bien, j'avais un malaise et je ne pouvais pas rester assis toute la journée à écouter les profs parler. C'était très difficile pour moi. J'ai eu l'opportunité et je l'ai saisie.

Spectatrice : Aujourd'hui comment occupes-tu tes journées ?

Evan : J'occupe mes journées par un peu tout et rien. Tout est sujet à expérience, aller faire du skate à droite à gauche, aller me balader en bord de Marne, aller voir des amis, parler avec eux. C'est très important pour moi, j'ai besoin de cette « ressource humaine ». J'ai besoin d'avoir autour de moi des personnes avec qui parler comme avec ma famille. Je discute avec eux sur le monde. Je peux m'occuper partout. Il y a tellement de choses à faire que parfois on en oublie ! J'essaie de faire le plus de choses que je peux, de découvrir le plus de choses possibles.

Marie-Laure Wieser[86] : Je voudrais revenir sur ce mot « s'occuper ». Faire ce choix de non-scolarisation, non-instruction, non-enseignement, c'est aussi un changement de sémantique, un changement de concept. Evan ne s'occupe pas, il vit, juste, chaque jour. Ça demande un lâcher-prise du côté du parent, ça nécessite que je n'aie pas d'inquiétude par rapport au fait qu'il ne soit pas « occupé » au sens où on l'entend souvent, c'est-à-dire à être dans le « faire » et avoir des activités. Il n'est

85. www.printemps-education.org/ma-vision-evan-16-ans.

86. Directrice du Printemps de l'éducation de 2014 à 2016, http://printemps-education.org.

pas dans le « faire » : il se lève, au fur et à mesure que la journée se passe, il y a des évènements qui se créent, ça peut être deux heures assis sur un canapé avec moi à philosopher. Hier soir à minuit, on est partis sur une discussion parce qu'il rentrait d'une soirée avec ses amis et qu'il avait eu une discussion avec une copine qui avait eu une histoire difficile. Il m'expliquait que c'était compliqué pour lui de recevoir ce qu'il avait reçu dans cet échange, mais qu'en même temps il avait pu lui permettre à elle de s'ouvrir, de parler. Ça peut aussi passer par là, ça peut être, comme il dit, partir faire une balade en skate, aller au cinéma, lire un livre... Et ça peut aussi passer par : ne rien faire. Il n'a pas besoin d'occuper ses journées.

Evan : Pendant cette année-là de déscolarisation, j'en ai profité pour découvrir un de mes centres d'intérêt le plus fort, la verrerie d'art. J'aime beaucoup la sculpture sur bois, la ferronnerie d'art, la verrerie d'art, c'est quelque chose qui me touche beaucoup. N'allant plus à l'école depuis le début de la 3e, j'ai pu faire deux semaines de stage en soufflerie avec des artisans verriers, des artistes verriers. C'était une expérience plus que puissante pour moi, je me suis senti centré avec moi-même, avec ce pour quoi je suis ici. Aujourd'hui, c'est ce que je recherche, c'est ce que j'essaie d'être au plus profond de moi-même.

Marie-Laure Wieser : Cette expérience pour lui, c'est aussi une expérience pour le parent, c'est une question de posture d'équivalence : de s'ouvrir nous en tant qu'adultes et de se dire que le jeune enfant est aussi un éducateur pour nous. On est dans une relation de réciprocité, d'équivalence, et ça fait du bien !

Evan : Ça va plus loin, ça va au-delà de l'éducation, ce changement concerne la société. C'est toute une mise à niveau, une mise à jour, ça se passe à une échelle plus « haute » dans le système pyramidal actuel.

Marie-Laure Wieser : La voie de l'apprentissage autonome, c'est plus un apprentissage pour nous, éducateurs, que pour les jeunes. Eux, ils ont tout déjà, ils arrivent avec leurs dispositions naturelles, nous on a juste à les laisser évoluer dans un cadre sécurisant, leur faire confiance et leur mettre à disposition la plus large diversité d'environnements possible pour qu'ils fassent leurs propres expériences. Leur besoin fondamental, c'est de l'écoute, de la présence et qu'on réponde à leurs questions. Le travail est plus à faire chez nous, d'une part car nous devons remettre en question notre propre éducation, d'autre part car la pression sociétale de la « norme » est féroce.

Dans cette approche, revenir à cette question du temps est central. C'est très récent pour moi, l'an dernier je me posais des questions par rapport au cheminement d'Evan, mais je me suis dit : il a 16 ans ! Si aujourd'hui il ne sait pas forcément ce qu'il a envie de faire dans sa vie, sachant qu'il va changer au moins trois ou quatre fois de métier, qu'il va apprendre plein de choses, c'est pas grave ! C'est donc aussi se détacher de cette pression du système qui voudrait qu'à 16 ans il aille forcément vers un diplôme, vers une voie.

Cette question du temps est importante : il n'y a pas de course au temps, il y a juste à vivre chaque jour. La quête du moment, c'est l'épanouissement, c'est comment il se sent lui chaque jour, et comment moi je me sens en tant qu'éducatrice, chaque jour, dans cette posture. C'est une question de contre-courant sociétal, qui va de pair avec la réflexion sur la coopération versus compétition dont je parlais tout à l'heure. Là on parle de décloisonnement, on ne rentre pas dans des cases. Ken Robinson[87] parlait cette semaine de non-standardisation. Les apprentissages informels respectent les dispositions naturelles de chaque enfant, sa personnalité, ses affinités, ses centres d'intérêt, ses envies.

C'est ce contre-courant sociétal qui fait que ça peut être regardé comme bizarre, mais ça n'a rien de bizarre, rien n'est plus naturel pour notre espèce humaine, notre psyché, notre corps. Il s'agit d'aller dans une voie holistique de prise en considération de l'ensemble des dimensions de l'être humain, pas uniquement une éducation logico-mathématique ou linguistique qui sont les deux principales formes d'intelligence prises en compte aujourd'hui au niveau scolaire, c'est s'ouvrir à d'autres intelligences, dont – et en particulier – l'intelligence émotionnelle.

87. Ken Robinson est auteur et expert en éducation. Son Ted Talk « Les écoles tuent-elle la créativité » a été vu 40 millions de fois, www.ted.com/talks/ken_robinson_says_schools_kill_creativity.

Mais le parent ne fait rien, alors ?

CLARA : Sandra Dodd[88] parle, sur la page « Strewing » de son site[89], de « semer », c'est-à-dire mettre sur leur chemin des choses en lien avec leurs intérêts ou qui pourraient les intéresser – sans attentes. Apporter des idées, des objets, des rencontres, des expériences, des possibilités de toutes sortes aux enfants, sans jamais les forcer, mais en proposant, parfois en conseillant.

Pam Sorooshian[90] en parle ainsi : « Le *unschooling* est comme une danse entre des partenaires qui sont si parfaitement en phase l'un avec l'autre qu'il est difficile de dire qui guide. Les partenaires sont sensibles aux indications de chacun, aux petits mouvements, aux légers décalages, et ils réagissent. Parfois l'un dirige et parfois c'est l'autre. Le *unschooling* n'est pas s'assoir et attendre que les enfants viennent nous voir avec des idées sur ce qu'ils veulent faire : ce serait une approche beaucoup trop non-interventionniste, passive. Les parents *unschoolers* sont très impliqués dans leur rôle d'offrir le monde à leurs enfants. Savoir quand faire marche arrière et quand intervenir et participer activement est un art, et même quand les enfants sont occupés à poursuivre leurs intérêts de leur propre chef, les parents *unschoolers* sont attentifs et préparés à proposer des extensions ou des alternatives[91]. »

SPECTATRICE : Est-on toujours dans le *unschooling* si on propose un jeu à son enfant ?

CLAUDIA RENAU : Je trouve dommage de vouloir faire quelque chose en référence à une théorie plutôt qu'en se centrant sur soi et son enfant : est-ce un jeu que vous avez sincèrement envie de faire ? Avez-vous des attentes d'apprentissage quand vous le proposez ? Et quand bien même, on peut aussi jouer en étant conscient de ses propres attentes – le poids de la société étant ce qu'il est – et en tendant le mieux possible vers le plaisir sincère de jouer avec son enfant.

88. Sandra Dodd, ambassadrice du *unschooling*, auteure de *The Big book of Unschooling*, www.sandradodd.com.

89. http://sandradodd.com/strewing.

90. Pam Sorooshian, bloggeuse et ambassadrice du *unschooling*, https://learninghappens.wordpress.com.

91. Pam Sorooshian, « Unschooling is not "Child-Led Learning" », Le *unschooling* n'est pas de l'apprentissage dirigé par l'enfant, traduit par Béatrice Mantovani.

Clara : Pam Sorooshian dit aussi : « Sur une liste de *unschooling*, quelqu'un a demandé s'il était "correct", en tant qu'*unschooler*, de demander à son enfant s'il voulait qu'on lui lise un livre. Elle craignait que ce soit trop directif – qu'il faille attendre qu'il demande, s'il était intéressé. En d'autres termes, elle pensait que le *unschooling* devrait être entièrement "dirigé par l'enfant". Mais demander à un enfant s'il veut qu'on lui lise un livre ne doit pas être différent que lui demander s'il veut aller dehors jouer aux pirates, vous aider à faire un gâteau, laver le chien ou faire un jeu. » C'est tout un art de vivre, une danse entre enfants et parents.

L'importance du temps

Clara : Ces parents ont fait un choix de vie : réduire leurs dépenses pour consacrer plus de temps à leurs enfants. La débrouillardise, les échanges compensent la réduction des revenus. Ils prennent le temps de vivre, faire, partager entre amis plutôt que consommer tout préparé[92].

Charlotte Dien : La plupart des familles que j'ai rencontrées ne sont pas du tout à l'aise financièrement, bien au contraire. Mais quand on a moins d'argent, en fait on a plus de temps. Et on a aussi plus de temps pour se faire des amis, pour faire des échanges et pour partager des choses.

Spectatrice : Je travaille comme jeune fille au pair. Ce qui m'a beaucoup touchée dans ce film c'est le désir des parents d'être avec leurs enfants. Je travaille pour une famille assez aisée. Dans mon expérience, j'ai été assez choquée de voir à quel point les enfants passaient peu de temps avec leurs parents. Je suis une des trois nounous qui s'occupent des deux petites filles – même quand elles sont en vacances pendant deux semaines chez leur grand-mère il y a deux nounous pour s'occuper d'elles. Je me suis dit : « Mais mon Dieu, comment faisait ma grand-mère quand elle nous avait mon frère et moi à la maison, elle devait pas survivre. » Ce dont je me suis rendu compte, c'est que pour les enfants, les parents, ce sont les êtres les plus importants au monde. Ces petites filles... – et encore, la famille dans laquelle je suis, ils font des efforts, ne leur mettent pas autant de pression, mais la mère se fait énormément de souci, compare aux petits cousins qui savent déjà lire. Les enfants ont

92. Paru dans *Marie-Claire*, article de Catherine Castro.

des emplois du temps de ministres, ils ont judo, tennis ; les filles que je garde sont trilingues, français, espagnol, anglais et elles prennent des cours de chinois. Elles ont 5 et 7 ans. Elles ont déjà un CV.

Je me suis rendu compte que les gens qui ont du pouvoir dans la société, déjà les rois, les nobles etc., ils ont toujours été des gens qui n'ont pas été élevés par leurs parents, ils avaient des nounous, mais il n'y avait pas le contact avec les parents. Je me suis dit qu'un aspect fondamental, c'est que privés de l'amour de leurs parents, ces enfants pensent vraiment : « Je ne suis pas digne d'être aimé » et quand on grandit avec cette pensée-là, au fond on grandit avec cette idée que le monde nous déteste. Ce sont des enfants dont les parents sont riches, donc ils vont avoir le pouvoir de faire de grandes universités, de grandes écoles et d'arriver dans des positions de pouvoir. Mais bon, quand on arrive dans des positions de pouvoir et qu'on n'aime pas le monde, on ne fait pas de bonnes choses pour la planète.

Merci beaucoup pour ce film qui montre que les enfants ne sont pas une nuisance pour les parents. Ça enlève beaucoup la pression des parents d'avoir absolument à être responsables du succès de leur enfant, alors qu'il s'agit de simplement partager qui ils sont avec l'enfant.

CYRIL COURNOYER : Le documentaire pointe quelque chose d'essentiel, confirmé notamment dans les bases de l'enseignement Montessori : chaque enfant n'est pas prêt au même moment pour les mêmes apprentissages. Il vaut mieux donc les laisser se consacrer à la matière qui les intéresse à l'instant T quand ils sont prêts. L'apprentissage est alors intégré aussi facilement que naturellement. De plus, il est important de ne pas interrompre un enfant lors de ses activités. *Être et devenir* est aussi un hommage au temps. Tous les parents de ce documentaire le confirment : il faut faire confiance au temps. L'enfant apprendra ce qu'il doit apprendre. Parfois, cela peut se débloquer en un instant, parfois en plus longtemps, mais on doit faire confiance aux enfants et à leurs capacités[93].

CLARA : Quant au temps non planifié, il est crucial pour les enfants d'avoir le temps d'aller au bout de ce qu'ils entreprennent, par eux-

93. *Version Femina*, article de Cyril Cournoyer.

mêmes et pour eux-mêmes. S'ils sont sans cesse interrompus, ils apprennent la superficialité[94].

Se donner le temps de choisir ; pourquoi pas être slasheur ?

SPECTATEUR ENFANT : Je me demande si vraiment, la première chose qu'on aime sera la chose qu'on aimera toujours ?

ISABELLE FILLIOZAT : Tu nous le diras à la fin de ta vie ! Il n'y a pas de règle... Quelque fois, comme on le voit dans le film, certains ont trouvé leur « majeure », l'investissement de leur vie, leur métier, vers l'âge de 10-12 ans. Peut-être que la première chose que tu as vraiment aimée sera celle que tu feras encore quand tu auras 80 ans – et peut-être pas. Comme on a la chance aujourd'hui d'avoir une vie très longue, on a aussi la chance de pouvoir s'intéresser à énormément de choses. C'est vrai qu'aujourd'hui je fais un métier qui est tout à fait dans la ligne de ce qui m'intéressait quand j'étais petite. Mais je me suis aussi intéressée aux dinosaures et je ne travaille pas avec les dinosaures... Tu peux t'intéresser et changer. C'est aussi quelque chose qui est embêtant dans nos écoles, surtout en France. En France, quand on choisit quelque chose, on doit s'y tenir, notre premier choix doit rester notre choix définitif. Mon fils, à l'université de Vancouver, s'est inscrit d'abord dans une formation informatique, ensuite finalement il a décidé qu'il voulait faire de la chimie, puis il est parti en biologie, ensuite il a fait de la psychologie. Normalement ils n'ont le droit de changer de cours que pendant le premier mois de l'année, mais en réalité il a quelques fois changé en novembre pour des examens qui se faisaient en décembre. Il y a une liberté dans le système anglo-saxon qu'on n'imagine même pas ici.

Il y a la plus géniale université du monde à Maastricht, pour 1800 euros par an – au même prix qu'une université française. Là, à l'University College, on peut choisir ce qu'on veut. L'idée de base est que nous ne savons pas aujourd'hui ce dont les jeunes auront besoin dans leur métier dans vingt ans. Ce n'est pas à nous adultes d'aujourd'hui de dire aux enfants ce qu'ils doivent apprendre. C'est à eux de nous dire ce qu'ils ont envie d'apprendre et nous nous mettons à leur service. Il y a cent quatre-vingt offres possibles de thèmes et les jeunes choisissent deux cours tous les deux mois. Les cours, c'est : ils se réunissent par groupes de dix, le

94. *Journal Le 1*, `http://le1hebdo.fr/numero/59`.

prof est là pour leur apprendre à se poser des questions. Après ces trois heures entre eux, ils ont des objectifs d'apprentissage : pour pouvoir comprendre telle ou telle chose, par exemple une pneumonie, j'ai besoin de savoir telle et telle chose, ce qu'est un poumon, etc. Ils vont chercher les informations dans la bibliothèque, auprès des enseignants, auprès des uns et des autres. Ils reviennent trois jours plus tard, ils discutent entre eux, ils compilent leurs résultats, et ensuite ils repartent. Cette technique est utilisée même pour les études de médecine. À Maastricht, si vous faites des études de médecine, vous rencontrez un patient dès le premier jour. Il y a d'autres façons d'apprendre, à Maastricht l'intérêt c'est de suivre la motivation. C'est très sévère pour entrer dans cette université : il est important que l'enfant ait un projet de vouloir changer le monde. J'ai pleuré aussi, comme devant ton film, quand je suis allée à cette université où ma fille a passé deux ans.

Clara : Il y a deux semaines, on avait parmi nous Victorine Meyers, maman non-sco et aussi éditrice, maquettiste, comptable. Elle expliquait justement le concept de slasheur, elle disait : « Je suis slasheuse ! » Avant, il fallait choisir un métier. Aujourd'hui, on rencontre quelqu'un comme André Stern qui dit : « Je ne saurais pas dire quel est mon métier, quels sont mes métiers, quels sont mes hobbies, tout ça ne fait qu'un et il y a plein de choses que j'aime faire. » Victorine expliquait que lorsqu'on met une adresse sur internet, on sépare avec des slashs : elle dit qu'elle est éditrice slash maquettiste etc. J'ai raconté ça à mon petit garçon qui a maintenant 7 ans. Hier dans le train, on jouait aux devinettes. J'ai choisi Devayani, coordinatrice de distribution du film. Il devait deviner, alors : – Est-ce que c'est une personne ? – Oui. – Est-ce que c'est une femme ? – Oui. – Est-ce que c'est une slasheuse ? *(Elle rit.)* J'ai dit oui ! Parce qu'elle est coordinatrice de distribution, elle fait de la céramique, donne des ateliers de bricolage pour les enfants, c'est une slasheuse, et moi aussi ! Je pense qu'il y aura beaucoup plus de slasheurs à l'avenir[95].

95. Voir par exemple l'article d'Hélène Picot dans le *Huffington Post* : *Les nouvelles manières de travailler : On va slasher à la campagne !* « Le modèle du travail est en train de se transformer complètement. Des postes salariés de plus en plus rares, des créateurs d'entreprises de plus en plus précoces, des freelances en hausse, un terrain de jeu mondial, un système qui touche à sa fin et une envie de contribuer à changer le monde de plus en plus vive... Désormais, le travail c'est du slash, du slow, du nomadisme ou du néo-ruralisme. Bref, on se réinvente. » www.huffingtonpost.fr/helene-picot/se-reconvertir-slasher-co-worker-les-bons-plans-pour-travaill.

J'étais fatiguée par mes enfants...

Karine Stoëckel[96] : Je n'aurais pas pu déscolariser mes enfants si je n'avais pas fait ce cheminement d'éducation bienveillante. *(S'adressant à Clara Bellar et Isabelle Filliozat.)* Je suis très émue que vous soyez toutes les deux réunies, toutes les deux là, car c'est grâce à vous que je suis si heureuse aujourd'hui, que mes enfants sont aussi heureux. Ce lien, certaines personnes ne le comprennent pas, entre ce documentaire sur les apprentissages autonomes et toutes ces démarches d'éducation bienveillante, mais pour moi l'un ne va pas sans l'autre.

Karine Stoeckel au St-André des arts

Je faisais partie de ces mamans fatiguées par leurs enfants, j'ai été dans la violence éducative ordinaire avant d'avoir ce déclic et de comprendre tout ça. Je faisais partie des mamans qui étaient contentes de se débarrasser de leurs gamins le lundi matin, de les déposer à la crèche et ensuite à l'école, parce que j'étais fatiguée. J'étais fatiguée de m'occuper d'eux, j'étais fatiguée d'être avec eux et finalement, ce choix d'instruire en famille, il ne peut se faire que quand on est heureux d'être avec ses enfants. Et être heureux d'être avec ses enfants, ça n'a pu se faire qu'à partir du moment où je me suis déjà posé la question de : « Mais est-ce que tu es heureuse avec toi-même ? »

Le premier pas, pour moi qui étais dans des violences conjugales, je n'en avais pas pris conscience, ça a été grâce à une femme formidable qui m'a dit : « Mais enfin madame, ce dont vous me parlez, ça porte un nom, ce sont des violences conjugales, il n'a pas le droit de vous faire ça, c'est interdit par la loi. » Pour moi c'était juste des querelles, j'ai compris que j'avais un niveau d'acceptation des violences hyper élevé, c'est non seulement dû à l'éducation de mes parents qui étaient dans la VEO[97], mais je le vois aussi dans la rue, à la sortie de l'école. Je le vois aussi maintenant dans l'école : les enfants sont punis, ils ont des punitions ; je le vois aux informations de 20 h où on ne voit que de la violence, je le

96. Animatrice d'ateliers parentaux de bienveillance, http://education-bienveillante.fr.

97. Violence éducative ordinaire, voir le site de l'Observatoire de la Violence Éducative Ordinaire : www.oveo.org.

vois dans les dessins animés pour les enfants qui ne sont que violence, les séries télé qui ne sont que violence.

Nous acceptons un niveau de violence extrêmement élevé avec une facilité à la banaliser, et moi j'ai banalisé tout ça. J'ai dit : « Mais c'est O.K., mes parents m'aiment, ils m'ont frappée, et alors, ils m'aiment, c'est parce que j'étais pas..., voilà ! Et mon conjoint me maltraite mais bon, c'est des querelles, c'est comme ça, c'est parce que ça marche pas comme il veut, c'est normal. » Mais non, ce n'est pas normal. Et moi j'ai commencé à frapper mes enfants, mais c'est pas normal ; et on sent bien qu'il y a quelque chose qui se déchire en nous.

C'est grâce à une association formidable d'aide aux femmes victimes de violences conjugales que j'ai eu les premiers déclics sur la violence. *(Elle s'adresse à Isabelle Filliozat.)* Et ensuite c'est grâce à vous que j'ai compris qu'avec les enfants aussi, j'étais violente, j'ai compris qu'on peut casser ce cycle là, que c'est possible. Je répète toujours que si j'y suis arrivée, d'autres peuvent y arriver, tout le monde peut y arriver. Vu de là où je suis partie, je pense que tout le monde peut y arriver, grâce à des gens comme vous.

J'ai instauré de la bienveillance dans ma maison, je me suis séparée de ce conjoint, mais mon fils était en souffrance à l'école. J'ai cherché désespérément une solution, financièrement les écoles alternatives n'étaient pas accessibles, j'ai eu le projet de créer une école. Je faisais déjà des ateliers de parentalité bienveillante, une maman me dit : « Mais enfin ton idée d'école, c'est Summerhill. » Je découvre Summerhill, et en cherchant sur internet, je découvre ce film documentaire *Être et devenir*, je me le rappellerai toute ma vie, c'était en octobre 2014, je débarque ici au Saint-André, et là je découvre que l'école n'est pas obligatoire en France, je découvre qu'il y a une communauté non-sco[98], je découvre qu'il y a une alternative à tout ça, j'ai la chance de rencontrer ensuite Claudia et le réseau pour rencontrer d'autres familles non-sco. Là je me rends compte qu'il y a beaucoup de mamans solo à Paris, beaucoup, et il y a de l'entraide, plein de choses formidables qui se font, on y arrive.

98. Plate-forme collaborative qui donne accès aux réseaux de familles en région parisienne, www.lecoledelavie.org. Pour le reste de la France, s'adresser aux associations nationales pour être orienté vers les listes locates : www.lesenfantsdabord.org et http://laia.asso.free.fr.

Une maman solo m'a dit : « Si tu sens que c'est ça qu'il faut pour tes enfants, fais-le et tu trouveras une solution financière. » D'un seul coup, il y a eu les attentats en janvier que l'on connait, il y a eu cette France debout pour la liberté d'expression, on en a parlé avec les enfants. J'ai dit : « La liberté d'expression, elle est où à l'école ? », j'étais déléguée de parents, je cherchais à faire entrer la bienveillance dans l'école. C'était comme un coup de massue, cette France debout pour la liberté d'expression. Finalement, un matin de plus où c'était une scène de plus : « Non je ne m'habillerai pas, non je ne veux pas aller à l'école, non non non », j'ai dit : « O.K. tu n'y vas pas ». Le lendemain, j'ai démissionné de mon travail, et tout s'est enclenché. Ce cheminement se fait encore maintenant avec toute cette communauté non-sco.

Au début j'ai fait ce choix par manque d'argent, parce que sinon j'aurais choisi une école alternative, et en cette première non-rentrée pour nous, les enfants ont dit : « Mais maman, on est heureux comme ça. » J'ai répondu : « Vous savez quoi, moi aussi ! » On est dans ce cheminement et on se dit que ce n'est plus juste une alternative, c'est un vrai choix de vie. *(À C. Bellar et I. Filliozat.)* Ce bonheur que je cherche en moi, et que du coup, je suis davantage prête à entendre chez mes enfants, c'est grâce à vous.

Le *unschooling* bouscule !

Ce choix n'oblige-t-il pas les parents à mettre leur carrière entre parenthèse ?

Clara : Au début, je croyais que le *unschooling* impliquait un certain sacrifice de la part des parents. Finalement, j'ai découvert que très fréquemment, ils le vivent comme une chance pour eux d'aller au bout de ce qu'ils avaient envie de faire, ils reprennent confiance en eux. Soit ils en profitent pour changer de vie, soit ils exercent différemment le métier qui leur plait[99].

99. Paru dans *FemininBio*, article de Claire Sejournet.

Y a-t-il des échecs ?

CLARA : Souvent on me dit : « Vous n'avez pas parlé des cas où ça se passe mal. » Alors j'ai cherché, j'ai vraiment cherché. Alan Thomas, le professeur anglais[100], me dit qu'il a rencontré des centaines de familles, moi des dizaines, mais lui des centaines, au Royaume-Uni, en Australie, Nouvelle Zélande, pour ses livres, pour ses recherches. Et alors la raison pour laquelle on n'a pas rencontré des cas où ça « échoue » – on se posait tous deux la même question, et c'est ensemble qu'on a trouvé la réponse – c'est parce que justement, c'est flexible. Si l'enfant demande à aller à l'école, il va à l'école, c'est auto-motivé, et ça reste de l'apprentissage auto-géré puisque c'est la façon dont il demande à apprendre. Il y a d'autres cas de figure, on s'adapte. On est à l'écoute les uns des autres. C'est pour ça que c'est difficile de mettre le doigt sur un cas où ça se passe mal. Si c'est vraiment être à l'écoute les uns des autres et dans la confiance, c'est constamment en mouvement et ce ne sera pas la même chose dans deux familles. Et dans le cadre de la même famille, ce sera différent pour chaque enfant parce que chacun a des besoins et des demandes différents. Par ailleurs, on ne prend pas une décision pour douze ans – ni même pour un an. On peut juste essayer de faire autrement pour quelque temps et voir comment ça se passe.

SPECTATEUR : Est-ce qu'il y a des échecs dans le *unschooling* ? Je parle en termes de bonheur, pas en termes d'accomplissement professionnel.

THIERRY PARDO : Difficile à dire parce qu'évidemment ça dépend de la définition qu'on a d'« échec ». D'un point de vue académique, je dirais, les gens souvent sont assez passionnés, des fois sur un sujet, sur deux sujets. Alors ils sont très performants sur quelque chose, ils sont peut-être en dessous de la moyenne sur d'autres. Après, si on le met sur l'échelle du bonheur, alors là, évidemment, ça devient compliqué de répondre. Par exemple, par expérience, ça existe peut-être mais moi, parmi tous les ados que j'ai rencontrés, je ne connais aucune famille dans laquelle il y a eu des crises d'adolescence, avec des gros clashs, des gens qui claquent la porte.

100. Scénario, p. 67 et 73.

Comment sont structurées les journées ?

Ramïn Farhangi : Elles ne sont pas structurées. Il faut imaginer une année sabbatique permanente. Si vous prenez une année sabbatique, vous allez commencer peu à peu à prendre contact avec des gens, élargir votre réseau, mener des activités qui vous plaisent, vous dédier à vos centres d'intérêt ; ça grandit naturellement et vous deviendrez de plus en plus compétent dans ce à quoi vous vous intéresserez, en travaillant dessus.

Comment gérez-vous les écrans ?

Ramïn Farhangi : On n'est plus dans la posture du *unschooling* quand on ne fait pas confiance à l'enfant pour s'autoréguler et apprendre de lui-même à quel point utiliser l'écran. Face au risque d'addiction, au risque de ce qu'on considérerait être une sur-utilisation de l'écran, on peut adopter deux postures. La première, c'est de limiter et interdire, en gros sous-entendre : tu es trop bête pour comprendre, je suis là pour protéger ta santé et donc je me substitue à toi en tant que décisionnaire sur ta propre vie parce que tu n'es pas encore assez autonome et compétent. Ça lance un message assez fort aux enfants : je dépends des adultes pour savoir ce qui est bon pour moi. On n'est pas en train de le responsabiliser sur sa propre vie. Si en permanence j'ai une voix qui dit « fais pas ci », « fais pas ça », quand est-ce que j'arrive à avoir ce côté réflexif où j'arrive à me comprendre moi-même, me connaître assez bien moi-même.
L'autre posture, c'est d'offrir un environnement, un cadre positif où il se passe plein de trucs hors écran justement, et ça, ça marche très bien si on a l'impression qu'ils sont sur un écran par défaut.

Victorine Meyers[101] : En revanche, si c'est le choix volontaire de l'enfant et pas un choix par défaut, on peut lui proposer la lune, il préférera rester sur ses jeux vidéos. Ou alors l'enfant se conformera peut-être à ce que le parent veut, pas forcément par soumission à l'autorité, ce peut être beaucoup plus subtil : parce qu'il ressent l'inquiétude du parent ou la non-acceptation qu'il passe autant de temps sur écran, le non-lâcher

101. Maquettiste/ éditrice / animatrice / comptable / maman de deux enfants en apprentissage autonome, on pourrait ajouter tricoteuse / conteuse / gestionnaire / rédactrice... `editions.mjmcrafts.fr`, `www.agirpournosenfants.fr` et `www.grandirautrement.com`.

prise. Un enfant peut trouver énormément de plaisir à être sur des jeux et y passer des heures, tout comme on peut passer des heures à lire. Quel mal y aurait-il ? Ça peut être parce que les parents ont compris son plaisir, lui font confiance et s'intéressent à ce qu'il fait sur l'écran. Mon fils joue beaucoup et c'est du bonheur de voir tout ce qu'il fait, ce qu'il développe avec ses amis en ligne, les courses internationales auxquelles il participe...

J'ai eu une longue discussion avec lui à ce sujet : - pourquoi tu cherches à me détourner de mon PC ? - je m'inquiète que tu passes autant d'heures sur écran - ah... pourquoi ? quel est le risque ? - ... plus de vie sociale, plus d'amis, cerveau grillé, et en fait au fur et à mesure que je fouillais à la recherche des risques, de mes peurs, je me rendais compte du ridicule de celles-ci... Alors il m'a regardée très sérieusement et m'a dit : - O.K. maman, je comprends mais ça reste quand même ce que j'aime faire, ce que j'ai envie de faire là tout de suite. Suite à cette conversation, non, on n'a pas posé de jalons du genre, maximum x heures devant l'écran ou quoi que ce soit d'auto-régulation, mais en discuter avec lui a fait tomber nombre de mes résistances basées sur les « on-dit » de la société. J'ai choisi la vie et la liberté, j'ai donné à mes enfants la clé : le plaisir, ou comme André Stern en parle si bien, l'enthousiasme. Et celui-ci n'est pas réservé aux activités intellectuelles ou nobles !

Antonella Verdiani et Victorine Meyers au St-André des arts

Et au final, bien sûr que mon fils a des amis, il adore faire du karting, du tennis, a de grandes discussions avec son entourage, adore jouer au Time's up, au Trivial Pursuit, à l'Ile interdite ou encore à Pandémie, aide ses parents parfois dépassés par les nouvelles technologies, fait des câlins à sa maman. Il est très attentionné envers les autres, et il vient systématiquement me parler de ce qu'il a entendu ou lu sur le net ou sur ses jeux qui le gêne ou le questionne – il apprend aussi des tonnes de choses avec ses jeux !

J'ai besoin d'être seul !

SPECTATEUR : Y-a-t-il un moment où on n'a plus envie d'être avec ses enfants ? Je suis un loup solitaire. J'ai besoin de me retrouver, souvent, seul, pour m'occuper de moi-même. Si j'aime faire quelque chose passionnément qui ne peut pas se concilier avec mon enfant, comment on gère ces espaces personnels, cette cohabitation, cette coévolution ?

LÉANDRE BERGERON : Je ne me suis jamais senti comme ça avec mes filles. Pour moi, ça coulait de source qu'elles pouvaient venir me poser des questions, ou travailler avec moi. On en faisait des choses, dans une petite ferme. Et la restauration, le magasin, il y avait un mouvement. On peut dire que j'étais privilégié. Mais est-ce que je voulais mes moments de solitude ? Je ne sais pas si j'en voulais, de la solitude, parce que c'était tellement beau de voir ce courant de vie. C'est merveilleux. Évidemment, je reconnais que certaines gens ont besoin de plus de quiétude.

AUTRE SPECTATEUR (au premier) : Tu parles de vivre tes passions mais tu dis que ton enfant ne peut pas être inclus là-dedans. Ma vision de la relation d'un parent et un enfant, c'est un enfant qui s'adapte à l'environnement dans lequel il vit, qui inclut aussi les passions des parents.

SPECTATEUR : Je suis régisseur son. J'ai un petit enfant de 9 mois. Je suis dans l'impossibilité de continuer mon travail si je m'occupe de lui. À quel moment on fait ce choix-là de s'abandonner ? La dévotion qu'on peut avoir envers son enfant implique qu'on n'est plus tout seul.

CLAUDIA RENAU : Mais on est deux parents, aussi.

LISE GALLOIS[102] : Vous êtes en train de parler de la relation, et la relation, avant d'être à l'autre, elle est à soi-même. C'est aussi vous connaître vous-même dans vos limites, dans votre périmètre à vous : où est-ce que vous commencez à être en tension parce que vous ne respectez pas vos besoins ? Il faut déjà les reconnaître, après interviennent les autres avec leurs propres besoins et là on va regarder ce qu'on met en place pour que l'ensemble des besoins soient pris en compte. Après, il y a une créativité, mais c'est oser déjà connaître ses propres limites et ses propres besoins. C'est peut-être une crainte, quelque chose qui

102. Porte-parole pour le mouvement Colibris, facilitatrice en intelligence collective, coordinatrice des liens aux réseaux pour *Être et devenir* en 2015 et 2016.

est un peu flou dans : où est-ce que ça s'arrête et où est-ce que je commence, dans vos limites à vous.

SPECTATEUR : Ça me paraît incompatible parce que je me connais.

CLARA : C'est une question de logistique. Ça demande plus de créativité, plus de débrouillardise si l'enfant ne va pas à la crèche, à l'école, pendant que tu fais autre chose. Mais on rencontre souvent des parents solo qui viennent témoigner, en plus en région parisienne, et on se dit, mais c'est impossible, comment font-ils ? C'est plus compliqué, il faut avoir envie et à ce moment tu trouves les solutions et c'est aussi beaucoup le réseau, le soutien. Si les deux parents travaillent en même temps, alors on peut mettre quelque chose en place avec des amis, avec un grand-parent, un adolescent, même avec quelqu'un qui est payé.

KARINE STOECKEL : On est dans une société où on a été habitués à être isolés, cloisonnés, alors que les parents doivent répondre aux besoins des enfants. Ma grande découverte grâce à *Être et devenir*, c'est cette notion d'entraide, de solidarité qui est absolument géniale. Par exemple, je garde deux petits d'une maman pendant qu'elle va travailler tous les mercredis après-midi. C'est plus un rendez-vous avec des copains, ils sont contents de retrouver mes enfants, c'est un choix, ils nous ont choisis. Là, une maman va garder mes enfants du jeudi soir au vendredi soir parce que moi, je vais travailler. Cette entraide-là, je ne pensais même pas qu'elle pouvait exister… et elle existe.

CLARA : Les laisser être eux-mêmes, accompagner, ce n'est pas quelque chose de pesant. Bien sûr, on a la responsabilité d'être dans l'empathie, le respect, de travailler sur soi. Mais l'accompagner ne veut pas dire qu'il faut que je sois sans arrêt derrière lui. Au contraire, ce qui est étonnant, c'est qu'un enfant qui gère son temps et ses activités va être souvent très occupé pendant longtemps et parfois on oublie même qu'il est là, il travaille à côté du parent qui dit : « Tiens, ça fait longtemps que je ne l'ai pas entendu, qu'est-ce qu'il fait ? », et il est en train de faire son travail à lui[103].

103. *La Télé de Lilou*, www.lateledelilou.com/search/bellar.

Comment fait-on si on habite en ville et pas à la campagne ?

Claudia Renau : Je n'aurais jamais pu ne pas scolariser à la campagne. Pour moi c'était important d'habiter en ville et d'avoir ce que j'aime dans la ville, la densité et les interactions possibles. Donc c'est possible aussi en ville. Souvent la question revient : « Mais j'habite en ville, comment je vais faire ? » À force de l'entendre, je me suis dit : le plus important, c'est juste de vivre là où soi on a envie de vivre. Parce que ce qu'on va faire, c'est transmettre à ses enfants des choses qu'on aime. Et c'est là qu'on sera bon dans la transmission. L'essentiel c'est qu'on soit bien soi-même et que du coup on se connaisse. Ça rejoint toutes les questions d'être bien en connexion avec soi-même, de façon à être en connexion avec les autres.

On va un peu plus souvent au jardin public parce que l'enfant n'a pas un jardin en face de chez lui. On va dans les maisons à la campagne des amis en été pour que les enfants connaissent un peu la façon dont les choses poussent. Les gens qui sont à la campagne font des échanges avec les gens qui sont à la ville, il y a beaucoup de possibilités.

J'ai l'impression qu'il me faudrait renoncer à tout un tas de choses...

Clara : Ren Allen, une unschooleuse-bloggeuse[104] américaine, pose la question[105] : si ta vie est tellement concentrée sur eux, que se passera-t-il quand ils partiront et que ton compagnon et toi n'aurez plus aucun intérêt commun ? Je trouve les exemples concrets qu'elle partage utiles : les parents aiment le triathlon, faire du vélo ensemble. Les enfants savent que c'est possible pour eux de faire du triathlon, ils en parlent, ils les voient s'entrainer et viennent souvent sur les circuits pour courir ou jouer, mais ça ne les intéresse pas pour le moment. La mère va dans une école de massage, elle masse les enfants, leur montre des points de réflexologie et ils les apprennent du fait de *son* amour pour l'art du massage. Elle partage certains de ses écrits avec eux, en fonction de leur intérêt ; elle leur lit des articles pour avoir leur opinion. Elle cuisine avec ses herbes, soigne ses enfants : ils lui demandent

104. http://teawithren.blogspot.com.

105. http://sandradodd.com/strew/ren.

souvent quelle herbe serait utile pour ceci ou cela, ou s'ils pourraient faire pousser telle herbe. Du fait de son intérêt pour le Moyen Âge, elle a emmené les enfants à un évènement de la SCA (Society for the Creative Anachronism). Ils ont adoré et maintenant ils rencontrent le groupe local de temps en temps. C'est un exemple du chevauchement de leurs intérêts. La voyant faire des arts plastiques, les enfants sont très excités par le matériel et les possibilités. Et puis il y a les choses auxquelles elle ne s'était jamais intéressée du tout, sur lesquelles elle apprend, l'électricité, la guitare, les dessins d'animation japonais, etc. Elle essaie de s'intéresser à leurs intérêts, parce que c'est cool d'apprendre de nouvelles choses. Ils lui ont appris énormément. C'est juste un échantillonnage de la manière dont les intérêts d'une mère peuvent se répandre sur la famille et pas du tout dérober du temps ensemble.

Qu'est-ce qui est compliqué lorsqu'on fait ce choix ?

Emmanuelle Bastide[106] *:* Est-ce que ce choix s'inscrit dans une contestation directe de l'école ? (*RFI*)

Clara : Il y a deux cas de figure. Il y a des personnes qui dès la naissance, ou avant même la naissance de leur enfant, ne voient pas pourquoi le mettre à l'école et décident de laisser l'enfant continuer d'apprendre comme ça se fait dans la petite enfance, sans tout d'un coup séparer apprentissage et vie. Et puis il y en a d'autres pour qui ces questions ne se sont pas posées, qui parfois ne savent même pas que l'école n'est pas obligatoire ; quand l'enfant est vraiment en souffrance à l'école, ces parents-là, au lieu de répondre : « Mais mon chéri, l'école est obligatoire », posent vraiment les questions et apprennent qu'elle ne l'est pas, qu'on peut essayer pour quelque temps de le retirer ; et ça peut durer plus longtemps que prévu au départ[106].

Pourquoi l'apprentissage autonome est-il si difficile à vivre en France ?

Clara : En France, cette liberté fondamentale pour les parents de choisir d'instruire leurs enfants à la maison *ou* à l'école existe depuis les lois

106. Emmanuelle Bastide, *7 milliards de voisins*, www.rfi.fr/emission/7-milliards-voisins, www.etreetdevenir.com/EED.fr.html#RP.

Ferry des années 1880 (qui ont rendu obligatoire l'instruction mais pas l'école), et fait donc partie de notre pluralisme et de notre démocratie. Elle est encadrée : les enfants instruits à domicile sont annuellement contrôlés pour vérifier que les parents s'acquittent du devoir d'instruction et que le cadre de vie des enfants est bénéfique (ouverture sur les autres, activités sociales, sportives...). Il est très difficile de mettre le doigt sur les apprentissages auto-gérés et autonomes, d'où une grande difficulté pour les autorités à faire ces contrôles dans les familles qui font ce choix. Ils ne connaissent pas les enfants de ces familles comme leurs parents les connaissent, et ne partagent pas nécessairement leur confiance.

Pourquoi tant de pression sociale ?

Fredy Fadel : Le manque de liberté n'existe pas seulement sur le plan politique, il y a une pression sociale. Par exemple, ma mère, quand je lui ai dit que je ne voulais pas que mes enfants aillent à l'école, sa première remarque a été : « Mais tu ne veux pas qu'elles sachent lire ? » Ben non, je ne voulais pas qu'elles ne sachent pas lire, elles savent lire, simplement, on peut apprendre à lire autrement.

Clara : Dans le film, Michael dit : « En France, l'éducation libre aujourd'hui est comme l'homosexualité il y a vingt ans[107]... ». Le jugement, les aprioris, les idées préconçues, le conformisme… rendent ce choix très difficile à vivre. Fredy Fadel le dit bien dans le film, pour certains c'est criminel de ne pas envoyer ses enfants à l'école. Mais ce n'est pas qu'en France que c'est ainsi. Lors d'une projection à l'université de São Paulo, des familles du public nous ont dit qu'elles avaient le sentiment de « sortir du placard », car c'était la première fois qu'elles avaient la possibilité de parler de la non-sco en public, tant le sujet est tabou. Une particularité de la France, c'est que l'idée qu'il faut élever les individus de leur condition « naturelle » à leur condition d'« homme » y est très présente et rend la non-sco particulièrement difficile[108].

107. Scénario, p. 58.

108. Paru dans *Nexus*, article d'Édouard Ballot.

Est-ce que je serais assez forte pour endurer les pressions extérieures ?

Thierry Pardo : Les pressions extérieures, elles ne sont en général pas si extérieures que ça. Les pressions les plus dures à ramasser sont celles de la famille proche. Parfois le conjoint, parfois les grands-parents… c'est ça qui est difficile.

Spectatrice : Est-ce que vous en avez eu, vous ?

Thierry Pardo : Nous, on est des parents séparés. Mes enfants ne sont jamais allés à l'école et la mère de mes enfants voulait absolument qu'ils aillent à l'école cette année-ci. On a terminé ça au tribunal cet été. Et les enfants ne vont toujours pas à l'école – les enfants ne voulaient pas y aller. Là, la pression est quand même très directe.

Spectatrice : Quelles étaient ses raisons à elle ?

Thierry Pardo : La raison de la juge, c'est simplement qu'elle a dit : « Ces enfants ne sont jamais allés à l'école, on est à deux semaines de la rentrée, il n'y a aucune raison. » Ils prônent la stabilité, la continuité des enfants.

Spectatrice : Mais les raisons de la mère ?

Thierry Pardo : La peur sans doute. Pour dire en un mot, c'est la peur. Dans les salons du livre, quand je présente mes livres, les gens les plus ouverts, avec qui je discute le plus autour de la table dans mes séances de signature, c'est souvent, soit des 18-20 ans qui ont plein de questions, soit des gens de plus de 60 ans, qui ont été profs parfois, et puis qui là sont grands-parents et qui n'ont pas le même rapport à tout ça. Et puis ils se disent : « Ah ben si j'avais pu, su, etc. » et du coup, c'est comme deux groupes d'âges qui ont des questions qui se rejoignent, un qui a eu une certaine expérience, qui a fait le tour, l'autre qui ne l'a pas encore mais qui y aspire, et du coup on est dans des périodes de questionnement. Mais pour les gens qui sont droit dedans, ce n'est pas toujours évident de remettre tout ça en question.

Spectatrice : Il y a une prise de conscience, aussi. On se retrouve en tant qu'humain. C'est tellement évident que ça ne peut pas être si simple en fait. On est habitués à des choses tellement plus compliquées, tellement plus structurées, notées. C'est trop simple, c'est pas normal.

Spectateur : Ça fait du bien...

Autre Spectatrice : Ça ramène à la base de l'humain. C'est le retour à la tribu où tout le monde s'enseigne.

Comment faire pour ne pas être seuls ?

Clara : Tout particulièrement quand j'ai rencontré des mamans solo qui ont fait ce choix, j'ai remarqué qu'effectivement, on se crée une tribu. On a hélas rarement de la famille, des tantes, des grands-parents à Paris, mais on s'invente une famille !

Catherine Dolto[109] *:* C'est ça. Tu dis à un moment, vers la fin, quand tu es au festival, que tu as trouvé quelque chose de tribal, n'est-ce pas ? Et c'est vrai que nous sommes des êtres faits pour vivre en tribu. L'humain est fabriqué pour ça, il est programmé génétiquement pour ça. La société actuelle a organisé une fragmentation et un isolement qui sont bien évidemment pathogènes. Alors comment remédier à ça ? Il faut beaucoup de créativité.

Avec Catherine Dolto au St-André des arts

Claudia Renau : Les relations, les échanges entre familles se créent, on est beaucoup moins seuls qu'on le croit au départ. Certes il faut un peu chercher, ça demande un peu de temps pour rencontrer les autres familles,

109. Haptopsychothérapeute, auteure et directrice de collection chez Gallimard.

sympathiser avec certaines, se constituer un réseau. Étant donné le faible pourcentage d'enfants vivant hors école, on ne peut qu'être actif, ça n'est pas automatique. Mais ensuite le réseau qu'on a créé est ressourçant et dynamisant[110]. Pour ce qui est des enfants scolarisés du quartier, les enfants les rencontrent au square et lors de leurs activités du mercredi.

Comment se situer par rapport à la loi ?

Jean-Pierre Lepri[111] *:* Là où ça peut se passer mal c'est lorsque les inspecteurs viennent contrôler les acquis scolaires des élèves – alors que les enfants ne sont pas à l'école, ne sont pas des élèves ! Si je me braque, l'inspecteur d'académie peut faire un signalement au procureur de la République qui peut aller jusqu'à l'injonction de scolarisation. Mais c'est un argument qui ne tient pas parce que l'école elle-même accuse au moins 20 % d'échec. L'école ne sanctionne pas les enseignants pour ça. Mettre à l'école un enfant qui n'apprend pas à la maison ne garantit pas qu'il va apprendre à l'école, surtout si avant il y était et qu'il n'y apprenait pas. Ça montre bien que c'est une question dogmatique, en tous cas idéologique : il faut entrer dans le moule.

Je renvoie au site `Education-authentique.org`, page « Documents complémentaires », texte « LDI », le droit à l'instruction en France, deux pages. L'administration et le droit, c'est du texte, il faut donc répondre au plan du texte. Dans la Déclaration universelle des droits de l'homme de 1948, l'article 26-3 dit : « Les parents ont le droit de choisir le genre d'éducation à donner à leur enfant. » C'est un texte qui prime sur tout. Quel que soit le texte qui va maintenant aller à l'encontre de ça, c'est un texte qui n'est pas fondé, qui contredit la loi. La Convention européenne, Charte des droits fondamentaux, article 14-3, instaure « le droit des parents d'assurer l'éducation et l'enseignement de leurs enfants conformément à leurs convictions religieuses, philosophiques et pédagogiques. » La France a ratifié ces textes, donc ils s'imposent en France sur tous les autres textes. Enfin, au Conseil constitutionnel français, la décision 77-87 DC (en 1977), dans son article 1er, confirme la liberté d'enseigne-

110. Voir les coordonnées des associations p. 271.

111. Docteur en sciences de l'éducation et en sociologie, inspecteur de l'Éducation nationale pendant cinquante ans sur cinq continents, auteur de *La fin de l'éducation ?* ; de *'Éducation' authentique : Pourquoi ?*, Myriadis et de `http://education-authentique.org`.

ment. Tout texte qui contreviendrait à une de ces caractéristiques n'est pas fondé : c'est le Tribunal administratif qui le confirmera.

Je ne suis pas un défenseur de l'instruction à domicile, parce qu'elle peut revêtir plusieurs formes, y compris la forme *éducative*. Mon critère n'est pas le lieu, ce n'est pas l'école ou la famille, c'est la structure : est-ce que je suis dans le paradigme *éduquer* ou dans le paradigme *apprendre* ?

Je pense que l'autonomie dans les écoles classiques est impossible parce que la structure n'est pas construite vers l'autonomie. L'autonomie ne se décrète pas, même si je l'inscris sur l'emploi du temps. « Sois autonome ! », l'injonction est paradoxale. Une « éducation à l'autonomie » ou une « éducation émancipatrice », c'est un oxymore, c'est intrinsèquement contradictoire.

La Convention internationale des droits de l'enfant, également ratifiée par la France, dit que « L'enfant a droit à une éducation. » L'éducation, comme tous les mots en *tion*, désigne l'acte d'éduquer, donc l'enfant a le droit d'exercer l'acte d'éduquer... C'est la première anomalie. La seconde est que l'enfant a *droit à* l'éducation. Or un droit n'a jamais été une obligation. Il est donc possible à l'enfant de ne pas exercer l'acte d'éduquer – ou d'être éduqué. Dans les textes français, c'est l'instruction qui est obligatoire : tout ce que quelqu'un pourrait alors contrôler, c'est que le droit de l'enfant à être instruit est respecté. Si aujourd'hui je veux être instruit, mes parents ne peuvent pas s'y opposer, ça ne veut pas dire qu'ils ont une obligation d'instruction. Un droit, ça n'est pas une obligation.

Thierry Pardo : Dans un premier temps, nous n'avions pas fait de déclaration à la Commission scolaire – histoire de garder notre autonomie dans l'apprentissage et de ne pas avoir de comptes à rendre, de contrôles à subir. Moi, je passais régulièrement dans les médias, mes enfants sont passés à la télé, à la radio, Radio Canada etc., il n'y a vraiment que la Commission scolaire qui ne savait pas que j'avais des enfants qui n'allaient pas à l'école. Le risque est de se faire dénoncer par un voisin… Ou, c'est arrivé, par des grands-parents. Oui, l'adversité est souvent très proche.

Des années plus tard, après notre séparation, quand la mère de mes enfants m'a demandé de faire la déclaration, je suis allé voir le directeur de l'école[112] à côté de chez moi, et je lui dis bon, regardez, je ne vous demande pas l'autorisation d'éduquer mes enfants, tout le monde en a le droit : à la fois la loi québécoise, les conventions internationales, l'histoire des mammifères, tout m'en donne le droit. Deuxièmement, vous n'avez pas à m'évaluer parce que je ne suis pas votre élève, donc on va se mettre d'accord. Le directeur est gentil, il comprend que je connais mieux le dossier que lui, donc on va y aller tranquillement. Mais ça arrive très souvent qu'un directeur dise : « Non, vous ne pouvez pas déscolariser votre enfant, il faut demander l'autorisation. » Or, une demande d'autorisation, ça n'existe nulle part dans la loi. Alors il faut envoyer une lettre : « Sur quel texte de loi vous appuyez-vous, etc. ? »

Tout le monde a peur, finalement. La famille a peur de se faire inspecter, l'inspecteur ne sait pas dans quoi il met les pieds, etc. Lui, il a l'injonction de faire un travail mais il n'est pas du tout formé pour évaluer des familles qui ne vont pas à l'école. Donc tout le monde a peur, tout le monde se regarde un peu de travers. Le directeur de l'école m'a dit : « Oui, il faudrait faire une évaluation. » Je lui ai répondu : « Vous voulez faire une évaluation scolaire ? O.K., pas de problème. Peut-être que mes enfants ne la réussiront pas. En même temps, moi je peux vous faire un examen avec une cinquantaine de questions auxquelles mes enfants à 6 ans peuvent répondre et auxquelles ni vos élèves, ni vos profs, sont capables de répondre. Vous voulez vraiment qu'on joue à ça ? » Et là il comprend assez vite qu'on peut jouer, mais…

112. Dans le cas de la Commission scolaire de Montréal (CSDM), la responsabilité du suivi est déléguée au directeur de l'école de quartier des enfants.

QU'EST-CE QUI FAVORISE L'APPRENTISSAGE ?

C'est difficile d'accepter cette idée que l'apprentissage est permanent !

PAT FARENGA : Le film montre de nombreuses familles qui ont décidé de *nourrir*, plutôt que de *gérer*, le développement de leurs enfants. En laissant leurs enfants explorer le monde d'une manière qui pourrait paraître puérile ou non-productive à d'autres, la caméra révèle aussi combien ces moments qui semblent insignifiants sont précieux. C'est un plaisir de rencontrer tous ces parents de différents pays et d'entendre leurs raisons pour *laisser* l'apprentissage avoir lieu plutôt que de le programmer arbitrairement.

J'ai été particulièrement impressionné par la manière de Clara Bellar de capturer tant de moments où les enfants apprennent, en assistant ou en participant à des activités collectives, des jeux, des explorations individuelles, en faisant la cuisine, en chantant, en se déguisant, en faisant du théâtre, de la musique etc. La plupart du temps, les adultes sont simplement en train de faire des choses, de travailler, leurs enfants près d'eux. On voit aussi quelques tuteurs et quelques cours, mais il est clair que les enfants et parents les ont choisis.

Pour moi ce qui rend ce film spécial, c'est la curiosité de la cinéaste/narratrice : « Fallait-il vraiment un lieu et un temps pour apprendre ? » C'est une exploration frappante de la manière dont enfants et adultes apprennent et grandissent ensemble sans suivre l'école et les pratiques conventionnelles. La célébration de l'accouchement et de la parentalité au début du film donne une belle résonance au fait que des parents pourraient vouloir continuer cette vie de famille holistique plutôt que d'avoir des emplois du temps conventionnels, fracturés entre travail/école/famille. Chaque famille du film contribue avec un morceau important à la présentation globale de comment les enfants apprennent seuls et comment les adultes les aident à le faire.

Le titre *Être et devenir* prend tout son sens lors du visionnement du film. On voit comment la croissance et l'éducation humaines sont une partie inextricable de la vie. À ce sujet, je voudrais souligner combien la recherche a montré depuis des décennies que la réussite *scolaire* était directement liée à la richesse et à la classe sociale. Pourtant, malgré l'évidence du contraire, nous agissons comme si, juste en rendant l'école plus efficace et rigoureuse, nous verrions un jour des améliorations concernant la pauvreté, la santé et la citoyenneté. Comme Illich, Holt, Gatto et d'autres l'ont soutenu pendant plusieurs décennies, et comme ce film le montre incidemment, si, au lieu de dépenser de l'argent pour améliorer l'école, nous le dépensions directement pour améliorer la vie des gens en faisant en sorte que leurs besoins basiques soient satisfaits et leurs soucis réduits, l'apprentissage aurait lieu[113].

Philippe Bouret[114] *:* On ne peut pas évaluer le désir de savoir. On est dans une société comptable, alors qu'il y a de l'insondable dans le désir de savoir, qui ne se comptabilise pas. Quand un enfant se met à lire, même l'enseignant ne sait pas dire pourquoi. C'est l'intimité du désir d'apprendre[115].

Avec Fredy Fadel et Hubert Montagner

Pourquoi ne pas élaborer un programme qui serait compatible avec le développement de l'enfant ?

Hubert Montagner[116] *:* Votre beau documentaire soulève beaucoup de questions et d'émotions. Le conseil supérieur des programmes m'avait demandé une contribution écrite sur les programmes de l'école maternelle. Pour quelqu'un qui a eu le privilège de suivre le développement de nombreux enfants, la notion de programme est incompatible avec les réalités du développement de l'enfant.

113. www.johnholtgws.com/pat-farengas-blog/2016/10/8/being-and-becoming-1.

114. Psychanalyste à Brive, membre de l'École de la Cause freudienne.

115. Paru dans *La Montagne*, « Dire "l'insondable désir d'apprendre", Un film sur la société, le libre-arbitre, la confiance, le respect ».

116. Directeur de recherche à l'INSERM, auteur de *L'Enfant acteur de son développement*, Stock.

Pourquoi le jeu et le temps non-planifié sont-ils si importants pour les enfants ?

Clara : Le jeu est indissociable de l'apprentissage. La plupart des grandes découvertes ou inventions ont été la conséquence d'un plaisir ludique. N'oublions pas que les deux apprentissages les plus difficiles, la marche et le langage, découlent naturellement du jeu, et qu'il n'y a pas lieu d'enseigner ces « matières ». Jouer et apprendre, jouer et travailler : il n'y a pas de séparation les premières années. Celle-ci nous est inculquée quand commence la scolarisation, et c'est là que commence le ressentiment face au travail, dès lors qu'il n'est plus auto-motivé[117].

Spectatrice : Je vais rentrer du cinéma, et avec mon fils on avait prévu d'aller se promener, c'est dimanche, mais à chaque fois que je lui dis : « On va se promener », il a une grosse angoisse, parce qu'il a très envie d'y aller mais il me dit : « Mais est-ce que j'aurai le temps de jouer quand-même ? » Parce que c'est le seul jour où il a du temps pour jouer avec ses Playmobils. Je me rends compte que sa vie ne lui appartient pas, il n'a aucun temps pour faire ce qui l'intéresse, alors que je vois bien qu'en jouant, il apprend tellement !

On a l'impression que tout ce que vous découvrez dans le film est assez récent !

Clara : Certes les neurosciences viennent aujourd'hui confirmer les intuitions de certains, en rassurer d'autres sur leurs choix, mais il existe depuis des siècles des écrits qui vont dans ce sens. Par exemple : « L'homme libre ne doit rien apprendre en esclave. Les leçons qu'on fait entrer de force dans l'âme n'y demeurent point. [...] N'use pas de violence dans l'éducation des enfants, mais fais-en sorte qu'ils s'instruisent en jouant. » Aussi actuel que cela puisse paraître, c'est de Platon (dans *La République*). De la même manière, le docteur Catherine Gueguen nous disait qu'autant au 20e siècle, c'était une intuition pour elle de déconseiller certaines pratiques parentales à ses patients, autant au 21e siècle, on en connaît les conséquences et elles sont irréfutables. Je la cite : « On freine le développement du cerveau, on crée de l'anxiété, de la dépression, de l'addiction. Maintenant les études sont faites et

117. *Journal Le 1*, http://le1hebdo.fr/numero/59.

c'est ça qui est extraordinaire. Intuitivement, je le pensais au 20e siècle, mais je n'étais jamais sûre. Maintenant au 21e siècle – parce que c'est une vraie révolution du 21e siècle – on sait[118]. »[119]

Pourquoi distinguez-vous apprendre et enseigner ?

CLARA : Ce que j'ai appris en faisant ce film, c'est qu'il n'y a pas lieu de confondre apprendre et enseigner. Les enfants sont des machines à apprendre ; l'être humain est naturellement curieux, cela fait partie de notre physiologie. Il n'y a pas de temps ni d'espace particulier pour apprendre. Il n'est pas nécessaire de compartimenter, de séparer le travail du jeu (qui sont indissociables pour les petits enfants) en l'organisant par matières, par âges, par quartiers. Alan Thomas, le chercheur anglais qui intervient en fin d'*Être et devenir*, résume les travaux de sa vie par la conclusion que les enfants acquièrent spontanément l'essentiel des savoirs dont ils auront besoin dans la société dans laquelle ils vivent… en y vivant[120]. Oscar Wilde le disait ainsi : « Rien de ce qui est digne d'être connu ne peut être enseigné. »[121]

FREDY FADEL : Enseigner, c'est avoir des intentions pour quelqu'un d'autre, ce qui ne peut qu'interférer avec l'apprentissage, alors qu'apprendre est un processus intime, motivé par la personne qui apprend, qui découvre par elle-même.

Mais on ne peut pas laisser les enfants jouer tout le temps !

CLARA : Dans *Le monde jusqu'à hier, Ce que nous apprennent les sociétés traditionnelles*, Jared Diamond insiste sur l'importance du jeu, pour tous les enfants du monde. Car le jeu leur permet d'acquérir les compétences qui leur seront nécessaires quand ils seront adultes, insérés dans leur communauté. Compétences et non victoire écrasante car le jeu dans ces sociétés « implique le partage et décourage la compétition. » Un tout autre paradigme que l'industrie du jouet, qui vise autant les en-

118. Voir les propos de Catherine Gueguen p. 196 à 198.

119. Paru dans *FemininBio*, article de Stéphanie Boudaille-Lorin, www.femininbio.com/agir-green/actualites-nouveautes/etre-devenir-2-ans-apres-rencontre-clara-bellar-84758.

120. Scénario, p. 74.

121. *Journal Le 1*, http://le1hebdo.fr/numero/59.

fants que les parents. Au fil de la vie, tout naturellement, les enfants apprennent car « la connaissance est inséparable de la vie sociale. » Lorsque Jared Diamond compare des pratiques d'éducation dans différentes sociétés, il relève que les pratiques en usage en Occident sont « très atypiques comparées à la vaste diversité humaine et culturelle », et « inhabituelles selon les critères historiques. » Ces pratiques occidentales sont caractérisées par des « systèmes d'enseignement scolaire administrés par l'État » (plutôt qu'un apprentissage intégré à la vie et aux jeux quotidiens), les groupes de jeu d'enfants du même âge (et non d'enfants de tous âges s'amusant ensemble de façon habituelle), etc. Il parle des pratiques de sociétés occidentales « éduquées », industrialisées, riches et démocratiques, en regrettant qu'elles soient « appliquées de façon inappropriée au reste du monde. »

La joie et la connexion sont-elles vraiment les bases de l'apprentissage ?

Isabelle Filliozat : C'est la 2e fois que je vois ce film, j'ai encore été profondément émue. C'est mon plus grand regret, d'avoir laissé mes enfants à l'école. J'ai cherché à créer une école alternative, ça n'a pas réussi (c'était trop tôt, c'était trop complexe). Je ne sais pas ce qui m'a empêchée de réussir à faire le pas de ne pas scolariser mes enfants. De temps en temps je leur ai proposé, mais ça n'a jamais été plus loin que ça, on est allés voir une fois voir un groupe de non-scolarisés, ça n'a pas pris. J'aurais aimé voir ce film alors, ça m'aurait vraiment aidée, ça m'aurait donné la certitude, la confiance dont j'avais besoin pour pouvoir oser ça. Quand mon fils a eu son bac (à 16 ans parce que son idée c'était : j'aime pas l'école donc je l'évite), après avoir terminé la dernière épreuve, il monte dans la voiture et me dit : ça y est, je sors de sept ans de prison. Ça m'a vraiment beaucoup remuée. Et pourtant on a toujours choisi des écoles alternatives, différentes. Avant 7 ans il était quand même dans un cursus Montessori, Freinet et il y a eu l'école que l'on a tenté de créer où il a été le plus heureux.

Ce qui me touche le plus dans ce film, c'est la joie. Ce qui nous permet d'apprendre, c'est la joie. La joie, c'est l'émotion de l'apprentissage. Grâce à la joie, nous apprenons, et lorsque nous apprenons, nous éprouvons de la joie. La joie est accompagnée de sécrétion de dopamine dans notre cerveau, et chaque fois que nous déclenchons cette dopamine, nous enregistrons les informations. Et pourtant, à l'école, du fait qu'on n'a pas la liberté, on ne peut plus avoir de joie. La joie est une émotion déclenchée par l'apprentissage, mais seulement l'apprentissage en liberté. Pour éprouver la joie, il nous est nécessaire de nous sentir en connexion les uns avec les autres et de sentir notre pouvoir personnel, qu'on n'a plus si on est sous contrainte. Ce sont les deux dimensions essentielles de l'humain, la connexion et le pouvoir personnel, l'amour et la liberté, ça va ensemble. C'est ça que je trouve dans ce film, c'est possible !

L'éducation en famille, c'est un choix, un choix qu'on n'avait pas vraiment, parce qu'on n'avait pas les informations. Merci, grâce à ce film, on commence à avoir un peu plus d'informations et ça permet de montrer que ce n'est pas dangereux, que c'est possible, qu'on apprend mieux, souvent, qu'à l'école. On dit que l'école socialise mais en réalité, mes deux enfants ont été énormément harcelés à l'école – le harcèlement est quasiment permanent dans toutes les écoles aujourd'hui, on ne gère pas les groupes, il n'y a pas de régulation des groupes. Et donc forcément, puisqu'on met les enfants dans une situation complètement artificielle, en mettant des enfants du même âge ensemble, forcément il va y avoir de la compétition et toutes sortes de choses extrêmement complexes à gérer. Tandis que, dès qu'on a quatre âges mélangés, il y a davantage de possibilités d'apprendre et moins de violence. On installe une situation où les enfants sont obligés d'aller, où il y a des horaires, des contraintes, on les met par âge, on leur demande de s'asseoir pendant des heures, ce qui n'est pas physiologique. On a demandé à des collégiens : qu'est-ce qu'on vous demande le plus à l'école, qu'est-ce qu'on attend de vous, que vous dit-on le plus ? 80 % des enfants ont répondu : « Tais-toi ». Ce que l'on demande aux enfants, c'est de se taire, alors qu'on ne peut pas apprendre en se taisant, pour apprendre on a besoin de parler, de participer, de s'exprimer, de sentir qu'on construit.

Pouvoir faire l'éducation à la maison doit devenir un choix, et aussi de construire d'autres écoles qui permettent davantage de liberté. Ça commence à s'épanouir ici ou là, mais nous ne croyons pas suffisamment qu'il soit possible de permettre à un enfant, simplement, d'être libre.
Il y a une école aux États-Unis comme ça qui parait-il fonctionne, où les enfants doivent arriver pile à l'heure... qu'ils désirent ; presque tout le

monde est là vers 10 h. Ça ne gêne pas l'enseignement, puisqu'il n'y en a pas[122]. Les enfants font ce qu'ils veulent, ils jouent, jouent, jouent, pendant des heures et des heures. Peut-être ont-ils besoin de comprendre quelque chose, ils vont alors demander à l'adulte, ça se passe comme ça pourrait se passer à la maison. Ce que je trouve encore plus riche là quand c'est l'éducation en famille, c'est que du coup on est ensemble.

Vous dites que la confiance est importante pour apprendre ?

CLARA : Souvent, des parents viennent voir le film et témoignent : « On continue l'école, mais quelque chose a changé, il y a eu un déclic sur la confiance. On a lâché prise, on voit notre enfant s'épanouir et avoir déjà, au bout de quelques semaines, davantage confiance en lui. » Beaucoup d'enseignants rebelles viennent et disent que c'est ce qu'ils veulent faire, qu'on les en empêche mais qu'ils vont quand même s'acharner. Il ne s'agit pas de dire qu'il faut ne pas aller à l'école et que c'est ce que tout le monde va faire demain, mais de faire confiance et d'être à l'écoute. C'est en ça que j'ai beaucoup appris de ces parents : pour faire ce choix de l'apprentissage autonome (donc pas de « l'école à la maison », mais de laisser l'enfant apprendre à sa guise, à son rythme), ça demande un énorme travail sur soi pour les parents, au quotidien, c'est une remise en question de tous les jours. Je pense que c'est pour ça que j'ai rencontré des gens particulièrement heureux : quand on travaille sur soi, qu'on travaille sur les relations, qu'on passe autant de temps ensemble, quand il y a cette écoute, il y a forcément plus de joie. Ce n'est pas que c'est une méthode infaillible, c'est juste que le fait de s'écouter les uns les autres et de se faire confiance, eh bien, ça marche !

SPECTATRICE : Je suis enseignante en collège en arts plastiques, je leur propose des activités artistiques. Je crois qu'on est la seule discipline où dans notre programme on nous demande de mettre les enfants dans des situations d'expérimentation et non pas d'enseignement, qu'ils découvrent par eux-mêmes ce qu'ils ont à apprendre. Ce qui m'étonne à chaque fois, c'est de voir comment en classe de 6e, les élèves sont plus compétents qu'en classe de 3e. Je m'amuse à redonner les mêmes propositions à des élèves de 3e, concernant le fait d'observer et de dessiner. En 6e j'ai des productions incroyables des élèves qui font des

122. Voir la présentation de Sudbury par Peter Gray p. 132.

trucs géniaux, ils y vont, ils se lancent et sont à fond dedans. Au fil des années, les élèves ont désappris à observer, à dessiner et surtout, ce que vous disiez par rapport à la confiance, ils ont décidé qu'ils ne savaient pas le faire et qu'ils n'y arriveraient pas. Alors que les mêmes, quatre ans auparavant, ça ne leur posait pas de problème. C'est ça qui me désespère, me choque profondément, cette espèce d'évolution.

Isabelle Filliozat : C'est ce que souligne Arno Stern, il montre des dessins d'enfants qui ne sont jamais allés à l'école, et ensuite les dessins des enfants qui vont à l'école, le plus souvent on perd énormément en créativité, mais pas seulement, on perd en énormément de dimensions parce que les enfants commencent à chercher à faire « bien » : au lieu de m'exprimer, de laisser sortir de moi ce qui a à sortir, je cherche ce que le prof attend : que faire pour avoir une bonne note, pour que ça réponde au besoin de l'enseignant et surtout des notes.

Ayla à 3 ans

Ayla : J'ai 15 ans et je ne vais pas à l'école depuis mes 5 ans. J'ai fait un an et demi de maternelle. J'ai arrêté parce que je n'étais pas bien. Avant d'aller à l'école je dessinais beaucoup, j'étais très créative, et quand ma mère m'a mise à la maternelle, je me suis mise à faire de grosses croix rouges sur mes dessins. Alors qu'avant je faisais de grandes fresques, avec des peintures. Et ça ma mère, elle n'a pas trop aimé ; elle qui adorait me voir dessiner. Du coup elle a dit : « Non, ça ne va pas. » Et elle m'a retirée de l'école[123].

Clara : Hier mon fils et moi étions en train de peindre, et moi je suis bloquée quand je peins, je faisais tout pour m'enfuir, et j'ai fini par lui dire que je trouvais ce que je faisais nul, que je peignais des gros cacas. Il m'a dit : « Mais non, c'est pas un caca c'est un fauteuil, et là tu peux remplir de couleur, c'est beau, vas-y, moi aussi j'aime pas trop la tête de ma dame, mais je vais pas dire c'est nul, je vais pas faire des croix rouges, je vais continuer. » (Il connait l'histoire d'Ayla.) Au final, il m'a

123. Voir le témoignage d'Ayla sur *Madmoizelle* : www.madmoizelle.com/apprentissage-libre-temoignage-648001.

inspirée à m'accrocher et je suis très heureuse de mon tableau. Il m'a surprise. On entend si souvent : comment apprendre aux enfants à avoir confiance en eux ? Pour moi, la vraie question est plutôt : comment ne pas détruire la confiance en soi innée des enfants ?

Comment se détacher du pouvoir des notes ?

Clara : Comme le dit Philip Gammage[124] : « On n'a jamais fait grandir quelqu'un en le mesurant. » Les enseignants nous disent souvent : ce sont les parents qui nous embêtent, qui sont inquiets, qui pensent que si on arrêtait de faire telle ou telle chose, donner des notes par exemple, ça freinerait le développement et la réussite future de l'enfant ; les parents sont pleins d'anxiété.

Isabelle Filliozat au St-André des arts

Isabelle Filliozat : Nous avons à faire un énorme travail d'éducation de la conscience des parents. On accuse beaucoup l'Éducation nationale, mais un certain nombre d'enseignants ont envie de faire différemment et sont mal jugés – et même des parents retirent leur enfant parce que le prof est « trop gentil », ne met pas de notes, ne donne pas de devoirs alors pour eux, c'est forcément un « mauvais prof » ! On est construits par l'idée que quelqu'un qui a du pouvoir est quelqu'un de bien, et les parents admirent et se soumettent à quelqu'un qui a du pouvoir. En effet, comme on a très très peu de pouvoir personnel dans la vie, face à quelqu'un qui met de méchantes notes, qui donne énormément de devoirs, qui assure son pouvoir sur les élèves, on pense que c'est quelqu'un de haut dans la hiérarchie, à qui on peut faire confiance, que c'est un bon prof. On est complètement dans une hallucination collective où on va qualifier quelqu'un de bon prof, uniquement parce qu'il exerce du pouvoir – un pouvoir nocif, bien sûr – sur les élèves.

124. Auteur de sept livres ; rédacteur à *European Early Childhood Education Research Journal and Early Years* ; chercheur à University of South Australia.

Comment faire pour motiver les enfants ?

ISABELLE FILLIOZAT : Sans arrêt, on me demande : mes enfants sont démotivés, qu'est-ce que je peux faire ? Pour les garçons surtout, il y a l'énorme problème des œstrogènes dans l'environnement, qui altèrent les circuits de la motivation dans le cerveau. Énormément d'adolescents garçons ont beaucoup de problèmes de motivation simplement parce qu'il y a trop d'œstrogènes dans l'environnement. C'est une chose. Mais il y a aussi le simple fait que la motivation ne peut venir que de l'intérieur, *motivation*, *mot*, c'est la même racine que moteur ; c'est mon *mouvement* intérieur. Quand de l'extérieur on décide ce que nous devons apprendre, alors on perd la motivation.

ANTONELLA VERDIANI[125] : Je suis allée observer des enfants qui sont dans un environnement éducatif un peu spécial, interculturel, c'est dans le sud de l'Inde, c'est à Auroville. Je sais pas si vous avez jamais entendu parler de ce lieu. Et ils font leurs choix, c'est-à-dire, depuis tout petits, ils peuvent choisir leurs matières, leurs centres d'intérêt. Et ce que j'ai observé, le plus scientifiquement possible, même si ce sont des sciences humaines de toute façon, c'est de la joie dans ces enfants. Spinoza dirait : « C'est la puissance d'action » collective, aussi, c'est-à-dire que là où ils sont, quand ils sont en contact avec ce qui les motive, il y a de l'enthousiasme. Moi je l'ai appelé joie. André Stern appelle ça enthousiasme, d'ailleurs il travaille avec un neuroscientifique allemand, Gerald Hüther, qui travaille sur cette notion de moteur d'apprentissage.

ANTONIO DAMASIO[126] : Merci d'avoir utilisé mon ami Spinoza ! Je suis absolument d'accord : la valeur de cette impulsion qui vient de soi-même, c'est très très important. Et comme expérience personnelle, je me rends compte que beaucoup des choses que j'aime le plus, parmi mes connaissances, et des choses que j'aime faire, sont des choses que personne ne m'a jamais enseignées directement. Des choses que j'ai trouvées quand j'étais très petit. Et je me sentirais très très pauvre si je n'avais pas eu la possibilité qui m'a été donnée par mes parents d'être en grande liberté et de ne pas faire seulement les choses qu'on me de-

125. Initiatrice du Printemps de l'éducation, auteure de *Ces écoles qui rendent nos enfants heureux*, Actes Sud.

126. Neuroscientifique, auteur de *L'Erreur de Descartes : La raison des émotions* ; *Spinoza avait raison*, Odile Jacob.

mandait au lycée. D'avoir la liberté d'échouer, si c'était nécessaire, pour faire les choses que j'aimais vraiment.

Isabelle Filliozat : Ce qui est très spectaculaire dans le film, c'est de voir que dès que mon cerveau est prêt, dès que quelque chose m'intéresse, je me mets dedans. On oublie une dimension fondamentale de l'apprentissage qui est que c'est dans la joie et la concentration qu'on apprend. Aujourd'hui on se plaint énormément que les enfants ne sont pas concentrés. Sauf que pour se concentrer, on a besoin de dopamine, on a besoin d'être heureux, on a besoin de sentir la joie. C'est cet état de *flow* qui montre qu'on est complètement dans son énergie. On le voit plusieurs fois, les enfants s'absorbent totalement, pendant cinq-six heures d'affilée dans cet état de concentration, de joie, d'impulsion. Plus on est joyeux, plus on a envie de communiquer avec les autres. Ils ne sont pas en autarcie : à chaque fois que je cherche quelque chose, que je m'intéresse, ça me mène à aller voir quelqu'un, à aller rencontrer des experts dans leur domaine, qui vont partager avec moi leurs informations, aller rencontrer d'autres enfants, des adultes, des gens de tous les âges, qui vont m'aider, m'accompagner sur le chemin. Il y a vraiment toujours ce croisement entre le sentiment d'appartenance et le sentiment de réalisation de soi ; l'axe de la connexion et l'axe de la liberté, de l'accomplissement, ce qui nous donne la concentration nécessaire pour véritablement apprendre en profondeur.

Clara : Quand vous regardez un bambin qui commence à marcher... la motivation est intrinsèque. Ma fille de 2 ans a décidé à 6 mois qu'elle voulait marcher. Elle nous a vraiment convaincus parce qu'elle est très battante et on s'est dit qu'elle allait marcher à 7 mois... à 8 mois... à 9 mois. Et ça continuait, elle tombait, se faisait mal, se relevait, elle en voulait, et on se disait : « Demain, elle va marcher, regarde-là ! » En fait, elle a marché à 1 an. Pendant six mois, elle s'est accrochée, c'était dur, elle n'arrêtait pas de s'égratigner, et se relevait. C'était elle qui voulait, il n'y avait pas besoin de la motiver, de lui dire : « Tu vas marcher une demi-heure par jour… » Et en fait, ça continue toute la vie. C'est le fameux élan vital donc parle Michèle Stern dans le film[127, 128].

127. *La Télé de Lilou*, www.lateledelilou.com/search/bellar.

128. Scénario, p. 35.

On croit au départ qu'il faut, à un certain âge, arriver à avoir appris tout ce dont on aura besoin, mais c'est beaucoup trop court de tout apprendre quand on est enfant, et puis la dopamine, l'envie d'apprendre, la joie d'apprendre, ça continue.

Avec Thierry Pardo au cinéma Beaubien, Montréal

Thierry Pardo : Un ami qui était prof d'histoire géo vient manger à la maison. Il explique aux enfants qu'il était prof à Madagascar. Il se retourne vers mon grand qui avait 9 ans et il dit : « Tu sais où c'est, Madagascar ? » Alors mon fils dit : « Oui, c'est une île à côté de l'Afrique. » « Ah ouais ? Quel océan ? » « Ben, l'océan Indien. » Il dit « Ah ouais, quand même, t'as 9 ans, ah ouais... ». Puis il lui raconte : « J'étais prof de lycée à Madagascar » et mon fils demande : « Mais c'est quoi, un lycée ? » *(Il rit.)*

Pourquoi êtes-vous si enthousiastes à propos des découvertes des neurosciences ?

Catherine Gueguen[129] *:* Dans ce film il y a la clé. Ces parents-là ont compris ce qui est essentiel pour l'épanouissement d'un enfant. Il y a la clé pour être heureux dans ce film-là. Ce qui est extraordinaire, c'est

129. Pédiatre, auteure de *Pour une enfance heureuse : repenser l'éducation à la lumière des dernières découvertes sur le cerveau* et de *Vivre heureux avec son enfant : Un nouveau regard sur l'éducation au quotidien grâce aux neurosciences affectives*, Pocket.

qu'à l'heure actuelle, les scientifiques et les chercheurs qui travaillent sur le développement et sur le cerveau de l'être humain confirment scientifiquement ce qu'il faut pour qu'un être humain se développe bien et soit heureux, on le sait exactement. Ces parents-là l'ont compris intuitivement ! Vous avez la clé du bonheur dans ce film ! Ce n'est pas l'école ou pas école, c'est l'environnement autour de l'enfant. Que faut-il pour bien se développer : des adultes aimants, attentifs et qui font confiance. Des adultes qui aident l'enfant à exprimer ce qui l'intéresse, qui l'aident à construire son identité, à savoir qui il est. La clé est le vrai amour, ce n'est pas laisser l'enfant faire n'importe quoi, c'est être attentif à l'autre, avoir de l'empathie, partager ses émotions. Dans ce cas-là, l'être humain se construit au maximum de ses possibilités. Je connais des enseignants capables d'être comme ça.

C'est l'environnement affectif qui compte pour que l'enfant s'épanouisse, aussi bien au niveau intellectuel qu'affectif. Maintenant on sait ce que ça fait : au plus profond le cerveau se modifie. Au niveau des structures cérébrales, des circuits, des cellules, et même des molécules cérébrales, chaque expérience, chaque rencontre modifie le cerveau, encore plus chez les petits. Chaque fois qu'on est empathique, bienveillant, soutenant, encourageant, le cerveau se développe au maximum de ses possibilités. C'est pour cela qu'on voit ces enfants épanouis dans le film, ils font ce qu'ils souhaitent faire et deviennent créatifs. C'est parce que leur cerveau s'est complètement bien développé, parce qu'ils ont eu la nourriture affective qu'il leur faut.

Catherine Gueguen au St-André des arts

À l'inverse, et les études sont faites à l'heure actuelle, si on maltraite un enfant émotionnellement, si on l'humilie, si on lui fait honte, le punit, le néglige, on freine le développement du cerveau, l'être humain est entravé dans son développement et en plus on crée de l'anxiété, de la dépression, des addictions, du suicide. Maintenant les études sont faites à ce sujet !

Intuitivement je le pensais au 20e siècle, mais je n'étais jamais sûre. Quand les parents venaient me voir – je suis pédiatre, j'ai une consultation pour aider les parents dans l'éducation – je leur disais : moi je pense ça, je leur parlais d'éducation empathique, bienveillante. Mais je n'étais jamais sûre, c'était intuitif. Maintenant au 21e siècle, on sait que c'est ce qui permet le bon développement d'un être humain. Ce que nous disent les chercheurs en neurosciences affectives et sociales est l'une des plus importantes révolutions au 21e siècle.

À l'heure actuelle, en France, il y a beaucoup de chercheurs en neurosciences cognitives : tout ce qui se passe au niveau du cerveau quand on apprend, qu'on mémorise, qu'on pense. C'est de l'intellect. Dans le monde, il y a énormément de chercheurs – très peu en France – en neurosciences affectives et sociales. Il s'agit de : que se passe-il au niveau du cerveau quand on rencontre les autres, quand on éprouve des émotions et des sentiments. Maintenant, scientifiquement, on sait ce qu'il faut pour que l'être humain se développe bien. On a beaucoup de chance de vivre à l'époque actuelle, parce que maintenant on sait ce qu'il faut faire. Il faut vraiment modifier totalement notre regard sur l'enfant.

Ces parents-là sont des pionniers. Dans le rapport de l'Unicef, c'est le contraire de ça qui domine : à 90 % dans le monde entier, les enfants sont maltraités verbalement, physiquement. Il faut une grande réflexion de l'ensemble de la société pour changer la façon d'être avec les enfants. J'y crois, je pense que ce n'est pas du tout une utopie, mais il faut une réflexion de la société tout entière : des parents, des enseignants, des hommes politiques, des dirigeants d'entreprise – les pays nordiques ont compris ça, ils ont adapté le travail aux parents qui travaillent, en faisant en sorte que les parents puissent rentrer de bonne heure chez eux, en ne mettant pas de réunions tard le soir. Tout le monde doit changer de regard, en connaissant ces études-là qui sont des études pointues, mais à la portée de tout le monde, elles sont accessibles sur internet. En 2015, on sait ce qu'il faut faire pour que les enfants aillent bien.

Bernadette Nozarian : L'apprentissage autonome est basé sur les centres d'intérêt et le rythme de l'enfant, sur l'observation, la curiosité. Les recherches en neurobiologie montrent bien que certaines hormones s'activent lorsque nous prenons plaisir à faire quelque chose.

Clara : Comme le dit André Stern, qui cite le neuroscientifique Gerald Hüther, notre cerveau se développe là où nous l'utilisons avec enthousiasme. L'enthousiasme agit comme un engrais pour le cerveau[130].

Qu'entendez-vous par « sécurité affective » ?

Avec Hubert Montagner au St-André des arts

Hubert Montagner : Il y a un élément clé, qui existe partout, sous toutes les latitudes, dans toutes les cultures, dans toutes les sociétés. C'est la sécurité affective. Sécurité affective que l'on a entendue dans votre documentaire, même si le mot n'a jamais été prononcé. La sécurité affective, eh bien c'est le sentiment pour l'être humain de ne pas être abandonné, ne pas être négligé, de ne pas être délaissé, de ne pas être en danger. Ça, c'est formidablement important, parce qu'à partir de ce moment-là, le cerveau peut libérer toutes ses possibilités, toutes ses potentialités, toutes ses capacités, quelque fois très étonnantes.

C'est étonnant d'entendre : je ne sais pas ce que mon enfant apprendra, je ne veux pas le savoir !

François Bégaudeau : Nous n'allons pas arrêter de rater. Il y a plein de choses que nous n'allons pas arrêter de ne pas faire. L'immense ma-

130. Voir André Stern, *Semeurs d'enthousiasme*, Éditions l'Instant Présent.

jorité des savoirs, je vais mourir sans les avoir acquis, même si j'étais resté à l'école 600 ans et si je passais ma vie à consulter Wikipedia. Il faut revenir à des choses simples : nous mourrons absolument ignorants, nous mourrons en ne possédant pas l'infinie majorité – si ça a un sens – des compétences, des expertises. C'est pour cela que ce mot de confiance est fondamental, il y a quelque chose qu'il faut lâcher, lâcher cette idée qu'il y a des savoirs à acquérir, que ce serait dommage de rater Dostoievski. Mais depuis le début de l'humanité, 99,99999999 % des humains n'ont pas lu Dostoievski. Est-ce qu'on considère que c'est un cataclysme ? Et c'est un fan de Dostoievski qui parle.

Il y a des espèces de pré-requis mentaux sur lesquels il faut travailler. Ce qui me frappe dans le film c'est qu'à la base, il y a une disposition mentale différente, qui a à voir avec ça : je ne sais pas ce que mon enfant apprendra, je ne veux pas le savoir, je ne veux pas lui désigner des passages obligés de savoir certaines choses, il apprendra ce qu'il apprendra, et l'important est qu'il vive bien, qu'il soit heureux, qu'il soit bien dans ce qu'il fait, qu'il y ait du désir au travail. S'il peut apprendre une seule chose dans sa vie, et que ce seul domaine de compétence dans lequel il aura circulé, il y aura circulé de façon intense, joyeuse, tout va bien, c'est pas grave, au contraire ! L'école a cette espèce d'anomalie d'avoir désigné un corpus de matières, qui seraient censément des matières importantes pour la formation des citoyens ; donc on a décidé qu'on ferait des maths et pas du droit. Il n'y a pas de cours de droit... *(Le micro s'éteint.)* On me censure, parce que je dis des choses extrêmement gênantes... Je suis habitué, c'est mon sacerdoce, on est deux contre 7 milliards avec Fredy ! *(Il rit.)*

Comment être un parent qui s'en sent capable ?

SPECTATRICE *(à Isabelle Filliozat) :* Merci pour le dernier mot que vous venez de dire : « Je savais que c'était possible mais je ne savais pas que c'était possible *pour moi.* » Ça m'ouvre plein d'idées. Mes enfants ont déjà 4 et 7 ans. Mon aîné est en CE1 : pour l'écriture, la lecture... la comparaison avec les autres c'est tout le temps, sur tout. Même ma fille de 4 ans, ce matin : elle a fait un dessin et a dit : « C'est pas assez bien » et elle l'a déchiré. Son frère faisait ça au même âge. Mais ils y sont déjà à l'école, donc là ce serait le choix de les en sortir. Quelque part c'est plus dur que quand ça se fait naturellement et qu'on n'y entre pas. Une question qui se pose pour moi c'est de se dire : comment être un parent qui s'en sent capable ? Les enfants apprennent au contact de plein de choses. Les mettre en contact avec des choses diverses, de la nature, différents types de métiers, d'artistes – dans le film ils sont dans un chantier où ils apprennent plein de choses en regardant les artisans etc. –, tout ça me semble évident. Il faut que je trouve quelqu'un qui leur donne envie et leur apprenne.

Isabelle Filliozat : Il n'y a pas à essayer de leur apprendre...

Spectatrice : Oui, plutôt leur donner envie.

Isabelle Filliozat : Pas besoin de leur donner envie.

Spectatrice : Comment on fait ?!

Isabelle Filliozat : C'est un changement de paradigme, un changement de regard, de positionnement. On n'a pas besoin de se dire : « Est-ce que je suis capable », le centre d'attention n'est pas « est-ce que moi le parent je suis capable »...

Spectatrice : … de lâcher !

Isabelle Filliozat : Oui, à ce moment-là, je vais plutôt me poser la question : de quoi ai-je besoin, et non pas : « Est-ce que je suis capable de lâcher ? » Pour pouvoir lâcher, on a besoin de se sentir en sécurité et d'avoir autour de soi des gens qui vont partager avec nous, nous donner des idées, des ressources...

Spectatrice : … de l'inspiration.

Isabelle Filliozat : Oui, de l'inspiration, et simplement de la respiration.

Je ne m'en sens pas capable parce que je ne suis pas enseignant

Spectatrice : Je suis enseignante. Les gens disent : « Comme tu es enseignante, tu sais apprendre à l'autre. » Mais moi, je ne fais rien, je ne veux surtout pas être l'institutrice de mon enfant, simplement on vit. Je ne sais pas comment faire passer le message : « Toi aussi tu peux. »

Isabelle Filliozat : Il y a énormément d'enseignants dans le monde de l'instruction en famille, c'est interpellant et devrait interpeller. Les enseignants, c'est ceux qui savent ce qui se passe à l'école.

Clara : J'ai posé ces questions aux enseignants dans le film. Les enseignants ont plus de facilité à accepter d'être filmés, peut-être car ils ont l'habitude de verbaliser leur réflexion sur l'apprentissage. Ils disent aussi : au début on se dit qu'on va savoir enseigner, puis très vite on se rend compte que les enfants n'ont pas besoin d'être enseignés, qu'au contraire il ne faut surtout pas interférer. Et enfin, ils disent en effet : « On connait tellement bien l'Éducation nationale qu'on ne peut pas y mettre/laisser nos enfants », même si de nombreux enseignants font beaucoup pour les enfants[131].

Comment fait-on pour trouver des mentors ?

Clara : Les enfants sont très forts pour se trouver un réseau de mentors bénévoles. Quand l'enfant a un intérêt, il va chercher qui peut l'aider à aller plus loin : ça peut être un grand-père retraité dans l'immeuble qui a une passion pour la mécanique, le jardinage, l'astronomie, qui se réjouira de partager des informations avec un jeune avec qui il va développer des liens d'amitié. Biel connaissait les livres de cuisine pour enfants de Jamie Oliver, et il lui a écrit pour lui demander d'être son mentor. Il ne parlait pas anglais, il a fait traduire la lettre par des amis de sa mère. J. Oliver lui a répondu, et Biel a écrit et fait publier son propre livre de cuisine à 10 ans, sous forme de lettres à J. Oliver.

Biel Baum : On habite à Sao Paulo. Je fais la cuisine et j'ai envie d'être cuisinier depuis que j'ai 4 ans, maintenant j'en ai 13. Ma mère avait déjà des tas de projets humanitaires. Elle passait beaucoup de temps avec des enfants atteints de maladies rénales. Elle m'emmenait dans les hôpitaux et je voyais les enfants tout tristes, alors je me suis promis de les aider, mais je ne savais pas trop comment au début. Ensuite, à 4 ans, j'ai dit à ma mère : « Maman, tu fais très mal la cuisine ! » Elle m'a répondu : « Tu penses que c'est facile ? Va à la cuisine et fais mieux que moi. » Alors j'ai commencé à 4 ans à faire la cuisine, au début elle ne me laissait faire que le petit-déjeuner. À 8 ans j'ai demandé à sortir de l'école, parce que l'école ne m'aidait pas à réaliser mon rêve. Mon rêve, c'était de sauver les enfants malades par le biais de l'alimentation saine. À l'école, je

131. Voir l'article d'Élodie Emery, paru dans le journal *Marianne*, qui s'entretient avec deux parents enseignants du film, www.marianne.net/ces-profs-qui-ont-choisi-descolariser-leurs-enfants-100248706.html.

perdais mon temps. Je me demandais pourquoi il fallait que j'apprenne que Pedro Alvares Cabral avait découvert le Brésil, alors qu'en réalité il avait *envahi* le Brésil, tué des milliers d'Indiens, esclavagisé des milliers de noirs. Il n'a rien découvert du tout, le Brésil était déjà là[132] !

SPECTATEUR : Comment vous organisez-vous pour travailler ?

SABRINA BITTENCOURT : Les familles qui optent pour ce genre d'éducation passent par un processus de planification intense. Il m'a fallu six mois pour m'organiser lorsque mon aîné, Gabriel, qui a donc maintenant 13 ans, a demandé de quitter l'école à 8 ans. Il y a eu une redirection de tous les projets de la famille. Mon mari, beau-père de Gabriel, travaille en ligne, n'importe où dans le monde. J'ai commencé à chercher des options de travail qui me donneraient plus de liberté et de flexibilité. Aujourd'hui, entre autres activités, j'aide les familles à développer leurs propres projets. J'ouvre un espace de co-working, avec des activités pour les parents et les enfants. Biel a d'ailleurs demandé d'y être un intervenant. Par ailleurs, je n'ai pas de voiture, de télévision, d'aide-ménagère… Il reste ce dont les enfants disent avoir besoin, comme mentors et activités culturelles. Mais nous ne payons pas pour tout, parce que nous pratiquons aussi l'économie de partage, faisant tout le temps des échanges avec différentes personnes. Je dépense seulement de l'argent sur ce pour quoi il n'y a pas d'autre moyen. Le jour où je découvrirai comment échanger la facture d'électricité, je le ferai aussi !

Chaque famille trouve sa manière de faire. Il y a ceux, par exemple, qui décident de partir vivre et travailler à la campagne, ce qui leur donne plus de temps à consacrer à leurs enfants. Et souvent, les parents de *unschoolers* choisissent de démarrer leurs propres affaires : le *unschooling* a un côté entrepreneur. Gabriel a découvert rapidement que ce qui l'intéressait comme travail, c'était l'alimentation saine pour les enfants. Il voulait sauver les enfants malades, et il s'est dit qu'attendre d'être pompier ou docteur, ça prendrait trop de temps. Aujourd'hui il est mini-chef, a déjà publié un livre, donne des cours de cuisine, a ses propres projets. Tout à l'heure, il était dans une librairie pour faire des recherches sur le gluten, après plusieurs conversations qu'il a eues avec son mentor. Il veut maintenant en savoir plus sur l'amidon, les proté-

---

132. Les deux Ted Talks de Biel : https://www.youtube.com/watch?v=p6cI4QZNDZg ; https://www.youtube.com/watch?v=82uYFMfyAAc.

ines, l'émulsion... C'est de la chimie, de la biologie, des maths, tout en même temps, comme dans la vie. Comment ça marche ? Il cherche sur internet, va à la recherche de livres et de personnes qui peuvent l'aider à comprendre ce à quoi il s'intéresse. Et ça ne se limite pas à l'alimentation. Il est allé prendre des cours de montage et apprend la menuiserie aussi. Après, il enregistre des vidéos où il partage ce qu'il apprend avec d'autres au sein de notre réseau d'apprentissage en ligne gratuit : « Escola com Asas » [l'école avec des ailes], où tout le monde peut enseigner quoi que ce soit (www.escolacomasas.com).

Comment répondre aux jeunes qui auront besoin d'approfondir la physique nucléaire ?

Spectatrice : Ce qui me pose le plus question par rapport à ce projet, c'est la compétence des adultes qui vont accompagner. Accompagner des jeunes enfants dans des apprentissages débutants, primaires, me semble naturel. Quand on arrive sur des envies plus sophistiquées, plus pointues, comment les adultes qui sont présents vont pouvoir enrichir les jeunes qui auront besoin d'approfondir la physique nucléaire ? Si vraiment on veut répondre aux envies de chaque jeune, comment est-ce possible ?

Fredy Fadel : Tout d'abord je voudrais réagir sur le mot projet : ce qu'on vit avec nos enfants n'est pas un projet, on n'est pas en train d'expérimenter quelque chose, nos enfants ne sont pas des cobayes. Les apprentissages ne s'arrêtent pas après l'âge primaire où ils vous semblent naturels. La personne qui s'intéresse à la physique nucléaire comme celle qui s'intéresse au violoncelle ou aux voyages dans le monde poursuivra son intérêt au fur et à mesure qu'elle développera ses compétences. Ce ne sont pas les adultes qui enrichissent les jeunes : apprendre est un acte intime, chaque personne, quel que soit son âge, est le seul acteur, moteur de cet apprentissage. Des livres, des documents, des documentaires, des lieux de ressources existent, la personne qui s'intéresse à la physique nucléaire trouvera certainement son bonheur. D'ailleurs, les pionniers de la physique nucléaire, ceux qui l'ont imaginée ne l'ont pas découverte dans les livres ou dans les classes, ils l'ont inventée en poursuivant leur propre intérêt, leur propre imagination.

Ramïn Farhangi : Concernant les apprentissages scolaires, académiques, aujourd'hui on est dans une situation d'abondance en termes de ressources éducatives pour mener sa propre éducation et sa propre recherche, tout est sur internet. Clairement, ce n'est pas le souci. Concernant la forme scolaire utilisée dans l'école conventionnelle, où on enseigne à des personnes du même âge, qu'on assoit derrière un pupitre pour leur déverser des informations, nous considérons que ce n'est pas assez sophistiqué pour acquérir des compétences académiques, justement. Cette forme scolaire ne donne pas la possibilité de poser les bonnes questions, de faire de la recherche, de questionner les choses et d'avancer d'une manière qui élève l'esprit et l'intellect.

Claudia Renau : Oui, notre époque est particulièrement propice à l'apprentissage hors école, grâce à internet évidemment. Les connaissances sont partout disponibles, les producteurs de savoirs sont accessibles. À ce sujet, j'ai beaucoup apprécié le livre de Michel Serres, *Petite poucette*. Il explique en 82 pages passionnantes que nous sommes en train de vivre une nouvelle révolution de la connaissance : après la création de l'écriture qui avait rendu la mémorisation inutile, après la création de l'imprimerie qui avait abouti à valoriser « une tête bien faite », la révolution d'internet qui place la connaissance à portée de clic permet désormais de réfléchir et d'inventer par soi-même.

Que voulez-vous dire quand vous parlez d'apprentissage arborescent ?

Ramïn Farhangi : Notre imaginaire est colonisé par la croyance qu'on dépend d'un enseignant pour apprendre des choses, et c'est totalement faux évidemment. Dans notre expérience personnelle, c'est vraiment dans les domaines où on s'est investi personnellement et où on est allé chercher l'information qu'on est devenu vraiment bon et qu'on a acquis des connaissances. Tout ce qu'on a appris avec un enseignant, on l'a plus ou moins oublié. Ensuite, il y a le truc de l'apprentissage linéaire. On a l'impression que c'est étape par étape, que les apprentissages sont catalogués, divisés. Et que d'abord on se prépare, et ensuite on travaille. On a l'impression qu'il faut pendant seize ans apprendre des choses et passer des diplômes, et qu'ensuite on est prêts pour le travail. Alors qu'en fait, dans le monde d'internet, tout est parallélisé et tout est arborescent. Ce n'est plus linéaire ou vertical avec des gens qui savent, des gens qui ne savent pas. Il y a juste des personnes qui interagissent, et tout l'apprentissage se fait de manière arborescente. Une recherche Google, ça va être un élément qui va venir se combiner avec d'autres choses qu'on a vues, une conversation. On est en permanence dans l'action, dans la recherche, dans l'interaction, c'est comme ça qu'on apprend. Et c'est la manière la plus efficace possible : l'apprentissage arborescent, plutôt que linéaire.

Pourriez-vous nous donner des exemples concrets d'apprentissages ?

La lecture

Léandre Bergeron : Je leur lisais des contes sur notre grand lit et quand tout le monde s'éteignait, je fermais le livre. Ma fille cadette me disait : « Moi la lecture, ça m'intéresse absolument pas. » Très bien. 7 ans, 8 ans, 9 ans, 10 ans. J'aurais pu m'inquiéter beaucoup si l'inquiétude était mon obsession. Mais je lui faisais confiance. Avoir une fille analphabète, ça ne m'offensait pas du tout. Je connais des analphabètes très bien, des gars qui savent réparer un moteur diesel mais qui ont jamais regardé un manuel.

Mais à 10 ans, elle m'a dit : « Papa je veux apprendre à lire ». Là il y avait la motivation. Et puis ça m'a pris deux heures je pense. C'était pas d'un coup, c'était cinq minutes, dix minutes là, « Ah oui, c'est comme ça ». Mais j'ai mis deux heures en tout pour qu'elle sache lire. Et l'année suivante, elle lisait *La Petite Fadette* de George Sand. Mais il faut leur faire confiance. Avant tout, c'est les respecter, leur faire confiance et puis ça se déclenche à un moment donné. C'est magique, et c'est tellement simple.

Thierry Pardo : Quand un enfant se passionne pour un sujet, il peut développer des compétences pointues : un cliché de la non-sco, c'est le gamin qui connaît toutes les constellations mais qui ne sait pas lire. Mon fils s'est mis à lire des BD. Il y a des gens qui disent, ah, la BD, ce n'est pas… Mais en fait, il lit à peu près quatre-vingt BD par semaine, on est sur trois bibliothèques. Sa compétence fait en sorte que maintenant il fait des émissions de radio, avec Radio Centre Ville, où il fait une chronique BD. On est allés au festival de la BD à Montréal.

Avec Léandre Bergeron au cinéma Beaubien, Montréal

Vous connaissez la série des Légendaires ? Il y avait un concours, qui connaitrait le mieux..., non seulement il est arrivé dans le pool de tête et l'animateur l'appelait « Mon champion », mais il a fini par gagner contre l'auteur de la BD ! Donc c'est une vraie compétence. Alors qu'on pourrait dire : « Mais il passe ses journées sur la BD. »

L'écriture

Ayla : Pour l'orthographe, quand je communique avec mes amis sur les réseaux sociaux ou par sms et que je fais des erreurs, je leur demande de me le dire pour m'améliorer. Eux aussi, ils font attention ; on n'a pas envie de piquer les yeux de nos copains !

Rosenrot Mireille Schülpke[133] *:* J'ai une petite histoire concernant l'apprentissage de l'écriture. Mon plus jeune enfant qui a maintenant 15 ans n'était jamais allé à l'école. J'avais très envie qu'elle apprenne à lire et à écrire, et j'ai attendu… Elle avait 10 ans, 11 ans, je lui demandais : « Est-ce que tu as envie d'apprendre à écrire ou lire ? » « Non, non, j'ai pas envie. »

Finalement elle a voulu écrire son propre livre, sa propre histoire. Alors je lui ai demandé : « Maintenant tu as peut-être envie d'apprendre les lettres. » « Non. » Alors elle a inventé ses propres lettres, elle a travaillé chaque jour quelques heures sur cette histoire et ça marchait très bien. Puis elle n'a plus eu envie et elle a fait une pause. Après deux ou trois semaines elle a regardé parce qu'elle voulait continuer. Elle m'a demandé : « Est-ce que tu peux lire ce que j'ai écrit là ? » J'ai répondu : « Non je suis désolée, je ne sais pas lire parce que tu as inventé les lettres et je ne connais pas le système. » J'ai demandé : « Et toi, tu y arrives ? » Elle a dit : « Non, je n'y arrive pas… », parce qu'elle avait oublié. Et à ce moment-là, elle a compris pourquoi on a un système de lettres que tout le monde

133. Maman non-sco de trois enfants de 15, 21 et 26 ans, responsable de l'école Clonlara en Allemagne et en France, `http://clonlara.fr`.

comprend. À ce moment-là, elle avait envie d'apprendre à lire et à écrire vraiment… et maintenant elle lit des gros livres comme ça.

Les maths

Thierry Pardo : À Halloween, ils reviennent avec des stocks de bonbons, il y en a pour l'année. On a trouvé un système, quand ils demandent : « Je peux prendre un bonbon ? », après le diner. O.K., alors : combien ? Alors j'ai commencé par leur dire 5 moins 3, tu vois. Mais maintenant on est rendus à des équations compliquées. La dernière, c'est racine cubique de 27, 10 % de je ne sais pas quoi. Maintenant si je leur dis prenez des bonbons, ils ne veulent pas, il leur faut l'équation.

Des exemples du quotidien. L'autre jour on écoutait les VRP, un vieux groupe un peu loufoque des années 1980. Dans une chanson il disait : « Je peux faire Paris-Beyrouth en une demi-heure. » C'est un gars qui est chauffard. Alors mon fils me dit : Mais c'est où, Beyrouth ? Alors on regarde le globe, il trouve le Liban. Je lui dis, à combien il faut qu'il roule pour faire Paris-Beyrouth en une demi-heure ? Ça nous a pris trente minutes, mais on y est arrivés. C'était 8000 k/h !

Clara : Notre fils demande hier soir : « Si papa donne l'atelier de théâtre aux enfants, il gagnera combien par mois ? » Je lui dis que c'est $10 par heure, qu'il y a 6 heures par semaine, et qu'après, ça dépend du nombre d'enfants qui viendront. Il dit : « 10 fois 6, 60. Combien d'enfants il y aura ? » Je réponds : « Je ne sais pas, 5, ou 7… » « S'il y en a 7, ça fera combien par mois ? 60 fois 7, hmm, ça fait combien ? » Je lui dis : « Tu peux commencer par 6 fois 7. » « 6 fois 7 ? 6 fois 7 ?… Ben, 3 fois 7, 21 et puis 2 fois 21, 42. 42 par semaine. C'est pas beaucoup. Ah non, il faut rajouter le zéro. J'avais oublié. 420. Je vais le dire à papa. Attends, et par mois ? Euh, 4 semaines, donc 420 fois 4. Alors, 400 fois 4 ça fait 4 fois 4 plus les zéros. 4 fois 4, 16, alors... 1600 ? Ah non, c'était 420, pas 400. Oh la la. Encore 20 fois 4, alors 80, plus, c'était quoi ? 1600 ? 1600 plus 80, 1680. Mais le stage, il est sur deux mois ? Alors en tout, ça fera combien ? Et par rapport au loyer, ça fait combien de moins, combien il faut qu'on gagne encore, dans le mois ? » Etc. Il a fait la plupart des calculs tout seul dans sa tête, à voix haute. C'est l'exemple type de problème de maths concret posé par la vie et ancré dans la vie.

UNE AUTRE VISION DE LA SOCIÉTÉ

Pourquoi tout remettre en question ?

Cyril Cournoyer : Ce documentaire n'est pas un brulot contre l'école, c'est avant tout un film pour les enfants[134].

Comment traitons-nous les enfants dans notre société ?

Catherine Dolto : En écho à ce film, ce qui devrait nous révolter actuellement, c'est que nous sommes des sociétés maltraitantes pour à peu près la grande majorité des enfants. Maltraitantes à travers les mères, dans l'accueil qui leur est fait dans les hôpitaux pendant les grossesses, dans les maternités ; la façon dont les crèches sont maintenant des objets commerciaux comme les autres, la primarisation de l'école maternelle, le fait d'une façon générale qu'on paye moins cher la personne qui garde les enfants que la personne qui fait le ménage – c'est vrai, le baby sitting est moins bien payé que les heures de ménage –, le statut des enseignants, enfin, un milliard de choses. Et le spectacle que nous avons de la quantité et la qualité de l'échec scolaire en France alors qu'on y dépense beaucoup d'énergie est révoltant. Et donc pour moi, ce film est un des éléments à charge qui doit nourrir cette révolte-là.

Parce que ce n'est pas acceptable que des sociétés aussi nanties que les nôtres arrivent à fabriquer des individus aussi malheureux et aussi inadaptés au monde dans lequel ils doivent vivre. Aussi hypotrophiés de leur désir d'apprendre et de transmettre. Je suis sévère !

L'enfant est un géant !

François Bégaudeau : Ce film a la vertu d'un très bon documentaire, la vertu cardinale d'un bon documentaire qui est de changer le regard, de le tordre un peu. Il réalise l'opération extraordinaire d'inverser la perception, de renverser la polarité entre la norme et la non-norme : on pose toujours que scolariser serait la norme, serait le truc normal. Alors c'est vrai que c'est la norme au sens quantitatif, mais est-ce que c'est la norme d'un point de vue ontologique, par rapport à la façon

134. *Version Femina*, article de Cyril Cournoyer.

dont fonctionne un cerveau humain, dont fonctionne l'apprentissage ? Ça nous rend étrange quelque chose qui nous est familier. Ça me parait une vertu du documentaire – et peut-être de l'art en général : d'un seul coup l'école, qui est familière puisqu'on a baigné dedans, nous parait comme une anomalie, une façon de prendre les choses à l'envers.

Qu'est-ce que ça renverse ? La façon dont on apprend. On a tous plus ou moins intériorisé l'idée que pour apprendre, il faut des périmètres dévolus à l'apprentissage. Ça s'appelle l'école, en général, l'école est le grand périmètre d'apprentissage majoritaire. Ce que dit le film est un renversement total par rapport à la façon dont ça se passe dans la vie, où les enfants et aussi des adultes n'ont jamais eu besoin d'un périmètre dévolu à l'apprentissage pour apprendre : ça n'arrête pas d'apprendre tout le temps dans la vie ! Un enfant n'arrête pas d'apprendre, tout seul et donc avec plein de gens. Sans que soit décrété un moment : « Tiens aujourd'hui je vais apprendre. » Il y a un témoignage qui arrive de façon très anodine mais qui me parait fondamental, c'est ce que dit un des enfants anglais, celui qui écrit des pièces de théâtre, qui raconte cette anecdote très simple avec son copain qui allait à l'école. Un jour il reçoit ce kit d'électricité qui a l'air de beaucoup l'amuser. Son copain scolarisé lui dit : ça c'est l'école, j'ai pas envie, on est là pour jouer[135]. On voit bien ce que ça fabrique comme esprit : il y a un temps pour tout, un temps pour apprendre et un temps pour jouer, un temps pour la vie et un temps pour l'école. C'est la perversion fondamentale de l'école. Ça fabrique des enfants et à terme des adultes qui ont définitivement assimilé l'idée que l'apprentissage doit être délégué à des gens qui savent nous apprendre. Les gens s'auto-dépossèdent de leur génie premier d'apprendre tout seul – c'est-à-dire hors périmètre d'apprentissage attitré. Je pense que c'est la grande opération du film de renverser ça.

Quelque chose revient tout le temps dans le film, c'est le désir. Il n'y a pas d'apprentissage sans désir d'apprendre, il n'y a pas d'assimilation d'un savoir, d'une connaissance sans qu'il y ait eu désir de ce savoir. À l'inverse de tous ces gens qui vous racontent que ce qui est bien avec l'école c'est qu'il y a de la contrainte, qu'on ne peut pas toujours

135. Scénario, p. 61.

écouter les désirs des gens. L'école est un lieu où on ne va pas désirer : ce qui est super avec l'école c'est que les enfants ne seront plus laissés livrés à leur propre désir, on va leur inculquer des choses qu'ils n'ont pas désirées ! Mais quiconque prétend enseigner quelque chose sans passer par le désir se heurtera à des échecs massifs.

Avec François Bégaudeau au St-André des arts

Pour aller au bout de cette idée-là, l'idée qui me parait radicale et politiquement extrêmement conséquente : c'est qu'au bout du compte ce qu'on vient de voir, c'est un film à la gloire de l'individu. C'est un film qui remet totalement au centre l'individu et qui le pose comme l'entité souveraine : tout doit passer par l'individu, c'est l'individu qui lui-même se donne ses propres objets de savoirs, de curiosité, en fonction de ses désirs, de ses affects, de sa dynamique interne. Par rapport à tous ces discours qu'on entend toujours et qui ont une part de vrai, qui dessinent des choses extrêmement redoutables contre l'individualisme, ce film est « individuocentrique », sachant qu'évidemment l'individu n'aura de cesse de s'ouvrir aux autres. Le désir de l'individu est souverain. C'est le rythme organique de l'individu qui préside à tout. Il est beaucoup question de temps dans ce film, le film insiste beaucoup sur : laisser du temps, alors qu'à l'école on décrète qu'entre 9 et 10 h on va s'intéresser à des maths et entre 10 et 11 h on s'intéressera à du français. Le temps organique de l'enfant et de l'individu n'est pas celui-là : si quelque chose m'intéresse, je vais y passer six heures, et si ça ne m'intéresse pas j'y passerai zéro heure. Il faut peser les conséquences philosophiques du film sur la façon dont il redécrète la souveraineté absolue de l'individu, de l'enfant.

Il y a cette très belle phrase, c'est la phrase que je préfère dans le film : les enfants sont des géants[136]. C'est une phrase exceptionnelle, magnifique. Les enfants sont des géants. Tout de suite on entend le

136. Scénario, p. 37.

refrain un peu réactionnaire : ah oui c'est l'enfant roi. Oui je suis d'accord, l'enfant est un roi, l'enfant est un géant, l'enfant est un souverain. C'est ça qui est magnifique. Tous ces parents qui ont fait ce beau geste de déscolariser leurs enfants ont une confiance énorme dans le génie de leurs enfants, c'est la clé. Si vous partez du principe qu'un enfant n'est pas génial – pas au sens où il deviendrait excellent, un virtuose en musique, mais au sens où on parle parfois du génie de la langue ou du génie d'un pays, c'est-à-dire sa quintessence profonde, comme dans la phrase d'Einstein : tout le monde a du génie, mais ne demandez pas à un poisson de monter à un arbre. Le génie est une puissance propre limitée – nous sommes tous limités –, où chacun a du génie, chacun a son génie. Le film est à la gloire du génie et nous rappelle simplement un truc très simple : les enfants ont du talent, les vivants ont du talent, la vie a du talent. Quand tous parlent de confiance, c'est la confiance dans la vie.

Pourquoi pas réformer l'école ?

CLARA : En menant des recherches pour le film, je suis tombée sur des œuvres d'auteurs comme John Caldwell Holt (*How Children Fail*, *How Children Learn*, *Learning all the Time*[137]) et John Taylor Gatto (*Weapons of Mass Instruction, Dumbing us Down*[137]), deux enseignants américains qui, après avoir passé des décennies à tenter de réformer l'école de l'intérieur, en sont arrivés à penser que ce n'était pas possible.

FRANÇOIS BÉGAUDEAU : Des pédagogues, des gens qui avaient une réflexion assez critique et productive sur l'école ont essayé depuis cinquante ans de faire entrer la vie dans l'école. Échec, fondamentalement échec. L'école s'est peut-être un peu adoucie à la marge, elle a un visage un tout petit peu moins austère, mais structurellement ça reste très violent. L'école ne peut pas fondamentalement faire rentrer la vie, ou remettre de l'autonomie dans la mesure où elle postule à la base que l'autonomie ne mène à rien et qu'il faut déléguer la fonction d'apprentissage à des gens qui sont des espèces d'apprentisseurs, qu'on appelle des enseignants, experts, qui savent le faire – qu'on ne forme pas du tout pour ça par ailleurs (un prof pour devenir prof ne montre pas ses compétences de pédagogue, il montre ses compétences dans une *matière*).

137. Voir la bibliographie p. 270.

Les textes fondateurs le montrent, l'école n'a jamais été pensée par ses initiateurs comme un lieu où on apprenne[138]. Apprendre n'est pas ce qui motivait la classe dominante à financer l'école, il s'agissait de former de futurs travailleurs, de futurs soldats. Nous étions dans les années 1870, 1880, 1890, une guerre allait nous tomber dessus avec les Allemands. C'est la matrice belliciste, nationaliste de l'école. Tous ces textes montrent qu'il s'agit de cadrer les classes populaires qui sont en train de devenir nombreuses et commencent à s'agiter, il y a des socialistes un peu partout. Il va falloir aller calmer les pauvres, les dresser ; mais pas du tout qu'ils apprennent, ou alors qu'ils apprennent un certain nombre de savoirs dont on considère qu'ils seront utiles à la société, par exemple dispenser un peu de mathématiques pour pouvoir former des ingénieurs, car le pays est en train de s'industrialiser. Ce n'est pas l'apprentissage en soi qui intéresse l'État et le pouvoir quand il impulse l'école, c'est l'apprentissage minimum pour avoir des ingénieurs – je résume. C'est pour cela que je suis très dubitatif sur le fait que cette structure qui n'a pas du tout été pensée pour l'apprentissage, puisse accueillir des protocoles d'apprentissage réel. Ça a été essayé, l'école primaire est souvent à l'avant-garde de tout ça, elle a une latitude supérieure à celle du collège où c'est une sorte de catastrophe nationale –, je serais assez pessimiste concernant la capacité de l'école à cette mutation contre-nature.

Fredy Fadel : J'aimerais quelques précisions concernant votre école idéale. Cette école :
Serait-elle obligatoire ?
Serait-elle constituée de classes du même âge ?
Si le prof devait sortir de la classe, demanderait-il l'autorisation de sortir aux élèves ?
Si un sujet n'intéresse pas un élève, y aurait-il autre chose d'intéressant pour lui à ce moment précis ?
Si un sujet intéresse un élève, aurait-il le loisir de passer plus de temps dessus ?
Quel serait le rôle de l'adulte ou des adultes présents dans l'environnement ? Seraient-ils des enseignants ?

138. Voir aussi Bernard Collot évoquant Paolo Freire p. 223.

Les matières défileraient-elles devant les élèves avec des horaires et un rythme précis ?
Les échanges se passeraient-ils toujours dans le même lieu ? Avec les mêmes personnes ?

Comment déscolariser l'école ?

Spectatrice : Pour les enfants qui viennent d'un milieu avec moins d'amour... Comment peut-on les soutenir, ce serait quoi la formule pour déscolariser l'école ?

Thierry Pardo : À mon avis, on ne peut pas, tout simplement parce que l'école n'a jamais été pensée, nulle part dans le monde pour épanouir des enfants. C'est pas les enfants qui ont inventé l'école. Donc, à la création des états-nations, on peut parler du Canada, de la France, de la Norvège, des États-Unis, de l'Allemagne etc., on a eu besoin de créer des sentiments citoyens et on a mis tout le monde dans la salle de la mairie pour leur dire : « Regardez, vous êtes des citoyens ». Ça marche à peu près bien, les gens sortent de là et se sentent citoyens de ces pays-là, adhèrent à la communauté du pays, pensent qu'il faut aller voter etc. Donc ça marche plutôt bien.

Mais si on parle du point de vue du besoin de l'enfant, ça n'a jamais été pensé pour épanouir des enfants. Dire à l'école : maintenant vous arrêtez de vous préoccuper de la question d'État, de comment on crée du ciment d'État, mais vous partez des enfants, ce serait comme demander à une caserne militaire de devenir un centre de vacances. Ça n'a pas été pensé pour ! Pour moi ça n'est pas possible.

Bernard Collot : Le film comporte aussi de longues conversations passionnantes avec Naomi Aldort, Alan Thomas, Helen Lees, John Taylor Gatto... auteurs et chercheurs qui se sont penchés sur les apprentissages informels. Ils sont tous anglo-saxons alors qu'en France, nous les praticiens d'une école du 3e type sommes peut-être allés plus loin qu'eux, dans un contexte différent, dans l'exploration de l'informel et de ses conditions.

Parce que ces chercheurs opposent l'informel au formel de l'école, celle-ci devenant par nature rédhibitoire. Il s'agit de l'école, telle elle est conçue d'une façon générale sur toute la planète. Pas plus qu'il n'est possible pour la majorité des gens de concevoir les apprentissages informels, il ne leur est pas possible de concevoir que l'école puisse être autre chose. Or elle peut parfaitement être un autre espace à côté de l'espace familial, dans l'espace environnemental et social de proximité, à disposition, offert à des enfants, des familles, des habitants où « l'être et le devenir » des enfants comme des adultes se poursuit de la même façon avec d'autres dans un autre environnement, se complète, interfère… dans la même liberté, sans rupture, sans hiérarchie d'importance… jusqu'à ce que l'enfant devienne un adulte social libre et autonome. Comme pour ce dont témoigne ce film, nous pouvons aussi dire *nous l'avons fait !* Et même dans l'école publique !

Tant que notre société ne sera pas devenue celle d'un Ivan Illich, ce qui est encore une utopie, nous aurons encore besoin pour la majorité des enfants et des familles de ce qu'on appelle une école, mais pas de celle qui est imposée. Le problème, comme le faisait justement remarquer dans la salle un papa du film, c'est le mot « école » qu'il faudrait éliminer du vocabulaire tant il est lourd de représentations, de croyances, de fausses certitudes. Il faudrait même cesser d'utiliser le verbe « apprendre » tant celui-ci implique dans les esprits un acte particulier, isolé, détaché de la vie, voire contraint. Vivre, parmi et avec d'autres, c'est apprendre, ce n'est que ça et ce pourrait même être une définition des êtres vivants qui ne cessent de s'auto-créer… en vivant[139].

L'école pourrait-elle s'inspirer de la vie sans école ?

Thierry Pardo : Dans tous les centres de la petite enfance à travers le monde, les choses se passent plutôt bien, les gens sont assez contents. Et à travers le monde, dans les écoles, ça ne se passe plutôt pas bien. Les professeurs vous disent que ça ne marche pas bien. Mais au lieu que ce soit celui qui ne marche pas bien qui s'inspire de celui qui marche bien, c'est l'inverse. On prépare les enfants dès le plus jeune âge à l'école. En France récemment, dans le train il y avait une maman avec son enfant d'un an et demi. Il avait un livre avec un imagier, des gâteaux, des bateaux etc., le petit mangeait le livre, normal quoi, et à un moment le livre tombe, je le ramasse et au dos du livre était

139. *Être et devenir*, un coup de poing dans les représentations ! http://education3.canalblog.com/archives/2014/06/05/30015844.html.

écrit « Les notions essentielles à savoir pour préparer son entrée à la petite section de maternelle. » Je redonne le livre à l'enfant en disant : « Révise bien ton truc parce que sinon tu vas galérer en petite section de maternelle ! » On se fait contaminer à l'envers.

J'habite à Montréal, j'ai un petit balcon au 3e, et en bas de chez moi il y a une cour de garderie. Alors j'« espionne » les gardiennes, je les regarde faire avec leur discipline. Et encore ce matin, elles ont une espèce de serpent auquel les enfants sont attachés pour se déplacer : « Alors quand je vous lâche, vous allez vous asseoir contre le mur. » Il n'y a aucun sens parce que la petite cour est fermée, il ne peut rien arriver, ils pourraient aller directement chercher leurs jouets. « Alors quand je vous dis… là vous pouvez y aller… » On sent qu'il y a vraiment une mise en discipline beaucoup plus qu'un épanouissement. Et ça ne sert à rien en fait, il y a huit enfants… Ce n'est pas pour la sécurité, c'est juste une mise en discipline.

Au final, quelles valeurs souhaitons-nous partager avec nos enfants ?

Avec Jean-Pierre Lepri au St-André des arts

Jean-Pierre Lepri : Les pédagogies alternatives ou les écoles nouvelles – et les autres pédagogies ou écoles « différentes » – ne restent, comme leur nom l'indique bien, que d'autres pédagogies et d'autres écoles. Certes, il est, de loin et bien entendu, plus agréable d'être dans une prison (ou une école) spacieuse, bien éclairée, aux jolies couleurs… que d'être confiné dans une prison (ou une école) étroite, sombre et qui sent mauvais. La relation éducateur-éduqué ou formateur-formé ou parent-enfant… est fondatrice et structurelle de toute relation éducative, enseignante, formative… – fût-elle « différente » ou « alternative ». Pourtant le schéma éducateur-éduqué, asymétrique et hiérarchique – du type administrateur-administré, colonisateur-colonisé ou dompteur-dompté... –, entre l'un qui conduit et l'autre qui est conduit, génère des biais, le plus souvent non conscients pour ceux qui donnent l'éducation comme pour ceux qui la reçoivent. Ainsi, dans cette relation, parce que je suis comparé, sans arrêt, à ce que je devrais savoir, penser, faire ou être – et que tout se fonde et se joue sur la mesure de mon écart avec cet idéal qui recule au fur et à mesure que j'avance vers lui – j'apprends subrepticement qu'il me *manque* quelque chose pour être parfait, pour être accepté et aimé... J'apprends aussi, du même coup, la *peur* : celle de mal faire, d'être puni, de décevoir, de ne pas être aimé, de ne pas être comme les autres... J'apprends également la *soumission*, vis-à-vis de « celui qui sait », me juge ou m'évalue, me dit si je fais bien, si je suis bon, et sans qui je ne saurais apprendre... À travers ce schéma, j'apprends encore, par exemple : le temps contraint, l'espace et le corps contraints, l'exercice intellectuel contraint, l'obéissance à l'« autorité », l'exécution fidèle de consignes, la reproduction-imitation, la conformation/conformité, les idéologies (progrès, morale, démocratie...), la récompense et la punition, la séparation (fragmentation des savoirs et des êtres), la suprématie du mental et de l'abstraction, les limites-frontières, l'inégalité (entre pairs, avec les adultes...), la compétition, l'externalité de la motivation et du contrôle, etc.

La question fondamentale n'est donc pas tant de changer-améliorer les modalités d'une même structure, mais plutôt de chercher si je peux sortir de cette structure et en éviter ainsi les méfaits induits, cachés et le plus souvent non désirés. Je suis né dans ce schéma, je l'ai toujours connu, je ne sais pas imaginer qu'il puisse exister autre chose. Tout ce que je sais alors, c'est l'embellir, le perfectionner. Oserai-je me poser, au moins, la question du pourquoi un tel schéma ? Le concept d'enfance et celui d'éducation (tels que nous nous les représentons aujourd'hui) n'ont que trois cents ans, à peine, dans notre culture. Comment faisait-on avant, sans une telle « éducation » ? Comment font les peuples qui, de nos jours, n'ont pas ces concepts dans leur culture ? À qui profitent ces concepts ? Comment font ceux qui, dans notre société actuelle se passent d'école, voire d'éducation ? C'est autour d'un tel questionnement que « tourne » le film-enquête de Clara

Bellar : *Être et devenir.* C'est aussi le cœur d'un cercle de réflexion : CREA-Apprendre la vie, education-authentique.org[140].

CATHERINE CASTRO[141] : En ce qui vous concerne, l'école vous a-t-elle bridée ou formatée ? (*Marie-Claire*)

CLARA : Je lutte encore contre des travers pris à l'école – comparaison, compétition, domination, reproduction, peur de mal faire, de décevoir, d'être différente. L'école a pris douze ans de ma vie sans m'aider professionnellement ni à vivre en société, j'ai tout appris dans la vraie vie[141].

Pourquoi apprend-on à obéir ?

SPECTATRICE : Dans mon milieu de travail, ma ténacité (pour déscolariser ma fille) a provoqué beaucoup de critiques.

LÉANDRE BERGERON : Oh mais ça, il faut s'y attendre. Aussitôt qu'on sort de la norme, on est critiqué, on est mal vu, mais justement, la première action c'est de pouvoir dire : on s'en fout de ce que les autres pensent, ça ne nous touche pas. Et on fait son chemin. C'est le gros travail. Parce que tout le monde a subi « l'éducation ». Mais en fait, c'est du dressage que le ministère nous donne. Ça devrait s'appeler le ministère du dressage national.
Quand on est dressé, on est soumis. Il faut respecter l'autorité, le gouvernement, les professeurs. Mais, non, il faut se libérer de tout ça. Il faut au contraire qu'on devienne tous des êtres autonomes et à ce moment-là, on pourra parler de démocratie, mais actuellement…
L'école, ça devrait être un lieu où on peut aller apprendre quelque chose quand on veut. Le problème, c'est que l'instruction est devenue obligatoire. Et ça a commencé où, ça ? Il y a trois cents ans, en Prusse. Les Prussiens étaient déjà très militaristes, à cette époque-là. Lever une armée, ça se faisait comment ? Aller ramasser du monde, allez, on va faire un soldat de toi, tu vas être fier du pays etc. Mais ils se sont dit : « On va les prendre tout jeunes ! On va les mettre dans des casernes militaires très jeunes, à 6 ans, et comme ça on ne sera pas obligés d'aller rapailler… » Et c'est ce qu'ils ont fait. C'est la Prusse qui a fait

140. *Le Nouvel Obs Le Plus.*

141. *Marie-Claire*, article de Catherine Castro.

l'unification de l'Allemagne en 1870. Ils ont été tellement efficaces militairement qu'ils ont envahi la France, qui se considérait comme Le Grand Pays... Les Prussiens sont repartis avec l'Alsace et la Lorraine. Et là, ça a été la déconfiture. Mais les Français se sont dit : « Mais comment ça se fait que ces Prussiens ont réussi à faire ça ? Ah !!! L'école obligatoire ! » Et là, en France, en 1882, Jules Ferry : « Il faut l'école obligatoire », on l'a fait systématiquement et ça s'est propagé à travers tous les pays, en Angleterre, aux États-Unis, au Canada...
L'école produit les problèmes qu'elle veut guérir, c'est une absurdité.

Mes filles n'ont jamais appris l'obéissance, je ne leur ai jamais dit : « Fais ça ! », mais : « Qu'est-ce que tu as envie de faire ? » J'habitais dans une ferme et il y avait toutes sortes d'activités, c'était à peu près la même chose que ce qu'on peut voir dans le film. Pas d'horaire. Elles ont été toujours très actives pour m'aider dans les travaux. J'élevais des agneaux et je les abattais moi-même. Elles participaient très jeunes à l'abattage. On dit : « Oh, mais les enfants ne doivent pas voir de sang. » Mais c'est de la débilité. Les enfants sont prêts à apprendre tellement de choses et se former leur idée. Les enfants qui n'ont pas subi la soumission de l'école sont des personnes centrées, qui n'en imposent pas aux autres mais elles commandent le respect.
La crise d'adolescence. On dit, oh mais imaginez, « Léandre, quel problème tu vas avoir quand elles vont être adolescentes, oh ! » Mais, il n'y en a jamais eu, parce qu'elles n'avaient aucune contrainte.

Un psychologue de Chicago a écrit le livre *Social Control* : grâce à la prise en main de l'éducation par l'État, on va pouvoir contrôler les populations. Et donc monter les populations les unes contre les autres. En France et en Allemagne, l'école a participé à ça, c'est effarant[142].

142. « Cet État insignifiant jusque là, la Prusse va devenir le fer de lance d'une organisation sociale qui va donner du fil à retordre à Napoléon en 1806, empereur d'un pays puissant qui connaîtra 60 ans après la pire des humiliations avec l'invasion prussienne de Paris en 1870. L'onde de choc amènera la 3e République à adopter la méthode prussienne d'éducation, l'école obligatoire pour tous et la formation d'un cadre militaire de l'éducation avec, au début du 20e siècle la mobilisation de la légion des « hussards en noir ». Et tous les autres pays dits avancés font de même, Angleterre, États-Unis, Canada, Russie, Japon et autres. L'État prend en main l'instruction pour en faire un outil de contrôle idéologique de la société et dès 1914 on a déjà des bataillons de scolarisés soumis comme chair à canon. La « paix » de Versailles donnera le temps de former une nouvelle génération de petits soldats pour alimenter la deuxième guerre mondiale avec ses 45 millions de morts. » Postface de l'édition française de *Comme des invitées de marque*, Léandre Bergeron.

JOHN TAYLOR GATTO : Les toutes premières lois d'obligation scolaire en Prusse (1716) n'avaient pas pu être appliquées du fait de l'opposition parentale et de celle de l'église. Mais la défaite contre Napoléon en 1806 perturba énormément la Prusse et entama le sévère disciplinage des jeunes. Beaucoup de soldats avaient désobéi aux ordres du fait de leur indépendance de pensée. Johann Gottlieb Fichte, intellectuel berlinois proche du trône, écrivit une série de suggestions, encore publiées, planifiant un programme scolaire qui assurerait la dépendance des jeunes par des habitudes inculqués par la scolarisation obligatoire au niveau national. Les essais de Fichte conduisirent à l'institution radicale et jamais vue auparavant de la scolarisation forcée – bientôt adoptée largement par l'ensemble des nations. Lisez son *Discours à la Nation Allemande*, basé sur des conférences de Fichte en 1807 à Berlin pendant l'occupation napoléonienne, au lendemain de la défaite de Iéna (1806).

La nouvelle loi prussienne de 1820 fut fortement soutenue par la monarchie, par les riches élites et par la communauté académique, chez qui les arguments influents de Fichte circulèrent, dans toutes les principautés allemandes pourtant très fragmentées. Si ma mémoire est bonne, on peut aussi lire quelles étaient les INTENTIONS horrifiantes de la nouvelle institution dans un petit livre nommé *The Leipzig Connection* de Paolo Lioni. Il vous donnera un peu de contexte sur cette époque[143].

« Mais papa, qu'est-ce que ça veut dire obéir ? » - Parcours de Léandre Bergeron

LÉANDRE BERGERON : Bonjour ! Vous n'êtes pas partis pendant le film. C'est bien. Ça vous intéresse, la liberté ! J'ai vécu tout ce que vous avez vu, mais dans un autre pays, au Québec. Pas Montréal, dans une région plutôt agricole.

J'ai subi une éducation traditionnelle. La gifle, à l'époque la strate, c'est à dire les coups de couroi sur les mains, tout ça je l'ai subi. C'est à 16 ans que j'ai dit : « Mais non, ça va pas, il y a quelque chose qui marche pas. »

143. Par mail suite à une question surgie en salle.

Mes parents m'avaient mis dans un Juniorat des pères Oblats. À l'époque, les parents décidaient des vocations. Mais je me suis révolté assez vite et j'ai dit : « Papa, maman, je ne retourne pas dans cette institution. » Ça a été vraiment le moment déclencheur. Mes parents m'ont dit : « Mais non, il faut que tu y retournes, on t'a promis au prêtre ! » J'ai dit : « Non, ça ne marche pas, c'est tout. »

Cette révolte-là a été le début d'une réflexion. Au collège, j'ai trouvé que les professeurs n'avaient vraiment rien à m'apprendre, que je perdais mon temps et je le leur faisais savoir. Au sortir du collège il fallait choisir un métier ; être prêtre, médecin, et j'ai choisi faute de mieux d'être enseignant *(il rit)*. À reculons.

Et là je me suis rendu compte que j'étais d'abord et avant tout un policier. Que l'enseignement comme tel était très secondaire. Tout se faisait en anglais dans le Manitoba : « Hey, quiet, you shut up. Listen to me ! » Je me disais : « Mais qu'est-ce que je fais là ? Quel cirque ! » Je me suis dit : « Non non, je vais essayer de fuir cette profession le plus vite possible. »

J'ai enseigné au collège militaire de Kingston et voilà que je me retrouve enseigner à de futurs militaires. J'ai découvert qu'en fait, les écoles étaient aussi des casernes militaires. Non seulement les collèges militaires mais aussi les écoles ordinaires, parce que c'était le même encadrement. Mon expérience au collège militaire m'a déplu énormément. L'abrutissement général, parce que les militaires apprennent quoi ? L'obéissance. Or justement c'est ce qu'on ne veut pas apprendre à nos enfants ! On ne veut pas faire des enfants soumis, on veut faire des êtres libres. Ça a trottiné dans ma tête.

Au Québec, ça commençait à bouger dans les années 1960. J'étais à Montréal. La grande ville. Dodo, métro, dodo, toutes ces affaires-là, ça puait au nez.

D'un premier mariage j'avais une petite fille. Il fallait aller la chercher à la garderie. Le cirque que beaucoup de gens vivent parce qu'il y a le même encadrement militaire que l'école. Je me suis dit : « Il n'y a pas une autre façon ? On veut que nos enfants apprennent, mais pas comme ça. »

À la quarantaine, je me suis dit : « Je ne veux plus vivre dans la grande ville », je me sentais comme une mouche sur une toile d'araignée. Mais c'est quoi la toile d'araignée ? C'est tout le cadre, il faut payer son loyer, il faut prendre le métro… J'ai décidé de quitter mon emploi, quitter Montréal et d'aller dans un endroit où il y avait beaucoup d'espace. L'Abitibi, c'est la moitié de la France. On est 150 000 personnes. On respire. Les administrations étaient présentes mais ne s'étaient pas encore enracinées.

On se rend compte dès l'accouchement que l'enfant se débrouille ; il veut faire certaines choses, il le fait très bien et il le fait d'une façon naturelle. Quand est arrivé le moment de dire « l'école », on s'est dit que l'école, ce n'est pas très naturel. Mais est-ce que l'enfant peut apprendre tout seul ? Oui, et dès la naissance, on voit que la sensibilité se développe.

Karine Stoeckel : Est-ce qu'en étant à la campagne, un peu plus éloignés des écrits, vous avez quand même tâtonné sur les apprentissages en vous disant qu'il faudrait quand même faire venir des choses pour stimuler un peu les enfants ?

Léandre Bergeron : Stimuler ? Je n'ai jamais eu besoin de stimuler ces enfants-là ! Les enfants veulent tout apprendre, mais en temps et lieu. Et le système est tellement abrutissant, on encadre tellement, il faut savoir ceci à 6 ans. C'est un emprisonnement, c'est la caserne militaire pour un conformisme intégral. On apprend surtout l'obéissance à l'école. Le plus beau compliment, c'est Phèdre, à 14-15 ans, qui me dit : « Mais papa, qu'est-ce que ça veut dire "obéir" ? » Je l'ai embrassée et je lui ai dit : « Tu as tout compris. »

On ne s'est pas retirés de la société, on n'a pas dit : « On va faire notre petit monde à nous. » On est toujours dans ce monde. On sait qu'il y a un système d'exploitation des gens. On n'a pas peur et on va essayer peut-être d'aider à changer les choses. Et certainement, ce qu'il faut changer d'abord, c'est comment on entraîne nos enfants à devenir des adultes responsables, bons citoyens, obéissants à Monsieur le président. Faire autrement pour changer cette société qu'on peut qualifier de très malade. Comment ? En refusant toute autorité.

Faire en sorte d'abord que nous-même devenions des êtres souverains. Ça veut dire ne dépendre d'aucune autorité.

Je vois que mon enfant est en train d'apprendre la docilité...

Clara : Beaucoup de spectateurs adultes viennent nous dire que c'était la pièce du puzzle qui leur manquait pour quitter un travail où ils étaient en maltraitance. Une femme en arrêt de travail en raison de « stress post-traumatique » avait assimilé, à l'école, que c'est normal d'être humiliée, jugée, agressée. Comme vous, les parents m'ont souvent dit qu'ils ne veulent pas de cet apprentissage-là pour leurs enfants. Qu'ils veulent au contraire que leurs enfants continuent de se révolter devant une injustice, une maltraitance. Il est certain que cette docilité sert les grandes corporations.

Avez-vous lu Alice Miller[144] ? Elle dénonce les dégâts de l'éducation conventionnelle, dont le but est de briser la volonté de l'enfant pour en faire un être docile. Les enfants battus battront à leur tour, les menacés menaceront, les humiliés humilieront. Elle montre qu'à l'origine de la pire violence, on trouve presque toujours la violence faite à l'enfant.

Bernard Collot : C'est important de se poser ce type de question ! Est-ce que mon enfant est en train d'être formaté comme le veut l'État ou de s'émanciper ? Le but est-il juste que l'on soit capable de lire un mode d'emploi ou de remplir les formulaires d'impôt ?! Par exemple, l'Escuela Nueva, en Colombie, en accord avec les idées de Paolo Freire[145], était une école qui émanait des villages reculés et analphabètes, avec une aide financière de l'État. L'apprentissage était informel, et cela a si bien marché pour émanciper les gens, les enfants y apprenant mieux que dans les écoles traditionnelles ur-

144. *C'est pour ton bien : Racines de la violence dans l'éducation de l'enfant*, Champs.

145. Freire a marqué la pédagogie dans la seconde moitié du XXe siècle, établissant l'éducation comme un processus de conscientisation et de libération. Les organisations d'extrême-gauche utilisent les concepts de Freire pour organiser des modes de formation et de débat politique qui permettent l'expression des militants les moins formés, de ceux qui n'ont pas fait d'études et qui pourraient se voir confisquer la parole dans des réunions par les militants aguerris. Son livre phare est *Pédagogie des opprimés*. « Personne n'éduque autrui, personne ne s'éduque seul, les hommes s'éduquent ensemble par l'intermédiaire du monde. »

baines et bourgeoises, que l'État a coupé les subventions ! Mais il n'y a même pas besoin d'aller en Colombie : en France, les travaux du ministère de l'Éducation nationale elle-même avaient constaté que les « résultats » des classes uniques étaient supérieurs à la moyenne nationale : conclusion, l'État s'acharne à les éradiquer !

Quelles sont les peurs qui nous font perpétuer le même système ?

François Bégaudeau : En revoyant le film et en entendant parler de confiance, de confiance et de confiance – c'est le maître mot du film, la confiance qu'ont les parents en leurs enfants, je trouve ça très fort, c'est une confiance dans la vie, fondamentalement –, je me disais que l'école c'est la conjonction de deux peurs : la peur de l'État, de la société, que les jeunes – et les pauvres – soient livrés à eux-mêmes, parce que « classes laborieuses, classes dangereuses », et la peur des parents que leurs enfants ne soient pas dans les clous, c'est pour cela qu'elle perdure par-delà le constat récurrent qu'elle échoue, elle n'est jamais remise en cause parce que précisément ces deux peurs se fortifient l'une l'autre.

L'enseignement, finalement, c'est quoi ?

Fredy Fadel : La confusion entre le sens des deux verbes « enseigner » et « apprendre » est à la source de l'organisation, des programmes, des modalités et même de l'architecture des bâtiments de l'école. Pour l'enseignant, l'enseigné est né ignorant et incapable, et sans enseignement, il le restera. La réalité de l'apprentissage est toute autre. L'enfant apprend : il apprend partout et tout le temps. Il choisit le « sujet » de son apprentissage dans un ordre et une intensité en adéquation avec les besoins qu'il ressent. Il voit des gens marcher et parler, il commence à marcher puis à parler (parfois plusieurs langues en parallèle), il voit les gens lire, écrire, avoir des activités diverses et variées. En fonction de ses goûts qui se développent petit à petit, il choisira d'imiter son entourage et ainsi d'être en équilibre avec ses besoins et ceux de la société.

Le paradigme de l'enseignement a conduit à la création d'un lieu et d'un temps qui lui sont propres, aussi bien que de sujets à enseigner.

Les modalités de contrôle de cet enseignement ont donné naissance aux notes et aux classements, qui ont eux-mêmes abouti à un sentiment de pénurie : il n'y en aura pas pour tout le monde, seuls ceux qui réussiront l'école auront accès aux connaissances et donc au travail, au salaire et au pouvoir. L'opposition entre ces deux points de vue a peu à peu créé une société chroniquement insatisfaite, cherchant à combler son insatisfaction intérieure avec des gratifications extérieures, souvent liées au fait d'acheter. L'école dépouille l'apprentissage de la satisfaction naturelle qu'on en éprouve, et transmet implicitement l'idée qu'on doit mener une course que d'autres ont choisie pour nous. Par ironie du sort, l'école d'aujourd'hui se donne comme mission le développement de l'esprit critique et de l'égalité des chances, alors que, intrinsèquement, elle contribue aux blocages et aux inégalités dans notre société.

À l'inverse, les valeurs de base de l'apprentissage autonome sont la confiance, la patience et la disponibilité. Contrairement à l'école qui mesure et impose – ce qui détruit la confiance en soi –, le parent essaie de préserver cette confiance en n'ayant pas d'attentes : il laisse l'enfant apprendre ce qu'il veut quand il veut. Il souhaite être présent et disponible pour accompagner l'enfant selon ses motivations du moment. Cette approche peut se pratiquer en dehors de l'école mais aussi en son sein, pourvu qu'on abandonne notes, classements, niveaux, matières, classes d'âge, attentes, promesses. Certains l'ont fait avec succès, d'autres se lancent comme l'École dynamique qui démarrera en septembre à Paris. Il s'agit d'une école moderne sur le modèle américain de Sudbury (Massachusetts) où les jeunes sont responsables de leur apprentissage : il y a un lieu, le fonctionnement est « démocratique » (jeunes et adultes sont égaux), mais il n'y a ni temps ni sujet imposé [146]. Les jeunes de 3 à 20 ans participent à des activités qu'ils ont choisies, et des moins jeunes sont là en tant que facilitateurs pour aider à trouver une réponse quand une question se pose[147].

146. Voir la description par Peter Gray p. 132.

147. *Journal Le 1*, http://le1hebdo.fr/numero/59.

Vous remettez carrément en cause l'éducation !

Clara : Comment avez-vous fait pour travailler 50 ans pour l'Éducation nationale... en n'étant pas d'accord avec ce qu'ils exigent ?

Jean-Pierre Lepri : Personnellement, j'étais complètement d'accord ! *(Il rit.)* Je suis né dans un monde avec éducation. Mes parents étaient immigrés, analphabètes et jamais scolarisés, donc ils ont survalorisé l'école et ils m'ont poussé à me conformer au maximum à l'école. Je me suis tellement conformé que je n'en suis jamais sorti. Je pense que nous avons tous été éduqués, et il nous est très difficile d'imaginer un monde où il n'y aurait pas d'éducation, bien évidemment, puisque je n'ai connu que ça depuis que je suis né. C'est une question qui est difficile à poser et c'est une question que je voudrais au moins poser aujourd'hui : « Est-ce que pour apprendre, j'ai besoin d'être éduqué ? » Et qu'est-ce que c'est, éduquer ? La racine latine, c'est *educare*. *Educare*, c'est tout simplement conduire. On retrouve la même racine dans conducteur. L'éducateur, c'est tout simplement le conducteur, le guide, rien d'autre. C'est ça, le sens d'éducateur. Lorsqu'il y a une éducation, ça veut dire qu'il y a un éducateur et un éduqué, un conducteur et un « conduit ». Il n'y a pas d'éducation s'il n'y a qu'un éducateur, ou qu'un éduqué. Est-ce qu'il y a une vie sans éducation ? Parce que comme le dit Naomi Aldort dans le film[148], l'école, qui est un cas particulier de l'éducation, n'existe sous sa forme actuelle que depuis cent trente ans à peine. Le terme même d'éducation n'apparait qu'en 1500 en anglais et en français, et jusqu'en 1800, il n'a pas le sens actuel de conduire un enfant vers ce qui est bon pour lui, mais il signifie simplement nourrir, alimenter. Et donc, de 1500 à 1800, on éduque des vers à soie, c'est à dire, on leur donne des feuilles de mûrier. Donc le concept d'éducation est quelque chose d'infime dans l'histoire de l'humanité.

Pourquoi l'éducation, ça marche ? Tout simplement et précisément parce que j'ai une faculté innée et naturelle d'apprendre. Et apprendre, ce n'est pas éduquer ! *(Il rit.)* Et s'il y a quelque chose aujourd'hui qui me paraît important, c'est d'essayer de faire la distinction entre apprendre et éduquer, ou à défaut, de se souvenir qu'il y a

148. Scénario, p. 12.

un type dans cette salle, là, au St-André des arts, le 24 juin 2014, qui a dit que pour lui c'était deux choses distinctes. Et c'est parce que j'ai cette faculté innée d'apprendre que je peux effectivement survivre dans un monde avec éducation. Mais ce n'est pas l'inverse : ce n'est pas l'éducation qui crée l'apprendre, c'est l'apprendre qui est la base, le fondement de toute éducation et de tout être.

Ce que cultive la relation éducateur-éduqué, c'est la soumission, puisque l'éduqué dépend de son éducateur. Qu'il soit un professeur public, un formateur, un curé, un expert, un parent, peu importe. Pour moi, le terme éduquer, c'est générique. C'est un schéma dans lequel il y a quelqu'un qui veut le bien d'un autre et qui intervient sur cet autre (au nom du « bien » qu'il a décidé pour cet autre). Mais comment saurait-il mieux que moi ce qui est mon bien ? Et comment saurais-je quel est le bien d'un autre ? C'est toujours « mon » interprétation et ma construction (en fonction de ma propre histoire personnelle).

Spectateur : Et le déclencheur ?...

Jean-Pierre Lepri : Alors, le déclencheur !... Je pense que… c'est pour ça que j'aime bien Clara, aussi *(il rit)* : j'étais, comme elle, insatisfait et inquiet. Mon cursus le montre. J'ai couru le monde pour chercher… Toujours je cherchais, je cherchais, je cherchais… J'ai cherché pendant cinquante ans. À force, j'ai fini par trouver la faille qui nous empoisonne à notre insu. Je suis sans doute un peu lent, puisqu'il m'a fallu cinquante ans, mais je rencontre des personnes qui voient ça bien plus vite que moi !

Un lieu de légitimation des inégalités ?

Clara : Pour toi, quel a été le déclic pour démissionner de l'Éducation nationale ?

François Bégaudeau : Je suis arrivé dans l'enseignement avec une certaine perplexité bourdieusienne[149] sur l'école. J'étais assez convaincu que l'école, c'était la reproduction des élites, le lieu des héritiers, et même pire que ça, un lieu de légitimisation des inégalités. On dit

149. Voir Pierre Bourdieu et Jean-Claude Passeron, *La reproduction : Éléments d'une théorie du système d'enseignement*, Minuit.

souvent que l'école ne résout pas les inégalités, je crois qu'elle les légitime. Au début vous avez des riches et des pauvres. Les pauvres seraient fondés à dire : « Mais c'est dégueulasse, pourquoi tu as de l'argent et pas moi ? » À la fin de l'école, les pauvres ferment leur gueule et disent : « C'est vrai, je comprends, il y a quand même une forme de légitimité, c'est que tu as eu 18 en maths et moi 3. » C'est comme ça qu'on construit une espèce de servitude sociale.

La position de prof est très intéressante, notamment dans les quartiers plus « difficiles », même si je pense que c'est partout difficile. On ne s'aperçoit des dysfonctionnements de quelque chose que lorsque soi-même on les éprouve, lorsqu'on est blessé par ces dysfonctionnements. Je n'ai pas été blessé par l'école, j'ai été un premier de la classe professionnel, élevé en écurie pour ça. C'est comme prof que je me suis retrouvé au coeur des contradictions et que j'ai vu que quelque chose ne fonctionnait pas. Ce qui m'est apparu tangiblement, ce n'est pas tant le problème des « dysfonctionnements contingents », un élève qui se comporte mal par exemple. Ce qui m'intéresse beaucoup plus, c'est quand une classe ferme sa gueule et travaille. Mon moment de prise de conscience de prof, c'est pas du tout : j'arrive à Dreux en 1998 et je suis bordélisé. C'est : j'arrive à Dreux en 1998 et je ne suis *pas* bordélisé, ils m'écoutent. Et là je comprends que c'est absurde, je ressens physiquement que c'est absurde. J'étais en position magistrale avec vingt-cinq personnes en train de m'écouter, mais sans du tout s'intéresser à ce que je disais, en train de noter des choses dont ils se foutaient totalement, qu'ils allaient ingurgiter pour les ressortir en interro. C'est dans cette expérience-là que j'ai vu l'absurdité de l'école.

Il est assez établi que les qualités demandées aux enfants et évaluées à l'école sont des qualités très largement formées en dehors de l'école. On apprend très très peu de choses à l'école. Éventuellement oui à l'école primaire on apprend à lire, compter et d'autres petites choses, au primaire j'y crois un peu. Au collège on n'apprend rien. On va à l'école pour être évalué. C'est ça la violence de l'école : le sentiment des gens qui n'y réussissent pas que de toute façon il y a un plafond de verre. Quand un enfant joue dans une forêt, à aucun moment il ne se pose de questions en termes de « je fais mal » ou « je fais bien ».

Il balance un caillou pour atteindre un arbre, il rate l'arbre, il relance, il réussit et il est content. Mais jamais il se dit : oh là là, je suis en échec. Les notions de réussite et d'échec, la notion de pénurie sont des inventions de l'école. Il y a plein de choses qu'on fait dans la vie sans les vivre comme des réussites ou des échecs.

Historiquement, c'est déjà le cas dès le début. Je m'étonne toujours de voir que notamment beaucoup d'enseignants ne lisent pas les textes fondateurs de leur boîte, de leur institution ! Les textes fondateurs parlent de productivité. C'est pas pour rien qu'on a inventé l'école. Comme si l'école s'était inventée à partir du moment où la classe dominante – parce que c'est toujours elle qui fait tout – s'était dit : « Ça devient quand-même scandaleux qu'il y ait tant d'illettrés. Ça fait trois cents millions d'années que ça dure, mais là, d'un seul coup, ça devient scandaleux. » Non. On avait besoin de bras. Il y a trois facteurs qui expliquent la création de l'école telle qu'on la connait dans les années 1870 :

- Besoin de bras. On a besoin de former des gens pour alimenter le boom industriel, un peu plus d'ingénieurs et surtout une classe ouvrière un peu plus formée.
- Le contexte de guerre avec l'Allemagne ; il faut cadrer, faire de la propagande nationale. Les Allemands nous ont eus en 1870, ils ne nous auront pas deux fois. Il faut qu'on cadre nos jeunes, nos ouvriers, pour en faire de bons patriotes qui iront, la fleur au fusil, se faire exterminer – comme ce fut le cas trente ans plus tard, et comme il avait été *prévu* que ce soit le cas.
- La troisième raison est plus contingente, mais elle est quand-même importante et explique beaucoup de choses au 19e et 20e siècles. Montée des idées socialistes ; la classe ouvrière commence à s'agiter. Elle commence à être traversée par de drôles d'idées anarchistes, communistes – je ne l'invente pas, ce sont des documents précis qui l'avèrent, le documentent. Il faut cadrer tout ça. Il faut cadrer les classes laborieuses qui sont en train de devenir dangereuses.

Vraiment, c'est ça les trois motivations. Il n'y en a pas d'autres. Ce n'est pas : « C'est quand-même scandaleux que ces pauvres petits pauvres ne sachent pas écrire ! » Jamais les gens du pouvoir ne font montre d'une telle miséricorde.

À un moment, l'école a produit quelques résultats, elle a pu faire monter toute une partie des classes laborieuses vers une espèce de classe moyenne et c'est ça qui nous fait croire maintenant nostalgiquement, rétroactivement, qu'il y a eu « un beau moment de l'école ». Mais ce n'est pas vrai. En termes de motivation, c'était déjà de l'encadrement, de la productivité ; dès le début la matrice était là, et il était question de tout sauf de l'émancipation ou de l'épanouissement des enfants.

Spectateur : Et la classe moyenne entre aussi dans la dynamique de consommation.

François Bégaudeau : Oui, tout à fait.

Fredy Fadel : Il est assez à la mode pour une entreprise lors d'un entretien d'embauche de demander si le candidat sait travailler en équipe et au jeune candidat de se vanter que oui, alors que très souvent, ni l'employeur (quel mot horrible) ni le futur salarié ne savent de quoi il s'agit puisque tous deux ont des visions déformées du travail et de la société, l'un par des considérations absurdes sur la concurrence et l'efficacité, l'autre par l'entraînement intense qu'il a subi lors de ses études. S'il a réussi, il a été sélectionné parce qu'il a couru une course et qu'il croit que la suite de sa réussite sera basée sur une autre course qu'il mènera contre ses collègues pour continuer à réussir. S'il a raté, on ne lui demandera même pas s'il sait travailler en équipe, puisqu'il n'aura qu'à obéir aux ordres et ça aussi il l'a bien appris au travers de l'école – il a été dès ses 6 ans placé sous le commandement de ceux qui savent et on lui a toujours attribué le rôle de celui qui ne savait pas, rôle qu'il a intériorisé à travers ses échecs scolaires. Entre ces deux extrêmes, il y a tout un spectre de personnes qui ont plus ou moins réussi et ce spectre est très représentatif des inégalités dans notre société.

Comment faire pour que les enfants en situation de handicap soient les bienvenus dans la société ?

Sergio Avalos[150] *:* Nous sommes parents d'un enfant en situation de handicap qui a été à l'école jusqu'à l'âge de 9 ans à l'étranger, au

150. Enseignant du Modèle Social du handicap à l'ESTP.

Mexique. Après, à l'arrivée en France, on croyait que ça allait pouvoir continuer parce qu'on avait entendu parler d'une loi qui disait qu'il y avait l'accès, le droit pour les enfants en situation de handicap, pour tous les enfants. Alors ça, c'est complètement faux. On arrive en France, on se retrouve avec la seule possibilité d'envoyer notre enfant dans une institution comme celle où travaille monsieur, je ne sais pas où, où on sait qu'ils se font écraser. Alors on a dit : « Non ». On a dit clairement non.

Et là, le problème, il y a l'autre problème qui se pose, c'est la question de la normalité. Pour la plupart des gens, c'est normal d'envoyer ses enfants à l'école. Pour la plupart des gens, c'est normal qu'un enfant en situation de handicap soit exclu de la société, soit envoyé dans des centres où ils se font écraser encore plus. Tout le monde trouve ça normal. Il y a tout un système d'engrenage qui exclut ces enfants de la société.

Alors, mais tant mieux, tant mieux ! On s'est rendu compte, finalement, qu'il apprenait beaucoup plus à la maison qu'à l'école, qu'il s'épanouissait beaucoup plus. On a dit : « On continue sur cette voie. » Il a maintenant 12 ans, il commence à apprendre à écrire son nom et son prénom, à son rythme, bravo. Il fait de la danse, du karaté, du kendo, il fait un tas de choses qu'il ne pourrait pas faire dans ce genre de centre.

On a du mal, comme société, à remettre en cause des choses qui nous paraissent normales. Quand ça devient normal d'exclure, il y a un problème.

Quel est le lien entre l'apprentissage naturel et l'écologie ?

Mélissa Plavis[151] *:* Le monde a besoin que nos enfants développent des compétences vraiment différentes, je pense. Bien sûr qu'il y a une base commune, une base commune qui va se créer parce qu'on vit ensemble. Mais on a besoin de tout un tas de gens, qui ont tout un tas de pensées différentes, tout un tas de compétences différentes,

151. Auteure de *Apprendre par soi-même, avec les autres, dans le monde. L'expérience du unschooling*, Myriadis.

et je pense que le *unschooling* le permet parce que chaque enfant peut choisir sa voie.

Il me semble qu'avec l'écologie aujourd'hui, en se pensant au sein de la nature, on essaye de sortir d'une certaine domination, et le *unschooling*, c'est aussi ça. C'est avant tout un travail sur soi pour essayer de sortir de cette emprise qu'on pourrait avoir sur les enfants. Bien sûr, on les influence en tant que parents, on ne peut pas faire autrement. Mais à quel point, et à quel point peut-on les laisser libres ? Libres, ça a été aussi beaucoup expliqué dans le film, j'ai beaucoup aimé : la liberté, ce n'est pas faire n'importe quoi et ce qu'on veut, c'est pouvoir utiliser son pouvoir de faire quelque chose soi-même plutôt que d'avoir un pouvoir sur les autres, en respectant les relations aux autres, en prenant soin, en prenant soin des relations.

Donc le *unschooling* participe à un devenir, à une société résiliente, c'est-à-dire une société qui sera plus forte parce qu'elle sera plus en lien, elle sera plus liée. Peut-être aussi que les familles qui le pratiquent ont plus de temps : on dégage plus de temps, parce qu'on est en société, c'est dans un milieu ouvert. On ne sépare pas les générations, les plus jeunes en crèche ou en école, les plus anciens dans des maisons de retraite. Et du coup, on devient plus forts ensemble. Et peut-être qu'on recrée aussi de la vie localement, du lien localement. Et en devenant comme ça résilients, nous allons pouvoir faire face aux défis des crises écologiques auxquelles nous avons à faire face.

Fredy Fadel : Il y a encore un très long chemin à faire avant que, dans l'imaginaire collectif, l'école soit considérée au même niveau de danger et de toxicité que les OGM, les pesticides, le salariat, la croissance. L'aspect écologique de la non-école est fortement lié à sa valorisation de la non-intervention et de la non-industrialisation. En effet, l'école, comme l'industrie, propose des réponses « à priori », des réponses répétables, alors que l'essentiel des situations nécessite des réponses circonstanciées et donc « à postériori », souvent non répétables. La non-école valorise la non-méthode : si un enfant a appris à lire en jouant aux Sims, on ne conclura pas que son frère doit aussi jouer aux Sims pour apprendre à lire. Si un enfant a appris à lire à 9 ans, on ne conclura pas que sa sœur doit savoir lire à 9 ans. Dans une approche de non-école, on ne fait rien *de particulier*, ce qui ne veut pas dire qu'on ne fait rien, ça veut simplement dire que ce qu'on fait dépend de l'enfant, du moment, n'est pas à priori, n'est pas répétable, n'est pas industrialisé... et donc est écologique.

L'aspect toxique ou non-écologique de l'école n'est pas encore facilement accessible, l'école comme organe de propagande ayant très bien réussi sa légitimation : l'imaginaire est colonisé par ses aspects soi-disant positifs, voire nécessaires. Alors que par tous ses aspects, l'école inflige un traitement industriel et non-écologique à nos enfants : même programme pour tous, mêmes rythmes pour tous, mêmes dispositifs – notes, devoirs, obligation de présence.

L'apprentissage autonome, en accord avec la notion de démocratie ?

Spectateur : C'est contradictoire avec ce qu'on entend d'habitude, comme quoi l'école est la fondation de notre démocratie.

Clara : L'apprentissage autonome fait partie intégrante de l'histoire de l'humanité, comme le dit l'auteure Naomi Aldort dans le film. Pour ce qui est du futur, il semble que notre évolution naturelle nous y emmène. L'article du professeur en sciences de l'éducation Roland Meighan « An Education Fit for a Democracy » (publié dans *Life Learning Magazine*) est passionnant à ce sujet. Il explique qu'un changement radical sera nécessaire pour arriver à un système d'apprentissage en accord avec la démocratie : « Il faudra en finir avec la domination et son flot incessant d'enseignements non sollicités. Il faudra reconnaître que, dans une démocratie, l'apprentissage par contrainte signifie l'endoctrinement, et que l'éducation ne peut être que l'apprentissage par invitation et par choix. »

Spectateur : Ce genre de projet a un potentiel d'action de transformation du monde qui me semble inouï, et donc je vois quelque chose de l'ordre du politique derrière, quand on voit ce que sont nos démocraties à l'heure actuelle.

Ramïn Farhangi : Notre existence (l'École dynamique) et ce film, ce sont des possibilités. Le fait que ça existe et que ce soit visible aux yeux de tous… Oui, tout à coup l'empereur est à poil. Il peut continuer à faire sa parade, mais nous, nous avons vu l'alternative à côté, et les gens ont l'air heureux dedans. Ça lance un message assez fort, que cette alternative est possible et du coup c'est politique, sans qu'on le veuille. Nous, on est juste en train de vivre comme on veut. On ne fait pas de prosélytisme actif, on ne va pas dans la rue pour essayer de convertir les gens, on est juste là, à la disposition des gens. Le but affiché n'est pas de changer le monde mais je pense que de fait, on contribue au changement du monde en nous changeant nous-mêmes. C'est la philosophie de Gandhi et sa célèbre citation : sois le changement que tu veux voir dans le monde.

RENCONTRES DE PAR LE MONDE[152]

En Allemagne à Berlin

CLARA : Donc on ne va pas dire ton nom, mais tu vis à Berlin et n'envoies pas tes enfants à l'école. Quelle est la situation, ici ?

LE PÈRE : La situation est que quand tu demandes à quelqu'un ce que tu peux faire, personne ne sait vraiment. Je veux vous dire qu'il y a d'autres possibilités pour le *unschooling* que de se cacher ou partir. La première chose à faire, c'est de construire un système de confiance avec des personnes qui le font déjà, et crois-moi, ils ne sont que deux pas en avant par rapport à toi. Entre en contact localement, et tu trouveras une façon de vivre ta vie en liberté.

CLARA : Hier, on a rencontré des personnes au cinéma qui *unschoolent* mais ne vivent pas en Allemagne.

Au cinéma Moviemento, Berlin

152. Les rencontres ont été placées dans le fil du livre en fonction des thématiques. Ici sont présentés les extraits dont le thème était lié au lieu.

LE PÈRE : Oui, beaucoup de personnes originaires d'Allemagne vivent ailleurs. La beauté de vivre ailleurs, c'est que tu peux revenir chez toi quand tu veux en touriste. N'imagine pas partir pour toujours, mais partir pour prendre l'air et trouver ta façon de revenir. Partir est toujours l'étape d'urgence. Quand tu veux partir, il existe beaucoup de familles avec qui tu peux entrer en contact pour trouver de l'aide, pour savoir que penser. Mais ne sois pas ouvert, si tu as de la famille, ne les mets pas dans la confidence trop tôt.

CLARA : Waouh. Parce que les membres de ta famille peuvent être ceux qui te dénoncent, tout comme les voisins ?

LE PÈRE : Exactement. Et par accident. Tu ne sais jamais combien quelqu'un va être confus et appeler les autorités pour demander de l'aide, pour se rendre compte des semaines plus tard que ça n'a pas apporté de l'aide, mais des problèmes.

CLARA : Donc il y a des gens qui se cachent, ici à Berlin, ou ailleurs en Allemagne, parce que leurs enfants ne veulent pas aller à l'école ou parce que ça s'y passe mal. Comment ça marche ?

LE PÈRE : Sincèrement, je ne connais aucune famille qui se cache, parce que je ne peux pas les connaître. Être discrets, ce n'est pas vraiment se cacher.

CLARA : Des personnes m'ont dit qu'elles ont plus peur de leurs voisins que de quelque autorité.

LE PÈRE : Oui. Oui ! Et quand tu le fais, tu connais déjà tes voisins, et tu choisis tes voisins. Si tu vis quelque part depuis trente ans et ne penses pas à quitter cette maison, tu peux néanmoins avoir des problèmes avec tes voisins. Mais tu peux aller au coin de la rue et avoir de nouveaux voisins, qui n'auront aucun soupçon. C'est quelque chose que tu peux gérer.

CLARA : Ils n'auront pas de soupçons, mais s'ils voient tes enfants dans la rue le matin… alors, quoi… ?

LE PÈRE : Oui, et c'est là que je vous supplie d'entrer en contact avec la communauté locale. Une fois par an a lieu le festival Schulfrei[153] [« libre de l'école »], on peut trouver plein de choses sur internet, comme le

153. Deux initiatives de Karen Kern, `http://schulfrei-festival.de` ; `http://bvnl.de`.

BVNL (Bundesverband Naturlich Lernen[153]) et il y a d'autres plateformes comme EU-LE (European Learning[154]), où des communautés se présentent sans mettre leur nom, et vous pouvez les trouver ! Construis ta confiance et tu trouveras comment faire à ta façon.

Clara : Quand les gens quittent le pays, c'est parce que les autorités leur demandent de remettre leur enfant à l'école, l'enfant ne veut pas y retourner, supplie de ne pas y aller, et la prochaine étape c'est que les autorités prennent l'enfant des parents ?!

Le Père : C'est rare. Ils ne le font pas si vite. Tu auras plus de problèmes si tu es à l'école et qu'on te fait de la pression et de la coercition pour médicaliser ton enfant. Et déjà ça, c'est souvent suffisant pour partir, quitter le pays, sa ville ou aller dans un autre quartier. Je comprends le caractère effrayant de cette menace, que la police peut prendre ton enfant, mais ça ne tombe pas du ciel. Tu peux y faire face.

Clara : Tu as le temps de t'échapper.

Avec Karen Kern au cinéma Mon ami, Weimar

Le Père : Il y a plein de stratégies. Certaines familles quittent le pays par avion : une famille a quitté l'Allemagne pour l'Inde, parce que le père des enfants venait d'Inde. Ils sont entrés dans l'avion, la police a arrêté l'avion et s'est emparée de leurs enfants ! C'est là que je dis : soyez vi-

154. Initiative de Juri Wolf, EU-LE.eu.

gilants. Pour les avions, il y a des listes. Et quand tu es désigné par une autorité, il faut faire attention, mais tu as toujours des moyens. Trouve des personnes de confiance.

Clara : La police, quand elle a arrêté l'avion pour l'Inde, c'était à cause de l'instruction en famille ?

Le Père : Oui.

Clara : Waouh. Aujourd'hui, tu m'as présenté une famille qui a émigré en Arabie Saoudite, parce que là ils peuvent pratiquer l'instruction en famille, parce qu'ils ne sont pas saoudiens. Et une famille qui est partie d'Allemagne en Belgique ; tu m'as parlé de ton ami qui est parti en Australie… Mais que font les gens s'ils n'ont pas les moyens d'émigrer ?...

Le Père : C'est une énorme question. Dans mon expérience, ce qui pèse le plus, c'est le loyer. Alors beaucoup de familles choisissent d'abord de renoncer à avoir un loyer, trouvent un mobile home, ou ont des baux plus courts, afin d'être indépendants de la charge lourde qu'est le loyer. Tu trouves plein de solutions quand tu te rends plus indépendant, même avec ton porte-monnaie.

Clara : Donc tu quittes ton emploi, tu en trouves un autre, tu vis avec très peu ? C'est une vraie révolution dans la famille.

Le Père : Oui, vraiment. Et tu es dans une bonne situation si ta famille est intacte. C'est ce dont nous avons fait l'expérience : une conséquence de l'école, c'est de démolir les familles. Si ta famille est intacte et que vous êtes deux, alors vous pouvez vous débrouiller, l'un travaille et l'autre s'occupe des enfants, et tu peux aussi partager la garde avec d'autres membres de la famille. Il y a plein possibilités en dehors de partir ou se cacher.

Au Brésil à l'Université de São Paulo, CINUSP[155]

Carla Ferro[156] : C'est la première fois qu'une université brésilienne soutient une discussion publique sur la déscolarisation. Vous pouvez imaginer l'importance de cela.

155. https://www.youtube.com/watch?v=3iKYKp8_wJU.

156. Chercheuse en éthique, politique et éducation.

PROFESSEURE D'UNIVERSITÉ : Les défis du *unschooling* sont pour nous plus compliqués, et le potentiel est plus grand. Cela pose des questions différentes au Brésil.

SPECTATRICE : Le Brésil est un pays où, encore récemment, le nombre d'analphabètes était énorme. Une des conquêtes récentes, c'est l'école pour tous. Pas 100 %, mais un fort pourcentage. Alors c'est ambigu. Comment, maintenant que tout le monde est à l'école, vous dites : « Eh, les gens, il vaut mieux rester à la maison ! » En même temps je sais que la qualité de l'école n'est pas bonne actuellement au Brésil, mais le film ne pose pas juste la question de la qualité, mais de la structure même de l'école.

CLARA : C'est une question complexe. Des personnes sortent de l'école analphabètes. Je viens d'un pays colonialiste. On peut faire le parallèle : la colonisation c'est apporter à des gens ce dont ils n'ont jamais eu besoin, qu'ils n'ont pas demandé, en disant : « On sait ce qui est bon pour vous. » C'est ce qu'on a fait avec des pays qui n'étaient pas alphabétisés, en tant que colonialistes – nous, pas vous ! *(Elle rit.)* Et qui dit que c'était réellement mieux pour eux ? Ils ont perdu leurs traditions, de nombreux métiers qui ne nécessitaient pas la lecture et l'écriture.

CARLA FERRO : L'apprentissage vient de la nécessité et commence par la nécessité. Dans le cas de l'alphabétisation par exemple, avant que l'enfant en ait besoin, à l'école, on la lui impose – et de plus en plus tôt, et avec des méthodes complètement extérieures à sa vie – c'est imposé. Je pense donc que l'école a beaucoup à voir avec le fort pourcentage d'analphabétisme au Brésil et dans d'autres pays.

SPECTATRICE : Je souhaite parler de droit et d'obligation. Je suis élève ici, à USP. J'ai questionné ces notions auprès de ma prof, qui me parlait du droit de l'enfant à être inscrit à l'école. Je lui ai demandé : « Mais comment est-ce que ça peut être un droit si c'est une obligation ? À partir du moment où je le force à y aller, je le force à exercer ce droit ?! » L'école est un choix. C'est une obligation *pour l'État* de l'offrir, pour que tous y aient accès. Mais pour ceux qui y souffrent… elle ne peut pas être obligatoire pour tous[157].

157. Voir aussi Jean-Pierre Lepri p. 183.

Spectateur : Mais la réalité, c'est que dans beaucoup de cas, soit les parents gagnent bien leur vie et les enfants sont élevés par des nounous, soit les parents gagnent très peu à des emplois qui ne leur permettent pas une vie de famille – dans les deux cas, il y a très très peu de temps pour être avec les enfants, par choix de carrière ou par impossibilité.

Clara : C'est un problème de société. Il paraît que ça a changé un peu au Brésil, mais il y a trois ans j'ai connu un chauffeur qui travaillait seize heures par jour, je lui ai demandé : « Mais il n'y a pas de syndicats ? » Il m'a répondu : « Si, mais si je me plains au syndicat, je perds mon emploi, et il y a vingt personnes derrière qui le veulent. » Bien sûr qu'il n'aura pas de temps suffisant pour ses enfants, et il a besoin de son emploi. Mais c'est un problème de société, ça n'a rien à voir avec l'apprentissage.

Spectatrice : Je vais raconter un fait récent que je trouve important, vu la peur qu'il y a. J'ai deux filles de 6 et 4 ans, et j'ai eu un procès parce que mes filles ne sont pas à l'école. Le premier procès a commencé au conseil titulaire. J'ai présenté tout ce qu'elles font. La promotrice a archivé le processus parce que ce n'était ni de la négligence, ni de l'abandon intellectuel. (Il y a d'ailleurs des familles qui ont prouvé l'abandon intellectuel à l'école !) Puis mon ex belle-mère a refait un procès. J'ai préparé une défense de soixante pages avec la même avocate, montrant que les enfants ont une éducation merveilleuse, sont heureuses, que ma fille de 6 ans ne supporte pas l'école. Et on a gagné. On a l'appui de l'Institut Mae[158], sans qui on n'aurait jamais réussi, qui est présent pour accueillir les familles, pour qu'elles n'aient plus peur qu'on leur enlève leurs enfants.

Carla Ferro : C'est le premier cas, c'est un précédent dans la loi brésilienne ! J'ai accompagné d'autres familles en procès. Ça ne s'était jamais terminé comme ça.

Spectatrice : Je voudrais dire que j'ai retiré ma fille de l'école à 10 ans, l'an dernier. J'ai écouté son être qui me demandait de la retirer de l'école et me disait que j'avais tort de lui donner cette éducation. Je ne savais pas comment faire. Une amie m'a aidée, elle m'a dit : « Retire-là immédiatement de l'école. » Je lui ai répondu que je ne me sentais pas capable de le faire vu ce que ça implique moralement, du fait du tabou de ce choix, que j'aurais l'impression de commettre un crime. Et mon

158. www.institutomae.com.

travail ? Je me suis dé-formatée, je suis sortie de ma petite boîte carrée. J'ai vu que j'étais enfermée. Pleine de peurs. Ce processus fut lent mais très beau, il m'a apporté une autre option de vie, une envie de vivre.

En Argentine à la permaculture d'Akapacha Chascomûs

À Chascomús, Argentine

Judit Raidán : Ici en Argentine, l'auto-apprentissage est *alegal*, et rarissime. Pourtant, il n'existe pas d'éducation sans auto-éducation.

Spectateur : J'ai du mal à parler. Ce film cause une révolution intérieure en moi. Il me renvoie à ma propre position dans la société… à ma trajectoire en tant qu'adulte.

Judit Raidán : Nous sommes une famille d'Argentine qui a choisi cette option d'apprendre en famille, parce que nous croyons fermement que c'est la responsabilité des parents d'éduquer leurs enfants, avec une vision du monde sans compromis. Nous pensons à la famille comme une famille élargie, avec des communautés d'apprentissage ; nous pensons qu'il est possible de construire une nouvelle culture et une nouvelle société ensemble, avec les enseignants, avec les parents impliqués dans l'enfance et l'éducation de leurs enfants. Sachant qu'en réalité, ce sont les enfants qui viennent nous enseigner, et nous qui apprenons d'eux. Ils nous montrent le chemin et nous souhaitons les accompagner et nous préparer pour être de meilleurs parents, de meilleurs éducateurs et meilleurs dans tous les sens en tant que société pour rendre cela possible. Puissions-nous tous avoir la liberté de choisir l'éducation que nous voulons pour nos enfants.

Karina Intelisano : Éduquer, c'est l'art de nous accompagner dans la découverte, dans le développement de notre propre essence, nous permettant d'être à chaque instant la meilleure version de nous-même. Nous sommes en train d'être, ici et maintenant. Et pendant que tu es, et que je suis, nous nous éduquons. Parce que l'éducation se passe dans la rencontre avec nous-mêmes et avec les autres.

Viviana Terra : Le film m'a beaucoup touchée parce qu'il fait partie d'un projet de vie que j'ai découvert récemment. Depuis que j'ai quitté mon emploi, la maison où je vivais, j'ai laissé derrière moi de nombreuses commodités, des vérités pré-établies et des choses qui sont imposées, des vérités qui sont fabriquées et auxquelles j'ai renoncé pour découvrir par moi-même. J'ai commencé un voyage de sept mois pendant lequel j'ai planté beaucoup, j'ai fait la cuisine, construit des écoles, des boulangeries. J'ai travaillé dur dans des communautés sur le thème d'être et de faire ce que tu aimes, et de l'amour comme état d'être. J'ai ressenti que l'éducation, sans la charge de sens que ce mot contient d'habitude, c'est un partage, un échange. Tout à coup, j'ai confiance en moi et suis capable de tout quitter pour recommencer à 30 ans. Je pense que l'éducation libre sous cette forme, avec amour et présence, est la plus belle forme d'éducation.

Mónica Oliveros : Je suis venue du Venezuela avec ma famille pour pouvoir déscolariser mes enfants. Mon pays, c'est une dictature, et tous les enfants doivent utiliser le même livre, dans lequel il est écrit que Chavez a sauvé le monde. Les parents ont commencé à se réunir pour lutter, d'abord une dizaine, puis des centaines. Quand le gouvernement a qualifié tous ces parents de terroristes, ma famille est venue vivre ici. Je voudrais tant que le monde sache ce qui se passe dans mon pays, s'il vous plait faites passer mon message.

DANS LES COULISSES DU FILM

Pourquoi avez-vous fait ce film ?

Clara : Je souhaitais mieux comprendre comment se passaient les apprentissages sans scolarisation. Pour les familles qui suivent les cours du CNED ou d'autres méthodes d'apprentissage, c'était simple d'imaginer la vie sans école. Mais pour les apprentissages plus informels, c'était un concept très nouveau pour moi. C'est donc ma quête et ma découverte de cette forme d'apprentissage, de laquelle découlent souvent d'autres choix de vie[159].

Quel était votre but ?

Clara : Au début, c'était donc ma quête, pour comprendre, pour apprendre. Très vite, ma motivation a évolué vers une envie de partager cette révélation avec des personnes qui n'en auraient jamais entendu parler, par exemple des parents d'enfants scolarisés en souffrance qui ne savent pas qu'il y a d'autres possibilités : non seulement de se passer

159. Paru dans *Les Plumes*, article de Karine Povert, www.magazinelesplumes.com.

d'école, mais même d'école *à la maison*. En effet, pour les familles que j'ai rencontrées, ce n'est ni l'école, ni à la maison.

Comment avez-vous auto-produit ?

Clara : Poussée par mon désir d'aller de l'avant, ce fameux enthousiasme qui agit comme un engrais...[160] En famille, au fil des rencontres, une personne me renvoyant à une autre, une réponse apportant une ribambelle de nouvelles questions.

Le tournage s'est étalé sur deux ans. C'est lors de la post-production que le manque de ressources s'est fait sentir (pas moyen d'espérer des subventions ou des préachats de chaînes pour un sujet aussi politiquement incorrect en France) et que les difficultés d'ordre financier ont pesé. J'ai dû lourdement m'endetter pour mener à bien le projet[161].

Quelles sont les réactions lors des projections ?

Clara : J'appréhendais de montrer le film pour la première fois, j'avais des amis dans la salle dont les enfants étaient grands et étaient toujours allés à l'école. Je me demandais comment ils allaient réagir. Tous m'ont dit à la fin que le film avait eu une influence sur eux, sur leur relation avec leurs enfants, les avait encouragés à être plus dans la confiance, plus à l'écoute de leur voix intérieure et moins sensibles aux pressions du système. Si le film a cet effet sur une personne dans la salle, alors il prend tout son sens.

D'autres réactions en salle ?

Clara : Voir des familles si heureuses et épanouies, au sein desquelles on est tellement à l'écoute les uns des autres, et entendre leurs témoignages est confortant pour les parents. Quant aux enfants, ils sont rassurés de comprendre que leurs soucis dans le système ne signifient pas forcément qu'il y a un problème chez eux. Il y a aussi des réactions fortes d'adultes qui ne sont pas parents, qui ont souffert et manqué de confiance en eux pendant leur scolarité et se rendent compte que le problème ne venait pas forcément d'une insuffisance quelconque

160. Voir p. 199.

161. Paru dans *Les Plumes*, article de Karine Povert.

de leur côté. Les retours que nous recevons sont très forts et nous montrent à quel point c'était important pour certains spectateurs de pouvoir se donner la permission, suite au visionnement d'un film ou à des lectures, de lâcher prise et de faire confiance à leurs enfants, d'accepter de les laisser être eux-mêmes et vivre leur vie.

Beaucoup de jeunes et de moins jeunes qui ne sont pas parents viennent voir le film pour eux-mêmes, et témoignent sur le fait qu'ils s'étaient perdus en passant des années à faire ce qu'on leur disait de faire, que c'est très dur aujourd'hui pour eux de se retrouver, et que le film est une pièce du puzzle, que ce soit pour réapprendre à se faire confiance, pour cesser d'accepter de faire un travail qui ne leur convient pas, ou pour dire enfin non au harcèlement au travail[162].

Et puis... il y a souvent un spectateur dans la salle pour qui le film est douloureux à voir et qui passe par des émotions très fortes de colère, puis de tristesse, pour en arriver finalement à l'espoir et l'enthousiasme, car ce n'est jamais trop tard pour réparer ses relations. Lors de l'étape « colère », il m'arrive de recevoir une violence assez forte dans la figure[163].

Pourquoi ce film est-il dérangeant ?

BERNARD COLLOT : Le film *Être et devenir* suscite beaucoup de débats. Il est impossible d'en ressortir sans se dire : « Il n'y a aucun doute, les enfants apprennent bien sans être enseignés », c'est-à-dire autrement ou naturellement. Enfin un film en a fait la démonstration, en est la preuve.
Vous avez dû remarquer que tant qu'il ne s'agit que d'idées que l'on peut qualifier d'utopistes, elles ne sont pas dérangeantes. Mais lorsqu'il s'agit de faits donnés à voir et qu'on ne peut nier, alors ils heurtent puisqu'ils éliminent l'impossible derrière lequel on pouvait se réfugier.
Commençons par le reproche qui ne va pas manquer de lui être fait : *Ah ! Oui, mais ! Ce sont des « bobos » !* Certes, si ce ne sont pas des « bobos » dans le sens péjoratif qui lui est attribué par ceux qui voudraient bien en être, ces familles sont quand même un peu au-dessus de la moyenne socioculturelle.

---

162. Paru dans *FemininBio*, article de Stéphanie Boudaille-Lorin.

163. Paru dans *Les Plumes*, article de Karine Povert.

Cette expression « socioculturelle » est elle-même désagréable et fausse si on la lie impérativement avec la culture dans son sens scolaire ou académique et avec des moyens financiers. La caractéristique commune à tous ces parents, c'est qu'ils ont pu s'interroger sur ce qu'offrait l'école à leurs enfants et les aspirations qu'ils avaient pour eux. *Si on veut, on peut* disait un des papas du film présent dans la salle. C'est ce qui précède et déclenche le « vouloir » qui n'est pas encore donné à tout le monde. Le *on peut*, lui, va demander quand même une certaine disponibilité. Cette disponibilité demande quant à elle certains sacrifices financiers à la plupart (quand on peut les faire), mais ils ne sont plus considérés comme des sacrifices quand ils induisent un autre mode de vie, bien d'autres plaisirs que n'apporte pas l'argent. Bien sûr qu'il faut lier aussi cette déscolarisation à toute la mouvance du consommer autrement, du vivre autrement. J'ajouterai enfin qu'il a fallu à ces familles assumer une responsabilité dont on se décharge habituellement sur l'école, quitte à la critiquer[164].

Quelques éclaircissements...

Ils ont tous l'air riche !

Clara : Les enfants non-scolarisés que je rencontrais passaient beaucoup de temps dehors, dans la nature, par rapport à leurs camarades scolarisés, alors qu'on les imagine souvent enfermés « à la maison » et coupés du monde. J'ai voulu être en cohérence par rapport à ce décalage, et avoir une harmonie visuelle. J'ai donc filmé les interviews dehors, dans la nature, et c'était la plupart du temps dans des jardins publics. Toute cette belle nature donne une impression d'aisance. Par ailleurs, ils sont heureux, bien dans leur peau, et cela « fait riche », bien que ce soit donné à tous de faire ce travail sur soi. Je me rends compte aujourd'hui de ce malentendu, mais c'est seulement lors des projections publiques qu'il est apparu. Cette question fera sourire certaines familles particulièrement démunies financièrement, qui ne soupçonnaient pas combien leur joie de vivre les fait paraître riches ! La question de la variété des revenus a été largement évoquée par Michael Tavaler[165], mais

164. *Être et devenir*, un coup de poing dans les représentations !, http://education3.canalblog.com/archives/2014/06/05/30015844.html.

165. Scénario, p. 59 et 60.

comme il s'agit d'un film sur les apprentissages et pas sur l'économie, nous n'avions pas jugé nécessaire de nous étendre davantage[166].

Claudia Renau : On rencontre souvent des familles engagées dans la simplicité volontaire qui vivent avec très peu. C'est encore et toujours un choix. Par ailleurs, moins travailler conduit aussi à moins avoir envie de dépenser, notamment en futilités (« J'ai bossé toute la journée et c'était pas pour moi, je peux bien m'offrir cette jupe ! »)

Ce sont tous des artistes !

Clara : Vous pouvez voir chez les parents un maçon, un employé de librairie, un électricien, un informaticien, un restaurateur, plusieurs enseignants. Chez les adolescents, une étudiante en biologie, une étudiante en sciences politiques (celle qui veut être ministre), un étudiant en économie, un autre en psychologie. Lloyd et Oberon, que l'on voit dans les bonus, sont ambulancier et chimistes, et Yonathan travaille dans l'humanitaire... Il est certain que les scènes de peinture ou de musique sont plus cinématographiques, et qu'il est moins aisé de filmer un étudiant en train de faire de l'économie[166].

Claudia Renau : Avoir du temps pour soi rend créatif, ce qui ne veut pas forcément dire créatif dans un domaine artistique, mais créatif pour sa vie.

Devayani Delfendahl : Dans les familles qu'on connait, ce ne sont pas du tout que des artistes, mais par contre, l'idée de faire les choses avec attention et présence fait que chaque chose devient un art.

Clara : Mon père était chirurgien, et ses confrères disaient de lui qu'il était un artiste de la chirurgie. Cette analogie me laissait perplexe, jusqu'à ce que Naomi Aldort pose la question : « Comment serait notre société si nous faisions avec art tout ce que nous entreprenons[167] ? » J'ai alors compris que mon père était passionné, qu'il exposait ses découvertes à ses collègues, dans les congrès médicaux, avec enthousiasme, qu'il ne cessait de chercher et d'inventer, et qu'en effet, nous sommes d'une certaine façon tous des artistes si nous travaillons dans de telles conditions de joie et de curiosité.

166. Paru dans *Les Plumes*, article de Karine Povert.

167. Scénario, p. 18.

Ce sont tous des enseignants !

CLAUDIA RENAU : Les enseignants sont plus visibles car déjà ils sont nombreux dans la population. Ils osent probablement plus témoigner car le système leur a octroyé une légitimé en matière d'apprentissage – alors qu'en fait, moi qui ai été enseignante, il a fallu que je désapprenne, que je me détache des attentes, pourtant déjà minimales au début[168].

Comment s'identifier à ces personnes « extra-ordinaires » ?

WENDY PRIESNITZ[169] : Je pense que cette histoire de prodige musical est un leurre ; je ne suis même pas sûre de croire en ce terme davantage que je crois au concept de « don » comme quelque chose qui distinguerait certaines personnes des autres. Le temps disponible des enfants qui apprennent dans la vie leur permet de découvrir et de développer leurs talents d'une façon qui n'est pas possible pour les enfants scolarisés. Et, réciproquement, l'apprentissage en famille assure la flexibilité dont les enfants talentueux ont besoin pour étudier, pratiquer, se produire, etc. C'est pourquoi par exemple, beaucoup d'enfants qui travaillent dans le cinéma ou le théâtre apprennent en famille.

Mais au-delà de ça, je trouve que ce concept est à côté de la plaque. On trouvera toujours plein de personnes qui utilisent l'argument « devoir-apprendre-à-vivre-dans-le-vrai-monde » comme une manière d'éviter l'idée même de l'apprentissage en famille – du fait de leur propre peur de l'inconnu ou de leur besoin de babysitting pendant qu'ils travaillent à leurs « boulots normaux ». Le monde du travail est en train de changer rapidement (à la Richard Florida et autres auteurs comme Seth Godin et Daniel Pink) de telle sorte que le fait de savoir être un rouage ne sera pas très utile à l'avenir. L'un de mes principaux reproches, c'est qu'en entreposant les enfants et en les contraignant à rester à l'école, on les éduque pour la révolution industrielle, pas pour le futur ni même le présent[170].

---

168. Voir aussi p. 201 et 202.

169. Ambassadrice du *unschooling* depuis quarante ans. Fondatrice de *Life Learning Magazine*, Wendy Priesnitz a écrit quatre livres sur le « Life learning » et contribué à beaucoup d'autres.

170. Par mail suite à une question posée en salle.

Ils sont dans le monde des bisounours !

Claudia Renau : Ne pas vivre dans un monde de rapports de force, de domination, ça se cultive. On valorise le fait que les enfants n'accepteront pas un monde professionnel humiliant, ils auront été habitués à prendre soin d'eux.

Clara : C'est tellement un autre paradigme d'être bien avec sa famille, avec ou sans biche dans la forêt. C'est violent pour certains de voir ça. Un spectateur a avoué que le film lui avait fait mal, car il s'était rendu compte de ce à côté de quoi il était passé avec ses enfants ; qu'il les avait dégoutés de la musique et du sport. Rares sont les spectateurs qui peuvent dire tout de suite qu'ils ont eu mal, la tendance est plutôt d'agresser ou de dénigrer dans un premier temps.

C'est cette possibilité d'être le partenaire et non plus l'adversaire de son enfant que beaucoup de parents découvrent pour la première fois en même temps qu'ils découvrent la non-sco.

L'inconditionnalité, c'est un concept qui n'englobe pas seulement le parentage inconditionnel (qui rappelle *Aimer nos enfants inconditionnellement* d'Alfie Kohn), mais aussi notre propre bien-être inconditionnel. Choisir de se sentir bien indépendamment des conditions. Les émotions sont plus sages que la raison[171]. Lorsqu'on réagit à une situation avec son enfant, si l'on est stressé ou anxieux, c'est que notre réaction n'est pas authentique, et qu'on est influencé par ce qu'on pense que l'on doit faire en tant que parent, par ce que les autres vont penser. Alors que si l'on se sent joyeux, soulagé, calme, on sait que notre réaction est authentique. L'indicateur de base, c'est de se sentir bien ; fidèle à soi-même[172].

Notre haut commandement, c'est donc notre orientation émotionnelle. On pourrait dire : un peu bisounours comme stratégie – si ce n'était pas confirmé par la neuro-science.

Ils sont tous les uns sur les autres (les enfants sur les genoux des parents, les bras encerclant les enfants, etc.)

Paola Perez : Dans notre société où l'autonomie forcée et la séparation sont reconnues et valorisées, des familles qui aiment être ensemble, qui passent du temps intergénérationnel de façon agréable, cela dénote et pour certains cela peut être très remuant.

Il n'est question que de familles biparentales

Clara : Il y a deux mamans solos dans le film, mais ce n'est pas précisé, le thème du film étant les apprentissages.

Bernadette Nozarian : Chez les familles non-sco, il y a aussi beaucoup de familles monoparentales, plutôt des mères seules, qui travaillent, jonglent avec chaque minute et chaque euro. Grâce à la tribu des copines, elles arrivent, vaille que vaille, à cumuler petits boulots, fin de mois, paiement des factures, galères, nuits blanches à faire les comptes, liberté, force de continuer et accessoirement, convocations à répétition au tribunal lorsque monsieur-ex instrumentalise la non-sco[173].

---

171. Voir *L'erreur de Descartes* d'Antonio Damasio, Odile Jacob.

172. Voir Isabelle Filliozat p. 106.

173. Voir aussi Karine Stoeckel, p. 171 et 176.

Avez-vous rencontré une grande diversité dans les apprentissages autonomes ?

CLARA : C'est différent dans chaque famille. Il n'y a pas une recette à appliquer et à suivre. Les parents sont particulièrement à l'écoute de leurs enfants, ce sera donc même différent pour chaque enfant au sein de la même famille. Certains aiment la structure, d'autres apprennent mieux quand on lâche les rênes. Il est vrai que j'avais mes aprioris et que je m'attendais donc à un certain profil chez les parents : tous des profs ou des hippies, ou des fermiers ! J'ai rencontré des personnes de toutes classes sociales, de toutes professions et personnalités. Leur point commun, c'était d'être des libres-penseurs, et d'élever leurs enfants en libres-penseurs, dans la confiance en la vie.

Nous n'avons pas vu le moindre ordinateur ou jeu vidéo

CLARA : Quand on reçoit quelqu'un chez soi, généralement par courtoisie on n'allume pas la télé ou un jeu vidéo, ce qui ne signifie pas que le reste du temps ils sont éteints.

Les jeux vidéo, c'est une grosse question, pas abordée dans le film car il faudrait un film entier sur ce thème. Autant de réponse différente que de familles que j'ai rencontrées. Mais dans l'ensemble, l'autorégulation semble très efficace. Par ailleurs, la connaissance approfondie et l'expertise des jeux vidéo peuvent aboutir à des professions comme celle de créateur de jeux ! Je précise toutefois que je suis une maman qui n'a pas souhaité encore ouvrir la boîte de Pandore des jeux vidéo avec mes enfants, tant qu'ils sont petits et ne me le demandent pas je n'en vois pas la nécessité ; et j'avoue que c'est tout à fait anxiogène pour moi de voir nos petites voisines – scolarisées – accros à Timecraft. Les devoirs sont négociés en temps de jeux vidéo[174].

Il n'y a pas de voix divergente dans le film !

CLARA : Chez les personnes qui connaissent le sujet, je n'ai pas rencontré de voix divergente[175]… Je m'attendais pourtant à entendre des réticences en allant à Harvard ! Mais au fond... si quelqu'un fait un

174. Voir aussi « Comment gérez-vous les écrans ? » p. 173.

175. Voir aussi « Y a-t-il des échecs dans le *unschooling* » p. 172.

documentaire sur l'agriculture biologique, on ne lui reproche pas de ne pas avoir parlé des bienfaits des pesticides. Il est en train d'informer sur le fait que la majorité de la société utilise un système et qu'il existe une alternative. Je me suis simplement intéressée à ceux qui ne scolarisent pas. J'étais curieuse de connaitre leurs motifs.

Il y a de toute évidence un parti-pris fort, l'envie d'une jeune maman de trouver une voie satisfaisante.

CLARA : Pas de parti pris... Mais un vrai coup de foudre. Je suis arrivée avec tous mes aprioris, mes idées préconçues... En avocat du diable... Mais je n'ai rencontré que de la joie, et cette joie est bougrement contagieuse.

Les effets du film sur le spectateur

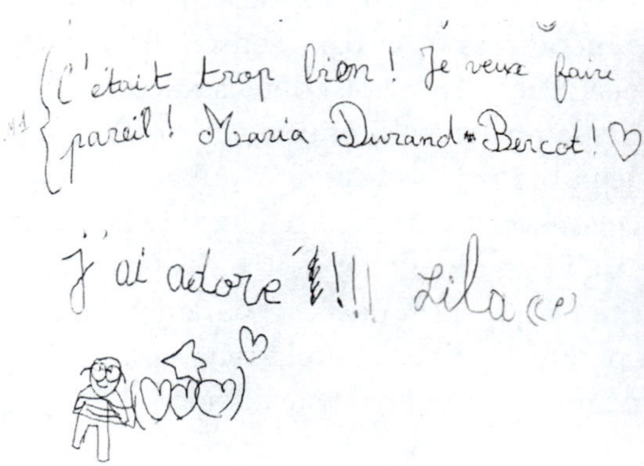

Sandro, 6 ans 3/4, au St-André des arts

DOBRILA DIAMANTIS[176] : C'est rare que nous ayons un film pour lequel, comme c'est le cas pour *Être et Devenir*, les spectateurs, après un débat

176. Directrice du cinéma St-André des Arts. En salle depuis le 28 mai 2014, *Être et devenir* passe en continu au St-André des Arts à Paris et partout en France depuis trois ans.

d'une heure trente ou parfois de deux heures, quand il faut libérer la salle, continuent de discuter dehors, dans l'entrée, dans la rue, pendant encore des heures.

Réactions de praticiens de la santé

Isabelle Filliozat : La scolarité, les devoirs, sont des questions très souvent abordées par les parents. Pour mieux en saisir les enjeux, et pour ne plus être démuni face aux parents, le film *Être et Devenir* me semble un impératif. Je voulais souligner combien ce film est utile dans la formation d'un coach parental. J'y ai trouvé beaucoup de carburant et d'énergie !

je souhaite la plus large diffusion possible de ce film : il nourrit l'espoir d'un monde plus juste, parce qu'il RESPECTE l'être humain.
bravo clara !

Rémy Filliozat

Catherine Gueguen : Je trouve le film d'une richesse extraordinaire. Il fait écho à plein plein de choses, il montre la diversité de chaque famille, chaque chemin est différent, chaque famille, chaque enfant est différent. Je le trouve d'une richesse infinie, je pourrais le voir dix fois, je retirerais encore plein de choses.

Josette Lépine[177] *:* Peut-être qu'il n'est jamais trop tard pour avoir une enfance heureuse… à partir du moment où on continue à apprendre. Vous faites partie de ces jeunes cinéastes qui osez faire des films qui nous réveillent, en quelque sorte. Parce que ça met en conscience et ça fait sortir du déni. Souvent on est dans le déni parce qu'on ne sait pas faire autrement, on ne sait pas faire autre chose, on ne sait pas,

177. Psychologue et coach somatique, auteure de *Le coaching somatique ou l'intelligence du corps en mouvement*, Valeurs Avenir, www.moncoaching.net.

parce qu'on ne sait pas, simplement. Et puis en faisant ce film, vous nous montrez quelque chose… Coline Serreau avait fait un film, il y a quelques années, aussi, qui s'appelait *Solutions locales pour un désordre global* – ça nous réveille !

CLARA : Et même *La Belle verte*, qui est un film de fiction…

JOSETTE LÉPINE : C'est un film qui nous apprend qu'en fait il y a d'autres solutions, qu'on peut faire autrement, différemment.

Réactions d'enseignants

SOPHIE RABHI-BOUQUET[178] : Le film de Clara Bellar *Être et devenir* ainsi que la rencontre avec André Stern font encore évoluer ma conception de la pédagogie et celle de la Bienveillance pour les enfants que nous devons accompagner. La violence ordinaire irait-elle en effet se loger jusque dans nos attentes et nos intentions, privant les enfants de leur propre chemin de vie pour épouser celui que nous traçons pour eux ? Force est de constater que malgré nos efforts pour rendre l'apprentissage attractif, intéressant et nourrissant, une lutte demeure, plus ou moins, dans nos

178. La Ferme des Enfants, au Hameau des Buis, proche du mouvement Colibris, auteure de *La Ferme des enfants : Une pédagogie de la bienveillance*, Actes Sud, http://la-ferme-des-enfants.com.

écoles : celle de l'énergie propre de l'enfant et de l'adolescent contre l'adaptation que leur demande la structure scolaire… Et je n'en finis pas de m'interroger sur les effets de la contrainte sur l'éveil et la créativité de l'enfant. Nos pédagogies, les plus élaborées qu'elles soient, sont-elles une aide ou une entrave au développement de la personne humaine ?

Avec Sophie Rabhi à la Ferme des Enfants, Hameau des Buis

Chantal[179] *:* Ce film m'a fait comprendre qu'il faut que j'arrête. Ce que je fais ne sert pas les enfants.

Bernard Collot : C'est un coup de poing dans les représentations que tout le monde ou presque a des apprentissages et de l'éducation ! Il est absolument à voir, autant par les enseignants que par les parents, sauf si on ne veut surtout pas être dérangé, troublé, sauf si on ne veut surtout pas s'interroger.

Cédric Serres : C'est un film magnifique qui donne des ailes. Ces ailes nous transportent dans un nouveau paradigme éducatif.

179. Institutrice Éducation Nationale depuis vingt ans – Propos recueillis par Sophie Rabhi-Bouquet au cours d'un de ses stages « Pédagogies Alternatives » au Hameau des Buis.

Bernard Fagot[180] : Votre message dépasse de très loin le fait de ne pas mettre les enfants à l'école. Il répond à un besoin que la société ne sait pas encore qu'elle a, au-delà des volontés politiques de tout ordre, c'est la structure d'un enseignement de masse généralisé avec des rythmes normatifs qui formate et anesthésie toute la capacité créative de l'enfant, donc du futur adulte, donc d'une nouvelle société qui s'éveille.
Les nouveaux codes que vous pointez du doigt dans votre film sont les principes d'une nouvelle approche pédagogique que nos sociétés du futur ont nécessité de découvrir et de reconnaître pour accueillir plus de créativité, de sérénité, de joie avec des êtres épanouis comme vous les montrez dans votre film.
Vous montrez que l'enfant possède déjà les bases de ses futurs besoins et programmes d'apprentissage et qu'il faut seulement l'accompagner positivement pour réveiller et activer les connaissances qu'il a au fond de lui-même. C'est une vraie révolution culturelle que vous apportez pour libérer des idées, des aptitudes et offrir des réponses aux questions d'une société qui s'enlise.

Delphine Laval-Cziffra[181] : Le film est un véritable outil de connexions. Il crée immédiatement une communauté de « ceux qui l'ont vu et ont été changés à tout jamais » ! T'as vu *Être et devenir* ? – Ah oui ! (silence chargé d'émotions). Cela va au-delà des mots. Pour beaucoup autour de moi, il est un film fondateur, que ce soit parce qu'il a subitement bouleversé des représentations ou mis des mots, des images sur des intuitions, des convictions profondes. Ou parce qu'il a permis de trouver (enfin) des personnes qui partagent cette conception de l'éducation, de la vie. Et se sentir moins seul est très puissant. Dans mon projet professionnel, je m'appuie souvent sur le film, dans mes argumentaires mais aussi dans mes moments de découragement ou de doute. C'est pour moi un garde-fou qui m'empêche de baisser les bras !

Joël Loconte : Magnifique, bouleversant aussi. J'ai commencé des études pour être enseignant dans les écoles privées, mais ne supportant plus de voir ces petits enfermés toute la journée, je veux aujourd'hui ouvrir une école informelle ou démocratique. J'essaie de trouver des

---

180. Chercheur en pédagogie appliquée, coach parental, professeur et ré-activateur d'enthousiasme.

181. Créatrice d'une école innovante en Corrèze (19), http://apprendreautrement19.fr.

partenaires et transmettre cette vision avec le DVD du film, qui est un excellent support ; les gens sont toujours aussi choqués à la fin. C'est là où on échange sur ce sujet et ils se rendent compte qu'une autre possibilité existe. Je propage le virus un peu partout où je peux !

Ruta Gouriou[182] *:* Votre film est extrêmement puissant auprès des papas, ce qui est une grande prouesse, car c'est souvent facile pour les mamans de comprendre émotionnellement le concept car elles ressentent que c'est juste pour leurs enfants, mais les papas ont besoin de faits et d'explications rationnelles, de raisonnement. Tout cela est présent dans ce documentaire simple mais néanmoins incroyable qui parle directement au cœur.

Réactions de jeunes adultes

Une seule chose : je vais tout faire pour devenir un enfant déscolarisé.

Romain, 24 ans

Au village des Pruniers, Thénac

182. Orthopédagogue spécialisée en rééducation neuro-fonctionelle. Fondatrice de International Learning Support Services. Présidente de l'association Embrace Challenges in Learning.

Noé Borin, 18 ans : En raison de grosses difficultés d'apprentissage, j'ai quitté l'école avant la fin de la scolarité obligatoire, mais ça faisait bien longtemps que je ne suivais plus. Je suis allé me présenter dans diverses écoles privées de Genève pour voir si je pouvais y terminer ma scolarité. Aucune ne m'a accepté. À chaque fois c'était pour moi un échec de plus. Votre film nous a fait comprendre à mes parents et moi, qu'en effet, « l'école pour moi n'existait pas ! », ce que nous savions déjà, mais il nous a permis de ne plus le voir comme un échec ou quelque chose qui freinait mes apprentissages.

C'est fabuleux ! Merci pour tout !
Cela donnerai même envie d'avoir
des enfants !

Garazi

Marine Croslard : J'ai 18 ans, et je suis en classe de terminale L, près de Lyon. J'ai vu pour la première fois votre film en octobre 2015, et il m'a complètement bouleversée : larmes aux yeux, battements de cœur et grosse remise en question. La première fois je me suis dit : « Mais qu'est-ce que je fous en classe ? », tout ce temps perdu, toute cette anxiété… Alors devenue partisane de votre philosophie, j'ai essayé d'en faire parler le plus possible autour de moi, mais avant de pouvoir changer les mentalités françaises, il y a du chemin à faire. J'ai proposé à mon professeur de philo de le voir en classe et c'est après cinq mois d'acharnement pour trouver une date sans qu'il ne la repousse le matin-même que, victoire, nous l'avons vu en cours de philo mercredi dernier. Je crois que votre film l'a ému lorsqu'il nous a révélé s'être « pris le film en pleine figure » …

Malheureusement pour lui, il est complètement formaté car il a arrêté le film avant la fin (là où vous arrivez à Hes Fes en Angleterre, donc il restait 8 mn à peine) sous prétexte qu'il était l'heure de faire un bilan/résumé du film avant la sonnerie… quel malheur. Nous venions de voir un film à propos de liberté, de créativité, de confiance et il l'arrête avant la fin ; à croire qu'il n'a rien retenu du film !

Prendre le temps. C'est capital. Et à travers cet exemple, j'ai bien l'impression qu'à l'école, au lycée, on nous le vole. Ou du moins, on nous donne l'exemple de toujours faire les choses rapidement, trop rapidement, ce qui va à mon sens à contre-nature. Après l'on s'étonne qu'il y ait de plus en plus de *burn-out*.

Mais l'essentiel est qu'au sein des élèves le film est bien passé. Plusieurs sont venus me dire « merci pour ce film ». Cela m'a touchée. Alors je fais désormais circuler le DVD dans la classe – comme quelque chose de presque illégal – afin que chacun puisse le regarder en famille, voir la FIN, et les bonus.

J'ai trouvé dommage que nous n'ayons pas repris le film en cours de philo pour faire du lien avec les chapitres que nous venions de terminer et qui étaient totalement en lien avec *Être et devenir* : l'art, le travail, la créativité, le désir et le bonheur, l'éducation… Cela n'a fait que confirmer mon opinion à propos du système scolaire (français).

Johana Giot : *Être et devenir* est une véritable rencontre. Hymne à la joie, à la confiance et à la liberté, ce film ose enfin montrer le chemin vers un autre possible, dessiner un grand rêve vers lequel courir à grandes enjambées, révéler l'essence de l'apprentissage. À quoi ressemblerait le monde si nous étions tous des enfants déscolarisés, réalisés, respectés ? Et est-ce que l'on peut devenir cet enfant-là, même lorsque l'on est déjà grand ?

Souvent, je suis allée voir ce film. Parce qu'il me fait du bien. Parce que j'ai envie de le partager avec chacun de mes amis. Parce que les témoignages, les prises de paroles, les échanges qui suivent la diffusion sont à chaque fois d'une précieuse richesse. Je ne m'en lasse pas, et deux ans après la découverte de ce petit trésor, je réalise la force de l'impact que ces images et ces paroles ont eu sur la deuxième partie de ma vie, celle qui vient de commencer, celle d'après l'école.

J'ai trente ans, et je commence à me sentir déscolarisée. J'ai eu besoin de voir et revoir *Être et devenir* pour retrouver un peu de confiance, choisir ce que je voulais vraiment faire de ma vie et ne plus tenter de me conformer aux attentes des uns et des autres.

Réactions de parents

Ce film va CHANGER ma VIE et celle de mes ENFANTS
Merci Clara.
Jean-Marc

Isabelle Adjani : *Être et devenir* est une clef qui autorise la sortie d'un système social construit sur la peur, une clef qui permet de regarder la vie autrement pour et avec nos enfants, mais aussi pour nous-mêmes.

Ce film a apporté de façon fulgurante des réponses à mon propre enfant intérieur qui s'épuise, comme tout un chacun, depuis trop longtemps à composer sa survie sans oser sa vie.

Ce film, à travers le témoignage libérateur de ces familles pionnières du « devenir soi », est un hymne à la nécessité interne.

Film encourageant dans ma vision de "Tout est possible".
Ne pas se contenter du pré-mâché, formaté.
Faire des choix, assumer, se libérer de la pression sociale pour un même but : le bonheur.
Merci pour ce film
♡

Spectateur[183] : Nous sommes revenus pour vous remercier. On a vu le film il y a trois mois au festival du film de Rio. Depuis, on a changé de vie. Notre petite fille pleurait tous les matins pour aller à l'école. On pensait qu'on n'avait pas le choix. On l'avait changée d'école, mise dans une école alternative, mais elle pleurait toujours. Moi, je voyais à peine ma famille. J'avais fait des études de vétérinaire, mais n'ayant pas trouvé d'emploi comme vétérinaire, je travaillais dans un poste de santé, comme fonctionnaire. Mon chef me traitait très mal et mes horaires étaient si longs que je voyais à peine ma fille, mais j'étais coincé, il fallait gagner de l'argent pour vivre, pour payer l'école… où elle allait en pleurant. Après avoir vu le film, on a décidé de la retirer de l'école, d'aller vivre à une heure de Rio, où

183. Espace de *co-working* à Rio de Janeiro.

la vie n'est pas si chère, et maintenant elle est non-sco, elle est épanouie, et moi aussi parce que je pratique, enfin, mon métier de vétérinaire !

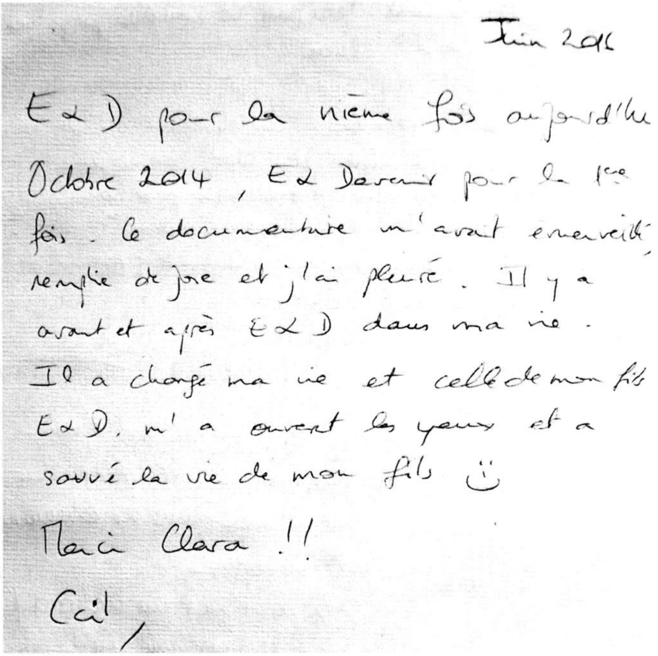
Juin 2016

E&D pour la nième fois aujourd'hui
Octobre 2014, E& Devenir pour la 1re fois. Le documentaire m'avait émerveillé remplie de joie et j'ai pleuré. Il y a avant et après E&D dans ma vie.
Il a changé ma vie et celle de mon fils
E&D m'a ouvert les yeux et a sauvé la vie de mon fils :)
Merci Clara !!
Ccil,

STÉPHANIE LEMAIRE : Grâce à vous, après deux ans d'école, notre fille Capucine va enfin être déscolarisée. Vous avez, au travers des images, des regards, des mots, transmis à mon conjoint ce que j'essaie de lui expliquer depuis la naissance de notre fille.

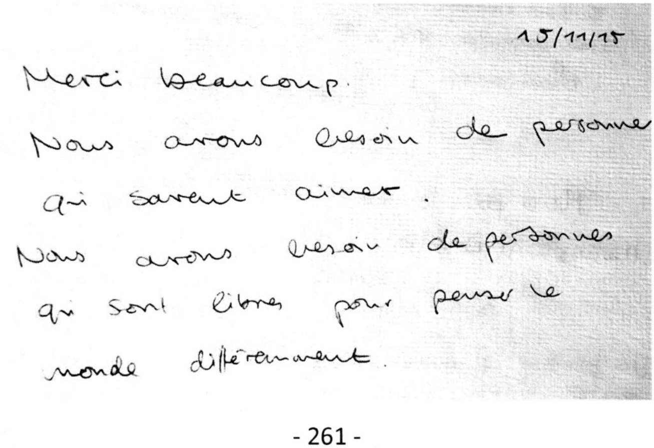
15/11/15
Merci beaucoup.
Nous avons besoin de personne qui savent aimer.
Nous avons besoin de personnes qui sont libres pour penser le monde différemment.

Alice Jacquet : Ce film est un miracle sur ma route... Moi qui étais plutôt très frileuse à l'idée de ne plus mettre les enfants à l'école, voire inquiète et convaincue que ma fille adorait l'école... Et surtout moi qui manquais toujours... de temps !

Dès le lendemain matin de la projection, je me souviendrai toute ma vie de cette matinée magique où je n'ai pas amené ma fille à l'école, en conscience, suite à une longue discussion dans la nuit avec mon compagnon, lui aussi tout retourné par une telle évidence ! Quelle sensation exquise d'avoir souhaité la bienvenue à ces graines subtiles et précieuses plantées dans mon coeur la veille... Ce jour-là j'ai vraiment eu la sensation de libérer ma fille d'une roue du hamster géante dans laquelle je l'avais enfermée par automatisme, par conditionnement, par peur... Et très certainement aussi, par facilité... L'école, ce magnifique mode de garde « de masse », gratuit et si pratique pour pouvoir soi-même gérer sa propre roue du hamster dans laquelle je m'étais laissée emprisonner par ignorance, par peur, par conditionnement...

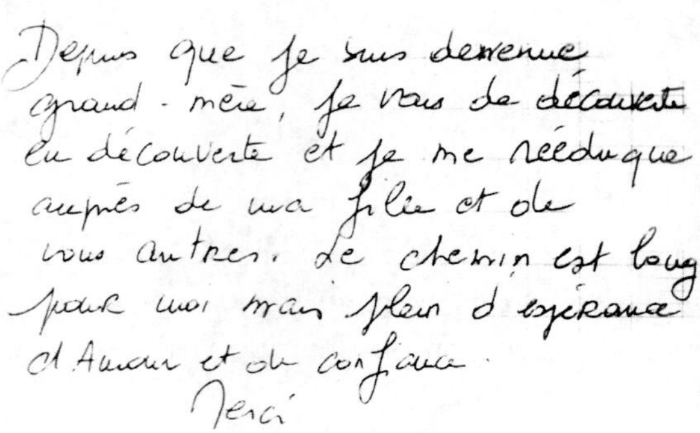
Depuis que je suis devenue grand-mère, je vais de découverte en découverte et je me rééduque auprès de ma fille et de vous autres. Le chemin est long pour moi mais plein d'espérance d'Amour et de confiance.
Merci

En libérant ma fille de 5 ans, j'ai instantanément retrouvé les chemins de l'Amour inconditionnel, de la confiance totale, de la foi absolue en son processus naturel et spontané d'évolution... Notre relation mère-enfant était devenue carencée de ces précieux nutriments. Notre relation avait été déviée par ce rythme infernal, stressant, désaxant qu'est l'école et toutes ses ramifications tentaculaires... Sans m'en rendre compte, j'étais tombée dans l'un des plus grands panneaux du monde occidental !

Et ce que j'ai compris c'est qu'en la libérant elle, c'est aussi ma petite fille intérieure, la femme et la mère... que j'ai libérées ! J'ai fait sauter les verrous de ma prison. Je suis davantage « réveillée ». Je sens que j'ai retrouvé ma souveraineté. C'est une sensation que l'on ne peut pas expliquer, ça se vit, ça se savoure...

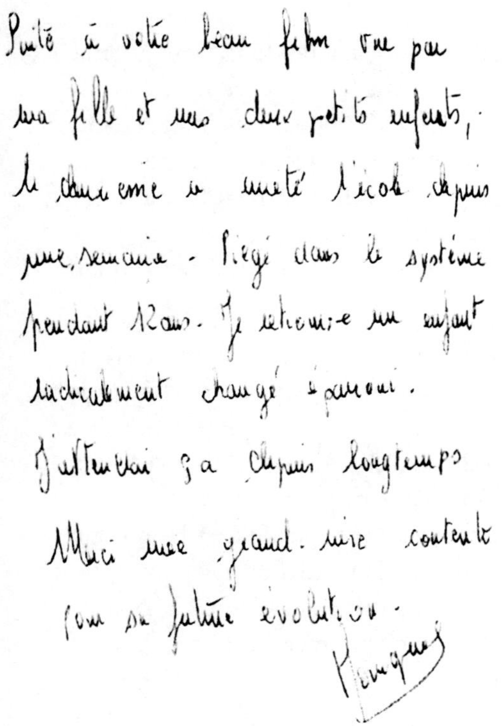
Suite à votre beau film vu par ma fille et mes deux petits enfants, le deuxième a quitté l'école depuis une semaine - piégé dans le système pendant 12 ans. Je retrouve un enfant radicalement changé épanoui. J'attendais ça depuis longtemps. Merci une grand-mère contente pour sa future évolution.

Quant à ma fille, c'est très simple, elle revit ! C'est comme si je l'avais sortie d'une vie dans laquelle elle était trop à l'étroit, dans une vie d'adaptation au conformisme, à un rythme dicté par la société... pas par son être profond mis sous cloche.... Maintenant je l'entends chantonner toute la journée, rire, elle danse, elle s'épanouit comme une fleur sortie de son pot et replantée en pleine terre. Et comble de tout, elle a instantanément retrouvé ce chemin d'autonomie originel. Elle se décroche petit à petit de sa dépendance affective puisqu'elle est suffisamment nourrie, elle a tout de suite compris les nouvelles règles du jeu à la maison, où chacun a besoin de son temps et de son espace et les respecte. Aujourd'hui elle reçoit ses besoins de base : l'attention, l'amour, la confiance, le jeu, la liberté... De son réveil à son coucher. Elle est pleine de gratitude pour cela, elle nous câline encore plus, nous sommes devenus comme une équipe, comme des partenaires de vie. Ses dessins transpirent cette ré-appropriation profonde.

JEAN EICHELBRENNER : La première fois que j'ai vu *Être et Devenir*, cela a été une révélation. Comme si je l'avais su au plus profond de moi mais que je ne m'autorisais pas à l'envisager car je ne pensais pas que c'était possible. Ce film est une ode à la liberté, à la confiance en l'enfant, en l'être humain, donc en l'humanité. Quelle bouffée d'air et d'espoir en ces temps bouleversés... Grâce à l'éducation autonome, mes enfants vont donc vivre libres, certainement heureux, vont apprendre par eux même et pour eux même, vont avoir le temps de se découvrir, de se connaitre pour se réaliser. Ils vont créer leurs propres méthodes sans dogme, sans être tributaire de la qualité d'un enseignement, d'un ministre qui n'ont pas fait leurs preuves, au contraire.

Depuis un an et demi, je suis allé moins d'une dizaine de fois au cinéma. C'était chaque fois dans la même salle, devant le même film. C'est une thérapie de voir tant de liberté, de rires, de créativité... Les intervenants en fin de séance initient un débat, questionnent et surtout répondent. Ils ont chaque fois été passionnants, réconfortants, stimulants. Ce film a changé ma vie, et probablement révolutionné celle de mes enfants. Je ne pensais pas qu'aller au cinéma pouvait bouleverser autant la vie, autant de vies...

Manu Viger : Ce mini témoignage reçu après la projection au CGR de Narbonne se passe de commentaires, et je vous laisse y puiser l'énergie de continuer... Pour ma part, je me rappelle l'émotion qui m'a envahie après la projection « historique » du 28 mai 2014, une immense gratitude pour Clara d'avoir fait ce film qui porte magnifiquement une parole juste et jusqu'à présent si peu diffusée. Une parole que beaucoup ont et qui restait enclose dans un petit milieu, diffusée au compte-goutte... À l'époque je me suis dit qu'il y aurait peut-être un « avant » E&D et un « après » E&D, et je crois bien que c'est le cas. « Encore un grand merci pour cette soirée hier qui nous a bien décidé à faire le "grand saut" ! Nous n'avons pas mis notre fille à l'école ce matin, le rythme est complétement différent, tout coule... En la délivrant c'est aussi nous que nous délivrons ! »

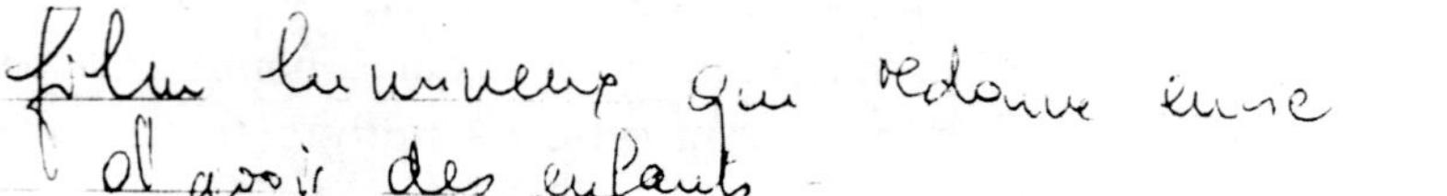
film lumineux qui redonne envie
d'avoir des enfants
Christiane une arrière grand Mère

La presse s'enthousiasme – quelques extraits[184]

Famili[185] : Qu'on soit conquis ou pas par le « *unschooling* », les expériences menées par ces familles bousculent nos certitudes et ouvrent

184. Revue de presse complète sur www.etreetdevenir.com/EED.fr.html#RP.

185. Dominique Henry, www.etreetdevenir.com/CoupuresPresse-fr/FAMILI.FR.pdf.

des fenêtres dans nos esprits. Et si, au fond, il n'était pas si pertinent que ça de séparer le temps des apprentissages du reste de la vie ?

Bubble Mag[186] : Peu à peu on comprend mieux leur choix qui nous semblait si incongru une heure auparavant. Et si la vraie question que soulève ce film n'était pas plutôt : comment maintenir en éveil le désir inné d'apprendre de chaque enfant ?

La Vie[187] : Pourquoi aller à l'école ? Tout l'intérêt de ce documentaire réside dans la réponse que nous donnerons à cette question, surtout si on ne se l'est jamais posée. D'autres interrogations en découlent, plus existentielles : qu'est-ce que réussir ? Le succès rime-t-il avec les diplômes, la carrière, la fortune ? Clara Bellar relate qu'après avoir visionné son film, un jeune homme de 35 ans a décidé de changer de carrière pour réaliser ce qu'il a toujours rêvé de faire. Voilà qui correspond bien à son sous-titre : « Être et devenir... le meilleur de soi-même ».

Studio Ciné Live[188] : Un enfant peut-il s'épanouir s'il est contraint à une pédagogie régie par les conventions de l'école ? C'est la question que se pose la réalisatrice en partant à la rencontre de parents qui ont choisi d'éduquer leurs enfants à la maison. Réflexion sur l'ouverture de la pensée, étude ethnographique issue d'un système alternatif, cette investigation richement appuyée de témoignages et d'exemples s'intéresse à une philosophie de vie souvent incomprise et mal jugée. Qu'on adhère ou non au propos, le documentaire est réussi.

Mediapart[189] : Il me semble d'une part que, paradoxalement, l'objectivité dans ce type de films consiste à présenter clairement un point de vue, le spectateur pouvant alors le confronter avec le sien, et d'autre part que les films qui traitent de l'institution scolaire ne traitent jamais, même dans ce fameux souci d'objectivité, des avantages et inconvénients de la déscolarisation.

De fait, il m'est très vite apparu qu'au-delà du problème de la déscolarisation qui y est évoqué d'une façon que je qualifierais d'heureuse,

186. Aude Chabrier, www.etreetdevenir.com/CoupuresPresse-fr/BUBBLEMAG.pdf.

187. Stéphanie Combe, www.etreetdevenir.com/CoupuresPresse-fr/LA%20VIE.pdf.

188. Thomas Baurez, www.etreetdevenir.com/CoupuresPresse-fr/STUDIO.pdf.

189. Danièle Faure, https://blogs.mediapart.fr/edition/education-en-pratiques/article/030614/etre-et-devenir-un-regard-heureux-sur-lenfance-et-la-parentalite.

tellement le bonheur d'être ensemble est le fil conducteur des scènes de la vie qui tissent la trame de ce film, le principal sujet abordé c'est : qu'est-ce qu'un enfant ? Depuis sa conception jusqu'à son âge adulte est-ce qu'il y a un moment où lui-même ne se perçoit pas comme une personne à part entière, une personne en recherche de ce qu'est la vie et des relations qu'il peut tisser avec les autres ? Y a-t-il un moment où chacun d'entre nous pourrait se dire : « Ça y est, je suis un être achevé, je n'ai plus rien à apprendre, plus rien à comprendre, plus rien à rêver ni à créer » et que ce serait cela être devenu adulte ?
Le regard porté sur les enfants par les adultes dans le film est un regard émerveillé. Ce que je trouve impressionnant, c'est le sérieux entremêlé de plaisir avec lequel l'enfant se livre spontanément à ce genre de tâche ! Et le fait que l'adulte ait confiance en l'enfant permet à celui-ci d'apprendre à avoir confiance en lui. Ce qui est bien plus important que le risque de casse.

Ce film se veut le témoignage d'une réflexion, d'un cheminement, de pratiques aussi différentes les unes des autres que le sont les enfants – pris en compte dans le respect de leur singularité – et leurs parents, les uns apprenant des autres et réciproquement. Je suis d'accord avec l'idée, exprimée dans le film, que nous apprenons autant des enfants, du regard neuf que ceux-ci portent sur le monde que eux le font en nous observant et imitant : mon expérience personnelle m'a démontré que les enfants s'extasient sur des évènements que la répétition nous a rendus banals alors qu'en fait ils sont remarquables. Nombre de grandes découvertes se sont faites en percevant cette « banalité » d'un point de vue différent.

Isabelle Adjani dans Elle[190] *:* Je n'étais pas convaincue par l'éducation à domicile avant de voir *Être et devenir*, de Clara Bellar. Mais ce film est une leçon d'épanouissement. Comme si on assistait à la rencontre idéale de l'enfant avec l'adulte qu'il veut devenir. Et comme si, du même coup, on accédait à notre enfant intérieur.

190. www.etreetdevenir.com/CouperesPresse-fr/elle.pdf.

Informations sur le film

Qui est devant la caméra[191] ?

Irvin Kershner ; Rana Haugen Core ; Naomi, Harvey, Oliver, Lennon & Yonathan Aldort ; John Taylor Gatto ; Nathalie Galindo ; Joyce Reed ; Sanni, Singa & Lumas Diesner, Manfred Köhnlein ; Claudia Renau, Fredy, Auriane, Loline & Lila Fadel ; Arno, Michèle, André, Eléonore, Pauline & Antonin Stern ; Ivana Durand Lanson, Merlin, Phenix & Cassidy ; Valérie, Bertrand, Hugo, Océane, Baptiste, Jules, Emma, Noé & Louve Vincent ; Fabienne Degorce, Joséphine & Margot Aknine ; Nicolas Demeerseman & Florence Tutiau ; Claire, Antoine, Martin & Marion Hérino Imbert, Rodolphe Hérino ; Jean-Marc, Yrieix, Etienne & Joseph Delaunay ; Jeanne Boucher, Annie & Michel Auzemery ; Elena Boella ; Michael, Sharon, Aaron & Rachel Tavaler ; Zachary Simonsen Burt ; Benjy Stevens & Jennie Stevens ; Leslie Safran Barson ; Augustus Day-West ; Keir, Chloe & Afifah Watson ; Alan Thomas ; Helen Lees ; Sally Garner-Gibbons, Sam Brewster, Luc & Lyla Garner-Gibbons ; Joseph Cawley ; Karen, Malchus & Josias Kern

Qui est derrière la caméra ?

Écrit, produit & réalisé par Clara Bellar – Pourquoi Pas Productions
Images & son : Clara Bellar & Gulu Monteiro
Images additionnelles : Bob Holthaus (Allemagne) ; Alex Tobisch (Suisse)
Montage : Fanny Mongrolle-Fasanino & Joële van Effenterre
Montage son & mixage : Pascal Ribier
Étalonnage : Jean-Marie Frémont – Pixel & Décibel
Trucages : Jérôme Heuberger
Lecture des citations : Gulu Monteiro – Encore Voices

En savoir plus

Clara Bellar

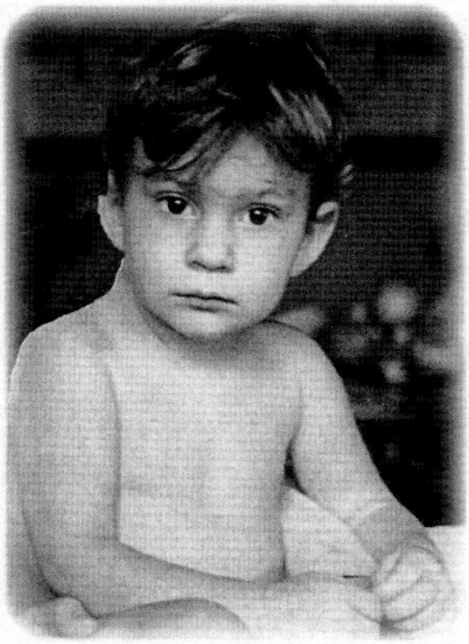

Découverte sur scène par Éric Rohmer dans *La belle au bois dormant*, Clara développe et tourne avec lui *Les rendez-vous de Paris*. Elle alterne théâtre et cinéma, films français (*Oranges amères* de Michel Such, *Le pharmacien de garde* de Jean Veber, *Les Randonneurs* de Philippe Harel) et étrangers : indépendants (*Kill the Poor* d'Alan Taylor, *Romance and Rejection* de Kevin W. Smith, *Sleepy Time Gal* de Christopher Munch) et de studio (*Intelligence artificielle, A.I.* de Steven Spielberg, *Dominion, a Prequel to the Exorcist* de Paul Schrader), la comédie et la musique (deux albums au Brésil, *Meu Coração Brasileiro* et *Meu Coração Francês*, avec des participations de ses inspirateurs Chico Buarque, Ivan Lins, João Bosco et Milton Nascimento). Pendant sa première grossesse, elle étudie la réalisation à la New York Film Academy et écrit, produit et réalise le court-métrage *Watermelon Man*, l'histoire d'un homme qui s'apprête à être papa, en proie à de grosses appréhensions. Le film est sélectionné dans cinq festivals nord-américains. www.clarabellar.com.

191. Par ordre d'apparition.

Gulu Monteiro

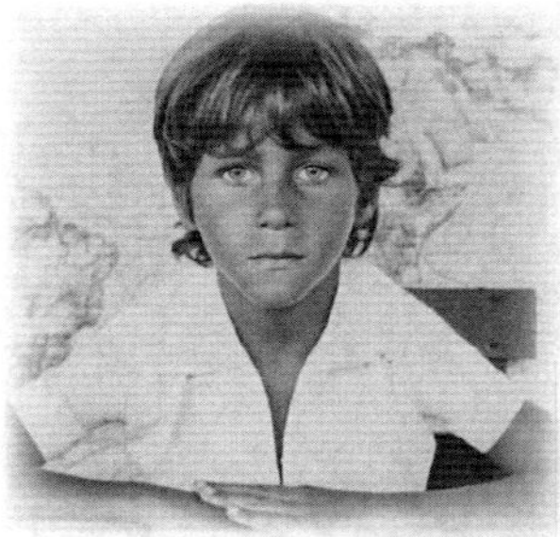

Metteur en scène de théâtre à la tête de sa compagnie *Companhia do gesto* à Rio pendant 17 ans, puis de *Ipanema Theater Troupe*, qu'il crée avec Clara Bellar à Los Angeles en 2001 (*Les Bacchae, Le Médecin malgré lui, La Bonne Âme de Se-Tchouan, La Puce à l'oreille* et de nombreuses créations), Gulu Monteiro est aussi professeur de théâtre à l'université de UCLA, et fait des recherches sur les émotions, le cerveau et l'acteur avec le neuroscientifique Antonio Damasio à USC's Brain and Creativity Institute, en quête de compréhension du processus de la créativité. Il a mis en scène trois opéras pour Placido Domingo et réalisé trois courts-métrages. www.gulumonteiro.com.

Joele van Effenterre

Joele a été chef monteuse sur une centaine de films, notamment avec les cinéastes : Costa-Gavras (*La Main droite du Diable, Music Box, La Petite Apocalypse*) Agnès Varda (*L'Une chante, l'autre pas*) Diane Kurys (*Diabolo Menthe, Cocktail Molotov, Coup de foudre, Un homme Amoureux, Les Enfants du Siècle*), Alexandre Arcady (*Le coup de Sirocco, Le Grand Pardon, Le Grand Carnaval*), Antoine de Caunes (*Les Morsures de l'Aube, Désaccord Parfait*), Bertrand van Effenterre (*Mais ou et donc Ornicar, Tumultes*), Jean-jacques Zilbermann (*Tout le monde n'a pas eu la chance d'avoir des parents communistes*), Bruno Podalydès (*Dieu Seul me voit*), Claude Goretta (*La Dentellière, La Provinciale, La mort de Mario Ricci*), Luc Béraud (*La Tortue sur le Dos, Plein Sud*), Maroun Bagdadi (*Les Petites Guerres*). Joele van Effenterre est aussi réalisatrice de treize films documentaires, dont *Artémise, Lettre à ma mère* et *Défense de la France*.

Fanny Mongrolle-Fasanino

Formée techniquement au montage, Fanny travaille comme assistante puis comme monteuse pour des films commandités par des institutions culturelles (Cité de l'Architecture et du Patrimoine, La Saline Royale, La Fiac, Fondation d'Entreprises Ricard...) notamment avec des architectes (Théâtres en Utopie, Fabien Vienne...), des musiciens et des danseurs (Cie Omnibus...). Sa rencontre avec le documentaire marque un tournant important. Elle s'engage dans la réalisation et explore dans un cadre universitaire (demc, Paris VII) la question de l'hybridité des documentaires auto-produits dans l'industrie du film. En 2013, elle rencontre Clara Bellar et Joële van Effenterre qui lui proposent de travailler sur le montage d'*Être et devenir*. *Être et devenir* est son premier long-métrage en tant que monteuse. www.fannymongrolle.com.

Pascal Ribier

Ingénieur du son et monteur son pour des réalisateurs comme Jacques Maillot, Philippe Faucon, Sophie Letourneur, Elise Girard, José Alcala, Laurent Bénégui, Agnès Obadia, Pascal a été l'ingénieur du son de Éric Rohmer de 1987 jusqu'à son dernier film en 2007 (dix films ensemble, dont *Quatre aventures de Reinette et Mirabelle, Conte d'hiver, Conte de printemps, Conte d'été, Conte d'automne, L'anglaise et le duc, Les amours d'Astrée et de Celadon*). Pascal et Clara se sont connus sur le tournage des *Rendez-vous de Paris*. Pascal se cachait derrière les arbres du marché alors qu'Éric filmait sans permis, sa caméra sous une couverture. Après cette rencontre sur son premier long métrage d'actrice, Clara a appelé Pascal pour son premier long métrage de réalisatrice. Il a été le premier à voir un pré-montage du film. Lui, qui n'est pas père, a dit que l'on n'avait pas besoin d'être parent pour apprécier le film car on a tous été enfant, et puis surtout parce que c'est un film sur notre société.

Devayani Delfendahl

Devayani est artiste et mère d'une enfant en apprentissage libre née en 2001. Elle rencontre Clara lors du tournage à Paris. Oreille attentive et impliquée auprès de la réalisatrice, elle en vient à porter à ses côtés l'auto-distribution d'*Être et devenir*. C'est en apprentissage autonome, avec une motivation de chercheuse, qu'elle s'implique passionnément dans cette tâche pour contacter les cinémas et mettre en place les projections afin de faire connaitre le film au plus grand nombre. Actuellement elle est Maman / Coordinatrice de distribution d'*Être et devenir* / Conseillère Clonlara (école validant les apprentissages autonomes) / Artiste (céramique, peinture, mobilier) / Animatrice d'ateliers créatifs enfant & parent non-sco.
www.devayanidelfendahl.com.

Pour aller plus loin

Auteurs présentés dans le film

- ALDORT Naomi, *Éduquer ses enfants, s'éduquer soi-même*, Ariane.
- BARSON Leslie Safran (édité sous sa direction), *Apprentissage auto-géré et instruction à la maison : une perspective européenne*, Educational Heretics Press.
- GATTO John Taylor, *Dumming Us Down* ; *Weapons of Mass Instruction*, New Society Publishers.
- HOLT John, *Les apprentissages autonomes* (*Learning all the time*), L'Instant Présent ; *Freedom and Beyond*, Holt Associates ; *How Children Learn*, Da Capo Press Inc.
- ILLICH Ivan, *Une société sans école*, Points.
- LEES Helen, *Silence in Schools*, Trentham Books Ltd.
- NEILL A.S., *Libres enfants de Summerhill*, La Découverte ; *La liberté, pas l'anarchie !*, Payot.
- REED Joyce, co-auteure avec David ALBERT de *What Really Matters*, The Alternate Press.
- RENAU Claudia, *L'apprentissage informel expliqué à mon inspecteur*, L'Instant Présent.
- STERN André, *... et je ne suis jamais allé à l'école*, Actes Sud ; *Semeurs d'enthousiasme*, L'Instant Présent.
- STERN Arno, *Le jeu de peindre*, Actes Sud ; *Les enfants du Closlieu* ; *Heureux comme un enfant qui peint*, Éditions du Rocher.
- THOMAS Alan & PATTISON Harriet, *À l'école de la vie, Les apprentissages informels sous le regard des sciences de l'éducation* (*How Children Learn at Home*), L'Instant Présent.

Auteurs invités en ciné-rencontres

- ALVAREZ Céline, *Les Lois naturelles de l'enfant*, Les Arènes.
- BÉGAUDEAU François, *Entre les murs*, Gallimard.
- BERGERON Léandre, *Comme des invitées de marque*, Myriadis.
- BUZYN Etty, *Papa, Maman, laissez-moi le temps de rêver*, Albin Michel.
- DAMASIO Antonio, *L'Erreur de Descartes : La raison des émotions* ; *Spinoza avait raison*, Odile Jacob.
- DIEN Charlotte, *Instruire en famille*, Rue de l'Échiquier.
- DOLTO Catherine, auteure et directrice de collection chez Gallimard.
- FARENGA Pat, co-auteur avec John HOLT de *Teach your own : The John Holt Book of Homeschooling*, Da Capo Press.
- FILLIOZAT Isabelle, *Il me cherche* ; *Au cœur des émotions de l'enfant* ; *J'ai tout essayé*, JC Lattès.
- GRAY Peter, *Libre pour apprendre, Libérons nos enfants pour qu'ils retrouvent le bonheur d'apprendre et la confiance en eux*, Actes Sud.
- GUEGUEN Catherine, *Pour une enfance heureuse : repenser l'éducation à la lumière des dernières découvertes sur le cerveau* ; *Vivre heureux avec son enfant Un nouveau regard sur l'éducation au quotidien grâce aux neurosciences affectives*, Pocket.
- LÉPINE Josette, *Le coaching somatique ou l'intelligence du corps en mouvement*, Valeurs Avenir.
- LEPRI Jean-Pierre, *La fin de l'éducation ?* ; *'Éducation' authentique : Pourquoi ?*, Myriadis.
- MONTAGNER Hubert, *L'Enfant acteur de son développement*, Stock.

-NOZARIAN Bernadette, *Transition Pédagogique, de nécessaires mutations de l'école.*
-PARDO Thierry, *Une éducation sans école*, Éditions Écosociété.
-PLAVIS Mélissa, *Apprendre par soi-même, avec les autres, dans le monde. L'expérience du* unschooling, Myriadis.
-RABHI-BOUQUET Sophie, *La ferme des enfants : Une pédagogie de la bienveillance*, Actes Sud.
-VERDIANI Antonella, *Ces écoles qui rendent nos enfants heureux*, Actes Sud.

Autres influences et ressources

-ARIÈS Philippe, *L'enfant et la vie familiale sous l'Ancien Régime*, Points.
-DODD Sandra, *Big Book of Unschooling*, Lulu.com.
-FREIRE Paolo, *Pédagogie des opprimés*, Erès.
-HUNT Jan & Jason (édité par), *The Unschooling Unmanual*, The Natural Child Project.
-KOHN Alfie, *Aimer nos enfants inconditionnellement*, L'Instant Présent ; *Punished by Rewards*, Mariner Books.
-KREAM Rue, *Parenting a Free Child: An Unschooling Life*, Lulu.com.
-LARICCHIA Pam, *Libre d'apprendre : Cinq idées pour vivre le unschooling dans la joie*, Living Joyfully Enterprises.
-LLEWELLYN Grace, *The Teenage Liberation Handbook: How to Quit School and Get a Real Life and Education*, Lowry House Pub.
-LIEDLOFF Jean, *Le concept du continuum*, Ambre.
-MATÉ Gabor & NEUFELD Gordon, *Retrouver son rôle de parent*, L'homme.
-MILLER Alice, *C'est pour ton bien : Racines de la violence dans l'éducation de l'enfant*, Champs.
-NOELLE Scott, *The Daily Groove: How to Enjoy Parenting... Unconditionally!*, CreateSpace.
-PRIESNITZ Wendy (édité par), *Life Learning: Lessons from the Educational Frontier* ; Beyond School-Living As If School Doesn't Exist, Alternate Press.

En ligne, voir notre liste de liens sur la page Ressources du site :

`www.etreetdevenir.com`

Pour d'autres ressources en ligne, rechercher sur Google : apprentissage autonome, auto-géré, informel ou en autodidacte. Il existe des groupes locaux en France et ailleurs.

On pourra y accéder via les deux grandes associations nationales, Les enfants d'abord (Led'a `www.lesenfantsdabord.org`) et Libre d'apprendre et d'instruire autrement (Laia `http://laia.asso.free.fr`), et au niveau mondial par Alliance for Self-Directed Learning (`https://www.self-directed.org`).

Table des invités aux ciné-rencontres

Remerciements aux autres intervenants

Nous remercions vivement nos autres invités en salles :

Allemagne :
- Berkemeyer, Nils (Friedrich-Schiller-Universität Jena)
- Jahn, Teresa
- Julian (Schulfrei-Festival)
- Kern, Karen(BVNL, Schulfrei-Festival)
- Klinkigt, Franziska
- Lehmann, Kristin (Unschoolers'-Network Leipzig)
- Mohsennia, Stefanie
- Przybylski, Günter
- Rothe-Beinlich, Astrid (MdL B90/Die Grünen)
- Stern, Bertrand
- Wolf, Juri (Schulfrei-Festival)

Argentine:
- Baglietto, Mireya
- Broffman, Melina (Mater Pater)
- Intelisano, Karina
- Logarzo, Gabriel

Brésil :
- Birman, Joel (Université Fédérale de Rio de Janeiro)
- Dutra, Tatiana
- Petry, Helène (Université Fédérale Fluminense)

Espagne :
- Gambau, Sabrina
- Larcher, Sophie
- Mc Inerney, Daragh (ALE- Asociación por la Libertad de Educacion)

France :
- Angerand, Agnès
- Angevin, Christelle (LED'A)
- Arifi, Yazid (École Démocratique de Paris)
- Aubé, Ysabel (LED'A)
- Auriane
- Barth, Anne
- Baumier-Klarsfeld, Agnès
- Bautista, Marjorie (École Dynamique)
- Belaid, Nadéra
- Bennaïssa, Samia (Printemps de l'éducation)
- Bennassar, Kerry
- Bertincourt, Pascal (le Fairs)
- Bindel, Laurent (Orienta)
- Bongrand, Philippe
- Bourrel, Joelle
- Bouguier, Benjamin (École Dynamique)
- Buisson, Julie
- Burgeade, Christina (LED'A)
- Carlier, Amélie (l'école du hêtre bienveillant)
- Casasnovas, Thierry (Vivre Cru)
- Cassandra
- Chantréau, Emmanuel donc (LED'A)
- Cieutat, Pierre
- de Closets, François
- Colibris- Groupe locaux
- Colin, Baptiste (LED'A)
- Cristol, Denis (CNFPT)
- Dahan, Henri
- Deghelt, Frédérique
- Degorce, Fabienne
- Didierjean-Jouveau, Claude (*Allaiter aujourd'hui*)
- Dieux, Magali
- Dumonteil Kremer, Catherine
- van Effenterre, Joele
- Estival, Marine
- Fabre, Fabienne
- Finet, Clément (Profil Alternatif)
- Fouquet Vidie, Stéphanie
- Gaudreau, Joëlle (Université de Montréal)
- Gbahode, Pascal (DECLIC)
- Gervais, Stéphanie
- Girard, Cécile
- Glasman, Dominique
- Grumbach, Judith
- Guimbal, Brigitte
- Heinz, Monica
- Herbel, Nadège
- Hérino, Claire
- Hugon, Eloïse
- Labouré, Sophie (Arbrapépins)
- LAIA- Relais locaux
- Laib, Cherazad (Palet de couleurs non sco Lyon)
- Langhorst, Sandra (école type Sudbury Skholé)
- Leborgne, Nathalie
- LED'A- Relais locaux
- Ledent, François
- Le Penru, Valérie (L'Arbre à Bébés)

- Lerebours, David (École Démocratique de Paris)
- Loline
- Équipe pédagogique et des élèves du Lycée Auto-Géré de Paris (LAP)
- Maitre, Cécile (LED'A)
- Malafosse, Aline
- Mallet, Alexandra
- Martin, Marlène
- Maternité sans frontieres
- Meignant, Michel (*l'Odyssée de l'empathie*)
- Mercier-Morice, Sandrine
- Meynieux-Torlois, Eric (Herbes Folles)
- Mignona, Valérie (Happy Parents)
- Miquel, Frédéric (Objectif 100%)
- Muret, Gaëlle
- Nell
- Nerrinck, Aurore (Réseau Éducation Joyeuse)
- Mauristes, Céline
- Olenbuch, Agnès
- Oreillo, Rachida
- Ott, Laurent (Intermède Robinson)
- Pernoud, Véronique (LED'A)
- Persyn, Philippe
- Pfeiffer, Sophie
- Picardat, Brigitte
- Pimparé, Sheela (UNESCO)
- Pollak, Stéphanie (*Grandir Autrement*)
- Printemps de l'Éducation- Comités locaux
- Priou, Cécile (MANA)
- Querrien, Anne
- Racaud Valérie (Semis de vie)
- de Roany, Céline
- Robert, Anne-Laure (Ressources parentalité 26)
- Robinet, Anne
- Safiyé
- Sallantin, Thierry
- Samson, Sabrina (Home's Couleurs)
- Scache, Sabine (Graine de Savoir)
- Schneider, Claude
- Schoenach, Jennifer
- Simon, Patrice
- Sirmons, Rebecca
- Swyngedauw, Blandine (Printemps de l'éducation)
- Slusny, Renaud (La Maison des Enfants)
- Tadei, François (Centre de recherches interdisciplinaires)
- Tichané, Brigitte
- Vasselin, Émilie
- Viaud, Marie-Laure
- Vincent, Valérie
- Wagon, Sylvain
- Wiatrowski, Dorine
- Wickers, David

Luxembourg :
- Brabant, Christine (Université du Québec)
- Mme Greisch (inspectrice)

Grande-Bretagne :
- Barson, Leslie
- Tavaler, Aaron et Michael
- Thomas, Alan (Université de Londres)

Nous remercions aussi, chaleureusement, tous ceux que nous aurions pu oublier de citer.

Nous remercions également celles et ceux qui ont participé sans que nous le sachions.

Merci aux bonnes âmes qui ont assuré l'hébergement et le transport des intervenants.

Merci aussi à vous toutes et tous qui avez organisé des rencontres, et à Alex, Chantale, Clémentine, Deva, Jean-Baptiste, Judit, Lise, Marie, Tatiana et Tim pour la coordination de ces projections et de ces échanges.

Aux Éditions l'Instant Présent, vous trouverez aussi :

Les enfants

Les Années de lait Récit d'un allaitement au long cours, Marie Australe, 2009.

Sans couches, c'est la liberté, À la redécouverte de l'hygiène naturelle du bébé, Ingrid Bauer,2006, édition revue et augmentée 2016.

Stop à l'hypersexualisation, Protéger l'enfance de nos filles, Tanith Carey, 2013.

Merci le jeu ! Jouer ensemble, un chemin jusqu'à la joie, Pascal Deru, 2016.

Créer des liens, Accompagner sur le chemin de l'adoption, Cécile Flé, 2011.

La véritable nature de l'enfant, Choisir l'amour pour guide, Jan Hunt, 2008.

J'élève mes enfants avec bienveillance (même quand c'est difficile !), Noël Janis-Norton, 2015.

La Diversification menée par l'enfant, Stefan Kleintjes, à paraître 2016.

Aimer nos enfants inconditionnellement, Alfie Kohn, 2015.

Tout va bien, nous sommes paumés ! Heureux les parents qui doutent, Francesca Sacco, 2014.

Semeurs d'enthousiasme, Manifeste pour une écologie de l'enfance, André Stern, 2015.

Le Quotidien avec mon enfant, Un environnement adapté aux jeunes enfants, inspiré de la pensée et l'expérience de Maria Montessori, Jeannette Toulemonde, 2005.

Plus de lait ! Réussir son projet d'allaitement, Diana West & Lisa Marasco, Préface de Claude-Suzanne Didierjean-Jouveau, 2015.

Sciences humaines

Comment nous sommes devenus humains, Les origines de l'empathie, Sarah Blaffer Hrdy, 2016.

Au nom du père, Les années Bush et l'héritage de la violence éducative, Marc-André Cotton, 2014.

S'évader de l'enfance, Les besoins et les droits des enfants, John Holt, 2015.

Enquête aux Archives Freud, Des abus réels aux pseudo-fantasmes, Jeffrey Masson, 2012.

L'accouchement est politique Fécondité, femmes en travail et institutions, Laëtitia Négrié, Béatrice Cascales, 2016.

La Violence éducative : un trou noir dans les sciences humaines, Olivier Maurel, 2012.

La naissance

La Naissance un voyage, L'accouchement à travers les peuples, Muriel Bonnet del Valle, réédition 2009.

Curiosités de l'enfantement, Fabienne Cazalis, 2011.

La Maternité au féminin, Vers plus d'équilibre et d'autonomie, Isabelle Challut, 2011.

Tremblements de mères, Le visage caché de la maternité, Maman Blues, 2010.

Le Bébé est un mammifère, Michel Odent, 2011.

Les Échardes de glace, Edwige Planchin, illust. Fabienne Cinquin, 2015.

Les nouveaux rites autour de l'accouchement, Quand l'obstétrique remplace croyances et coutumes, Blandine Poitel, 2007.

Passage de vies, Pour une naissance libre, Joelle Terrien, 2009.

Détroit Supérieur, D'une rive à l'autre, 50 ans de mises au monde, Joelle Terrien, photographies de Catherine Sorin, 2013.

Apprendre

La Pédagogie de la mouche, Bernard Collot, 2013.

Chroniques d'une école du 3e type, Bernard Collot, 2014.

Les Apprentissages autonomes, Comment les enfants s'instruisent sans enseignement, John Holt, 2011.

Apprendre sans l'école, Des ressources pour agir et s'instruire, John Holt, 2012.

L'enquête de la mairie, lorsque les enfants s'instruisent hors école Petit guide de survie à l'usage des professionnels et des familles, Doriane Koscinski & Anne De Oliveira, 2015.

L'école à la maison, Apprendre autrement, Isa LISE, 2016.

Apprendre à lire en famille, Marlène Martin, 2009.

L'apprentissage informel expliqué à mon inspecteur, Claudia Renau, 2012.

À l'école de la vie, Les apprentissages informels sous le regard des sciences de l'éducation, Alan Thomas- Harriet Pattison, 2013.

La pédagogie Montessori, Aspects théoriques et pratiques, Kristina Skjöld Wennerström et Mari Bröderman Smeds, 2011.

Vivre ensemble

Entretiens avec mon évier, Domestiquez les taches ménagères avec FlyLady, Marla Cilley, 2012.

Le (nouvel) art d'être grand-parent, Quand nos enfants deviennent parents, Claude Didierjean-Jouveau, 2010.

Lune après lune, Nouvelles sur les tabous de la maternité, la filiation..., Cécile Flé, 2011.

Sous leurs silences, Immersion dans un internat médico-pédagogique, Viviane Tosar, 2014.

Éditions
l'Instant Présent

www.linstantpresent.eu

COPYMÉDIA
imprifrance IMPRIM'VERT®
Achevé d'imprimer en février 2017
par **www.copy-media.net**
Avenue de Guitayne - 33610 CANÉJAN
Dépôt légal : février 2017